अमेरिका के सबसे विवादित राष्ट्रपति

डोनाल्ड ट्रंप

लेखक

एम.एम.चन्द्रा

हिन्दी बुक सेंटर

ISBN No. : 978-93-83894-36-9

प्रथम संस्करण : 2017

प्रकाशक :
हिन्दी बुक सेंटर
4/5 बी, आसफ अली रोड
नई दिल्ली—110 002

मुद्रक :
आदर्श प्रिंटर्स, शाहदरा, दिल्ली

America ke sabse vivadit Rashtrapati
By : M.M. Chandra
HBC, 2017

विषय सूची

भूमिका

ट्रंप की जीत ने दुनिया भर के राजनीतिक विश्लेषकों को अचंभित किया। पूर्व परिणामों को ध्वस्त होते पूरी दुनिया ने देखा। चेन्नई की एक मछली 'चाणक्य' ने पहले ही इस बात की भविष्यवाणी कर दी थी कि एक चीनी बंदर ने भी कुछ दिन पहले ही यह भविष्यवाणी कर दी थी कि ट्रंप ही राष्ट्रपति चुनावों में जीत दर्ज करेंगे।

सवाल ये है कि जो बात मछली और बन्दर जैसे अविश्वसनीय टिप्पणीकार पहले से कह रहे थे उसे विश्लेषक, बड़े-बड़े पत्रकार और उड़ती चिडिया के पर गिन लेने वाली अंतर्राष्ट्रीय मीडिया क्यों नहीं पढ़ पायी। हमें उन कारणों पर रोशनी डालनी पड़ेगी

ट्रंप की जीत सचमुच ऐतिहासिक है। वे इस पद पर चुने जाने वाले सबसे उम्रदराज आदमी हैं। उनकी दावेदारी हमेशा विवादों के घेरे में रही और वे खुद भी एक के बाद एक विवादों में पड़ते रहे। उनका अब तक उनका कोई राजनीतिक इतिहास नहीं रहा है। वो शुद्ध कारोबारी हैं और उनकी तीन शादियाँ होने के बाद भी बहुत सारी महिला संबंधो को लेकर विवाद रहा है। टैक्स चोरी की कोशिश और उनकी मनमाना जीवन पूरी दुनिया के सामने आ चुक है। इसके बाद भी वे चुनाव जीत गए हैं। ऐसी प्रतिद्वंद्वी से जो अमेरिका की प्रथम महिला, तेज-तर्रार विदेश मंत्री और सक्रिय राजनेता होने के अलावा देश-विदेश की मीडिया की पहली पसंद भी थीं।

इसलिए ट्रंप की जीत ने इस बात को भी प्रमाणित कर दिया है कि किसी लोकतांत्रिक देश के मन में क्या चल रहा है इसको भांपने का काम बौद्धिक वर्ग के भरोसे नहीं छोड़ा जा सकता और इसलिए यह पुस्तक लिखने का कारण भी बनी कि आखिर वो कौन से कारक थे जिन्होंने ट्रंप की जीत में भूमिका निभाई

ट्रंप की जीत का विश्लेषण प्रस्तुत किया जा रहा है। जबकि ये ठोस वजहें पहले मीडिया विमर्श में इतनी अहमियत नहीं रखती थीं। ट्रंप की जीत एकदम उनके अनुमानो के विपरीत है। ट्रंप की जीत बदलती दुनिया के

साथ-साथ बदलते अमेरिकी मानस की झलक भी देती है। बदलाव का एक लक्षण मात्र नहीं बल्कि बदलती दुनिया की अभिव्यक्ति भी है। विकल्पहीनता के कारण छटपटाह और बैचेनी ने ही भारत में भी 2014 के परिणाम निकले थे और अब ट्रंप की जीत भी उसी श्रृंखला की कड़ी है।

अमेरिका का वित्तीय संकट आज बहुत ज्यादा गहरा गया है। जो राजनीतिक संकट के रूप में हमारे सामने आया है। यही कारण है कि दूसरे देशों के प्रति नफरत फैलाकर अपने देश को सर्वोपरि बनाने की कसमें वादे जनता के दिल को जीतने में कामयाब हो रहे हैं।

कर्ज के बोझ से जूझती अर्थव्यवस्था और घटती नौकरियों से हताश अमरीकियों को भरोसा नहीं हुआ कि मौजूदा नीतियों की अनुगामी हिलेरी क्लिंटन इसे बदल पाएंगी। उधर ट्रंप ने सबको विश्वास दिलाया कि अमेरिका की खराब ट्रेड पॉलिसीज की वजह से संकट आया था और वह इससे पार पाना बखूबी जानते हैं। एक कामयाब बिजनेसमैन पर भरोसा करना उचित होगा। पूरी दुनिया में वित्तीय पूंजी का राज करने वाले लोग अब धीरे-धीरे केन्द्रीय राजनीति में हाथ ही नहीं आजमा रहे हैं बल्कि नेतृत्व भी करने लगे हैं। यह 1990 के बाद बदलती राजनीतिक, सामाजिक एवं आर्थिक संरचना है।

अमेरिकी चुनावों के इतिहास का यह सबसे निम्नस्तरीय चुनाव था। क्योंकि पहली बार ऐसा हुआ था कि दोनों प्रत्याशी विवादों में पहले से ही रहे थे। सवाल सिर्फ इतना ही था कि दोनों में से कम खराब कौन है। दरअसल उत्तर-आधुनिक जन मनोविज्ञान खलनायकों के प्रति भी सहानुभूति रखने में कामयाब होता है। यह एक नया फेनामिना है जिसे सबको ध्यान में रखना ही होगा। यह पूरी दुनिया में हो रहा है। खलनायक हीरो बनकर देश की सत्ता संभाल रहे हैं। 1990 के बाद पूरी दुनिया में अन्तर्राष्ट्रीय शक्ति के केन्द्र में अमेरिका की जीत हुई और रुस विखंडित हो गया। अब धीरे-धीरे अमेरिका के बरक्स को भी समानान्तर राजनीतिक शक्ति नहीं ठहर नहीं पाई।

वैसे तो देखा जाये अमेरिका की नाक के नीचे क्यूबा जैसा छोटा सा देश उसकी नाक में दम करता रहा और लाख आर्थिक प्रतिबंधों के बाद भी वह अपने सामाजिक सरोकारों को बचाने में कामयाब रहा।

दूसरी तरफ लोकतांत्रिक सरकारे धीर-धीरे अपना वजूद खोती जा रही है जिसमे अमेरिका द्वारा प्रायोजित दखल भी हमेशा देख गया है। अमेरिका ने अपनी अर्थव्यवस्था को बचाने के लिए कभी युद्ध का प्रयोग किया तो कभी युद्धग्रसित देश के पुर्ननिर्माण के बहाने अपनी अर्थव्यवस्था को बचाता रहा है।

2008 की महामंदी के बाद अमेरिका सहित विकसित देशों की आर्थिक, राजीनतिक संरचना में जो सबसे ज्यादा परिवर्तन आया है वो यहीं की दक्षिणपंथी विचारधारा मजबूती के साथ उभरी है। और वैकल्पिक राजनीतिक व्यवस्था बहुत कमजोर हुई है। यही कारण है कि दुनिया के कई देशों में ऐसे लोगों को भी जीत हासिल हुई है, जिसकी उम्मीद कोई भी नहीं कर सकता था।

बरक्स बेलौस बोलने वाले, गैर राजनीतिक शब्दावली इस्तेमाल करने वाले कारोबारी पर जनता ने इसलिए विश्वास करना उचित समझा कि वो जो करेगा साफ-साफ करेगा और उलझन भरी नीतियों की जगह आर-पार की नीतियां लाएगा जैसा ट्रंप ने मैक्सिको से लेकर चीन और पाकिस्तान से लेकर आतंकवाद के मसलों पर बार-बार जाहिर किया था।

इस्लामी आतंकवाद जैसे मुद्दों पर अपने कड़े रुख से उन्होंने आम अमेरिकी जनता को अपने पक्ष में खड़ा करने में सफलता हासिल की। यह कार्यवाही ही दुनिया के पैमाने पर लगभग सभी देशों में चल रही है। अपने भाषणों में वह यह कहते दिखे कि राष्ट्रपति बने तो वह चीन को कड़ा सबक सिखाएंगे। यह राष्ट्रवाद का आक्रमक रूख है जो उसे आगे बढ़ता है जब अपनी भाषा पर नियंत्रण नहीं कर पाते। एक भाषण में तो उन्होंने यह भी कह दिया था कि चीन, अमेरिकी अर्थव्यवस्था का रेप कर रहा है। ऐसे में चीन के प्रति कड़े रुख ने भी ट्रंप को आम मतदाताओं को लुभाने का काम किया।

इन सबसे अलग वे उस श्वेत अमेरिकी समुदाय को भी अपने पक्ष में लामबंद कर पाने में कामयाब हो गए जो पिछले कुछ सालों से खुद को अपने ही देश में दोयम दर्जे की हैसियत में होने की सांकेतिक अभिव्यक्तियाँ कर रहा था। यही वह प्रमुख कारण था जिसने उन्हें उन राज्यों में भी समर्थन दिलाया जो पारंपरिक तौर पर रिपब्लिकनों के गढ़ नहीं थे।

ट्रंप ने 'अबकी बार ट्रंप सरकार' की हुंकार भरी थी। ट्रंप एलीट वाशिंगटन क्लब के न होने के कारण उपहास और आलोचना के पात्र बने थे। लेकिन अपनी स्पष्टवादिता और मुखरता से फायदे में रहे। उनका जीत के बाद का प्रथम भाषण उम्मीद जगाने वाला है। वे शान्ति और स्थिरता के नारे के साथ आये हैं। उनकी कामयाबी अमेरिका के लिए ही नहीं दुनिया भर के लिए बेहतर होगी। लेकिन उनकी जुमलेबाजी और बयानवाजी अभी तक सिरदर्द बनी हुई है।

दुनिया के सामने अब सबसे बड़ा सवाल यह है कि क्या ट्रंप अमेरिका को वो सब दिलवा पायेंगे जिसकी उम्मीद उन्होंने आम जनमानस के दिल में

पैदा है। शायद यह संभव नहीं है क्योंकि हिलेरी क्लिंटन और ट्रंप की जुबानी जंग अलग थी लेकिन मुख्यत: उनकी भी आर्थिक राजनीतिक नीतियाँ वहीं हैं जो पहले से ही निश्चित है। दुनिया में वैश्वीकृत अर्थव्यवस्था लागू करना ओर अपनी साम्राज्यवादी महत्त्वकांक्षा को पूरा करना ही ट्रंप का भी लक्ष्य है

समय काल के अनुसार दोस्त दुश्मन बदलते रहते हैं। कभी रूस अमेरिका का दुश्मन हुआ करता था। चूंकि रुस स्वयं भी साम्राज्यवादी गुट का सदस्य बना हुआ है तो वो भी अमेरिका का अच्छा दोस्त हो सकता है।

यह पुस्तक पाठकों को ट्रंप के राजनीतिक, आर्थिक और सामरिक प्रभावों की जांच पड़ताल करने में सहायक हो सकती है। बाकी सब प्रबुद्ध पाठकों की राय का इंतजार रहेगा।

एम.एम. चन्द्रा

प्रकाशकीय

आखिरकार अमेरिका में रिपब्लिकन पार्टी के उम्मीदवार डोनाल्ड ट्रंप राष्ट्रपति बन गये हैं। तमाम विवादो और आलोचनाओं को दरकिनार करते हुए उनकी जीत सुनिश्चित हुई है। यह ऐसे समय में संभव हुआ है जब विश्व की मीडिया हिलेरी क्लिंटन की जीत की आस लगा रही थी।

एक बिजनेसमैन व्यक्ति जिसकी कोई राजनैतिक पृष्ठभूमि नहीं उसका जीतना आश्चर्यचकित तो करता ही है साथ ही साथ अपने पीछे अनेकों सवालों को भी छोड़ जाता है। कि क्या दुनिया का सबसे लोकतांत्रिक देश किसी ऐसे व्यक्ति को अपना प्रतिनिधि बना सकता है जो प्रारम्भ से ही विवादों में रहा। यहाँ तक कि जीतने के बाद उसके विवादित बयान अभी तक विवाद पैदा कर रहे है।

कोई उसको हवाबाज कह रहा है तो कोई उसको जोकर लेकिन उसका सही मूल्यांकन अभी होना बाकी है। प्रस्तुत पुस्तक ट्रंप से जुड़े विवादो, उसकी उम्मीदवारी और उसके आर्थिक, राजनैतिक एवं सामाजिक मामलों की जांच-पड़ताल करती हुई आगे बढ़ती है।

प्रस्तुत पुस्तक में न सिर्फ उसके जीवन से जुड़े तथ्यों का विश्लेषण किया गया है बल्कि पूरी दुनिया के प्रति उसकी सोच या समझ को भी प्रस्तुत करने का प्रयास किया गया है।

ट्रंप की ऐतिहासिक जीत से जहाँ भारत सहित कई देश खुश नजर आ रहे है वही बहुत से देश ट्रंप की जीत से दुखी भी नजर आ रहे हैं। उनकी जीत के बाद भी अमेरिका में कई दिन तक ट्रंप के विरोध में आन्दोलन भी करते रहे हैं।

ट्रंप के साथ सिर्फ विवाद ही नहीं जुड़े हैं। वे अन्तर्राष्ट्रीय वित्तीय पूंजी का प्रतिनिधित्त्व भी करते है। उनका यह बयान कि वे अपने देश को फिर से महान बनाकर रहेंगे। कहीं न कहीं अमेरिकावासियों के लिए आशा जरूर जगाते है किन्तु दूसरे देशों के प्रति ठिन कार्यवाही करने की बात करके, अपने साम्राज्यवादी चरित्र को भी उजागर करते हैं।

ट्रंप का पूरी दुनिया में बड़े पैमाने पर कारोबारी साम्राज्य फैला हुआ है। माना जाता है कि कम से कम उन देशों को तो कुछ भी नुकसान नहीं होने वाला है। लेकिन सबसे बड़ी दिक्कत यह है कि वे अब अमेरिकी नीतियों और अपने व्यक्तिगत जीवन में कैसे संतुलन बना पायेंगे। भारत-पाक के प्रति उनके विचार किसी से छुपे नहीं है जो समय-समय पर बदलते रहते है।

प्रस्तुत पुस्तक उन सभी मुद्दों, विचारों का गहन अध्ययन करती है। मुझे आशा कि यह पुस्तक पाठकों को प्रभावित करने में सफल रहेगी।

डोनाल्ड ट्रंप का जीवन परिचय

"कभी कभी एक लड़ाई हारकर आपको युद्ध जीतने के लिए एक नया रास्ता मिल जाता है।" - डोनाल्ड ट्रंप

विश्व इतिहास में कभी-कभी ऐसा समय भी आता है, जब सभी दावे और सर्वे असफल हो जाते हैं, उन्हीं में से एक है डोनाल्ड ट्रंप! डोनाल्ड ट्रंप को अमेरिकी बिज़नेसमैन के रूप में जाना जाता है। हिलेरी क्लिंटन को हराकर अमेरिका के 45वें राष्ट्रपति बनने वाले हैं। डोनाल्ड ट्रंप अमेरिका के सबसे उम्रदराज (70 साल) राष्ट्रपति हैं। ट्रंप 'द ट्रंप आर्गेनाइजेशन' के अध्यक्ष और रियल स्टेट के साथ-साथ अन्य व्यापार करते हैं। ट्रंप ने अपने इस कैरियर में अनेकों ऑफिस, टावर, होटल कैसीनो, गोल्फ कोर्स और कई इमारतों का निर्माण करवाया है।

डोनाल्ड ट्रंप का जन्म 14 जून, 1946 न्यूयॉर्क शहर के निकट क्वीन्स के जमैका एस्टेट में हुआ था। ट्रंप अपने पांच भाई-बहनों में दूसरी सबसे छोटी सन्तान थे। 1981 में चार भाई-बहनों में उनके बड़े भाई फ्रेड की शराब की लत की वजह से मौत हो गयी थी। इस घटना के बाद से उन्होंने शराब और सिगरेट से तौबा कर ली थी। ट्रंप का मातृ परिवार स्कॉटिश परिवार से ताल्लुक रखता है जबकि पैतृक परिवार जर्मनी से ताल्लुक रखता है। ट्रंप के पिता फ्रेड ट्रंप न्यूयॉर्क में बहुत बड़े रियल एस्टेट व्यापारी थे।

फ्रेड ट्रंप अपने समय में भी शानदार गाड़ियों को चलाने के लिए ड्राइवर रखते थे, जो उस समय में बड़ी बात थी। अमेरिका के 240 वर्ष के लोकतांत्रिक इतिहास में पहली बार ऐसा हुआ है कि जब किसी ऐसे व्यक्ति को अमेरिका के लोगों ने राष्ट्रपति चुना जिसका पिछला कोई राजनीतिक इतिहास नहीं रहा है। भारी जनसमर्थन व मतों से डोनाल्ड ट्रंप अमेरिका के राष्ट्रपति बने। जिसकी कोई उम्मीद भी नहीं कर सकता था, क्योंकि ज्यादातर लोगों का मानना था कि इस बार राष्ट्रपति पद का ताज एक महिला (हिलेरी

क्लिंटन) के सर ही सजेगा। जिसके पास 30 सालों का राजनीतिक अनुभव है। लेकिन बहुत से विवादों के बावजूद डोनाल्ड ट्रंप की इस जीत ने सब विरोधियों को मुंहतोड़ जवाब दिया।

डोनाल्ड बचपन से ही ऊर्जावान एवं मुखर बालक थे। ट्रंप की शैतानियों को देखते हुए उसके पिता ने 13 साल की उम्र में न्यूयॉर्क के मिलिट्री अकेडमी में प्रवेश करवाया ताकि ट्रंप अंदर से अनुशासन और सकारात्मक सोच को आत्मसात कर सकें। ट्रंप अकेडमी में अच्छा प्रदर्शन करते रहे और 1964 में कॉलेज के लीडर चुने गये। ट्रंप अपनी खेल प्रतिभा के चलते कॉलेज के दौरान कई खेलों के कप्तान भी बने। ट्रंप ने पेनसिल्वेनिया विश्वविद्यालय के व्हार्टन स्कूल को स्थानांतरित करने से पहले दो साल के लिए फॉर्डम विश्वविद्यालय में भाग लिया। इसके बाद उन्होंने 1968 में अर्थशास्त्र विज्ञान से स्नातक की उपाधि प्राप्त की।

अर्थशास्त्र में स्नातक की डिग्री प्राप्त करने के बाद 1968 से 1971 के बीच उन्होंने परिवार के रियल एस्टेट और निर्माण कंपनी को अपने नियंत्रण में ले लिया। उन्होंने उसका नाम 'ट्रंप संगठन' कर दिया। ट्रंप ने अपने व्यापार में अन्य उत्पादों और गतिविधियों को भी शामिल करने का काम किया। ट्रंप ने टावरों, होटलों, कैसिनो, गोल्फ कोर्स को बनाया और अन्य ट्रंप-ब्रांडेड सुविधाओं का दुनियाभर में विस्तार किया। इसके बाद ट्रंप ने पीछे मुड़कर नहीं देखा। धीरे-धीरे ट्रंप स्वामित्व वाली कंपनी ने 1996 से 2015 के बीच 'मिस यू.एस.ए.' प्रतियोगिताओं के लिए भी काम करना शुरू किया। ऐसा माना जाता है कि उन्होंने सन् 2000 में भी राष्ट्रपति पद के लिए नामांकन किया, लेकिन बाद में वापस ले लिया। आज ट्रंप 2016 की फोर्ब्स सूची में 4.5 अरब डॉलर के नेटवर्थ के साथ दुनिया में 336वें सबसे धनी व्यक्ति और संयुक्त राज्य अमेरिका में 156वें सबसे धनी व्यक्ति बने हुए हैं।

न्यूयार्क के जमैका एस्टेट में स्थित फॉरेस्ट स्कूल में ट्रंप की प्रारम्भिक शिक्षा हुयी थी। इस स्कूल में ट्रंप के पिता एक ट्रस्टी के रूप में भी जाने जाते थे। ट्रंप को अपनी खराब आदतों की वजह से उनके पिता ने आदत सुधरवाने के लिए बचपन में ही मिलिट्री स्कूल में डाल दिया था। ट्रंप दूसरे लोगों से हाथ मिलाना पसंद नहीं करते हैं, क्योंकि ट्रंप की अंगुलियां बहुत ज्यादा छोटी हैं। वैसे तो ट्रंप खुद शराब नहीं पीते हैं, लेकिन उन्होंने अपना खुद का ट्रंप वोदका ब्रांड निकाला हुआ है, जो काफी प्रसिद्ध माना जाता है।

1991 में डोनाल्ड ट्रंप दिवालिया हो चुके थे, हालांकि उनको कर्जदारों ने दिवालिया घोषित नहीं होने दिया था। ट्रंप का मानना है कि उनकी संपत्ति

उनके इमोशन पर निर्भर करती है। ट्रंप मानते हैं कि उनमें बचपन से अभी तक कोई बदलाव नहीं आया है। वो अभी भी वैसे हैं, जैसे पहली क्लास में थे।

ट्रंप की कम्पनी पर एक बार मुकदमा हुआ, लेकिन उन्होंने जल्द ही इसे कोर्ट में सुलझा लिया। ट्रंप हमेशा से विवादों में रहे हैं। एक बार उन्होंने यह कहकर विवाद को जन्म दे दिया कि 'वे अपना पैसा गिनने के लिए अश्वेत लोगों को नहीं रखते है।' ट्रंप के जीवन से जुड़ा एक किस्सा यह भी था कि ट्रंप ने एक बार अपने ही शो से 375,000 डॉलर कमाए थे। विवादों में रहने वाले ट्रंप ने एक बार एक टॉक शो के होस्ट बिल मेहर पर इसलिए मुकदमा कर दिया था, क्योंकि उसने उनके पिता को बन्दर बोला था। इसी प्रकार का एक विवाद ट्रंप के साथ आज भी जुड़ा हुआ है कि उनको स्कॉटलैंड यूनिवर्सिटी से होनरेरी की डिग्री मिली थी, जिसको बाद में उसे रद्द किये जाने पर भी काफी विवाद हुआ। जब ट्रंप एक टीवी शो की वजह से स्टार बन गये तो उन्होंने कहा कि वो दुबारा एक अश्वेत परिवार में जन्म लेना चाहते हैं। यह भी चर्चा का विषय रहा।

आज डोनाल्ड ट्रंप को अमेरिका में ही नहीं बल्कि पूरी दुनिया में व्यवसायी, लेखक, टीवी कलाकार और अब अमेरिका के 45वें राष्ट्रपति के रूप में जानते हैं। आज भी वे रियल स्टेट व्यवसाय में बेताज बादशाह हैं। खासतौर पर वे अपनी ऊट-पटांग भाषणों की वजह से भी मीडिया में बने रहते हैं। कोई उन्हें कट्टरवादी कहता है, तो कोई अमेरिका का बेहतरीन राष्ट्रपति। इन्होंने राष्ट्रपति चुनाव में अपनी प्रतिद्वंद्वी हिलेरी क्लिंटन को मात देकर एक करिश्मा कर दिया है, क्योंकि ट्रंप का किसी राजनीतिक घराने से कोई संबंध नहीं था। यह सब उन्होंने अपने बलबूते पर किया है।

दुनिया के नये बिग बॉस डोनाल्ड ट्रंप का मिजाज थोड़ा गरम, जुबां बेबाक, और पेशे से एक धनी व्यवसायी माने जाते हैं। अमेरिकी मीडिया सहित पूरी दुनिया ने चुनाव से पहले ट्रंप के कई सारे रूपों की चर्चा की थी। यकीनन किसी ने नहीं सोचा था कि अमेरिकी चुनाव में ट्रंप एक अलग ही रूप में उभरेंगे और अपने आलोचकों को बता देंगे कि वो ही बिग बॉस हैं।

ट्रंप का कारोबारी और राजनीतिक जीवन जितना चर्चा में रहा, उससे ज्यादा उनका वैवाहिक जीवन भी हमेशा सुर्खियां बटोरता रहा। ट्रंप ने सन् 1977 में अपनी पहली शादी इवाना जेल्निकोवा से करने के बाद तीन शादियाँ और की। तीसरी शादी उन्होंने 20 मार्च, 2006 को सफल मॉडल मेलानिया नाउस से की।

ट्रंप को जिद्दी और हार सहन न करने वाला शख्स बताया जा चुका है। यह साबित हो चुका है कि वो कभी भी हार न मानने वालों में से हैं। कठिन समय में उन्होंने अपने पिता से 14 मिलियन डॉलर कर्ज लेकर बिज़नेस शुरू किया था। आज उनका बिजनेस बढ़कर 10 बिलियन डॉलर तक पहुँच गया है। उन पर उंगलियां जरूर उठीं लेकिन विवादों में रहने वाला ये शख्स अब अमेरिका की कमान संभाल चुका है। एक बार यूएस की बिज़नेस कम्युनिटी में कहा था कि ट्रंप कभी घाटे का सौदा नहीं करते। उसी बात को साबित करते हुए 1988 में ट्रंप ने 400 मिलियन में प्लाजा होटल खरीदा और 50 मिलियन रिनोवेशन पर खर्च किया। लेकिन मुनाफा नहीं हुआ। ट्रंप 1980 में मेनहट्टन प्रोजेक्ट और 1985 में टीवी सिटी के प्रोजेक्ट में भी पैसा लगाया लेकिन कामयाब नहीं रहे। इसीलिए 1980 से 1990 का दौर ट्रंप के लिए खास नहीं माना जाता है। 1990 में ट्रंप पर 975 मिलियन डॉलर का पर्सनल लोन था और वो दिवालिया होने के कगार पर आ गये थे। लेकिन उन्होंने सिटी बैंक, बैंकर्स ट्रस्ट, चेज मैनहट्टन बैंक और मेन्यूफेक्चर हनोवर ट्रस्ट की मदद लेकर 65 मिलियन का नया लोन लिया और फिर पीछे मुड़कर नहीं देखा। घाटा पूरा करने के लिए ट्रंप को अपनी 'ट्रंप शटल कंपनी' और पर्सनल याट तक बेचना पड़ा।

1990 से 1996 तक ट्रंप फोर्ब्स की 400 अमीर हस्तियों की लिस्ट से बाहर रहे। 'द ट्रंप ताज महल' कैसीनो में घाटा हुआ तो उसे भी बेच दिया। 1992 से 2009 के बीच उन्होंने 3 बार घाटे के चलते दिवालिया होने की पिटीशन फाइल की। इसलिए विरोधी उन्हें रिस्क से घबराने वाला शख्स कहते रहे हैं। लेकिन वे ऐसा करके भी नया रिस्क लेते रहे। उनकी जिंदगी पर नजर डालें तो काफी हद तक ये सही भी लगता है कि रिस्क लेने की उनकी आदत ने ही उनको सफल विजेता के रूप में, दुनिया को अपना दमख़म दिखाया है और आज भी दिखा रहे हैं और आज अमेरिका के राष्ट्रपति के रूप में सबसे ताकतवर देश का नेतृत्व कर रहे हैं।

ट्रंप परिवार और वाद-विवाद

" आपको किसी न किसी तरह से सोचना ही है, तो बड़ा ही क्यों न सोंचे ?" - डोनाल्ड ट्रंप

ट्रंप का पूरा जीवन ही विवादों में रहा है, तो भला उनका पारिवारिक जीवन कैसे ठीक हो सकता है। ट्रंप ने अपने जीवन में तीन शादियां करी। उन्होंने पहली शादी 1977 में इवाना जेल्निकोवा से, दूसरी 1993 में मार्ला मैपल्स से और तीसरी 2005 में मेलानिया बैरन से की। पहली पत्नी इवाना से तीन बच्चे 'डोनाल्ड ट्रंप जूनियर', 'इवांका' और 'एरिक' हैं। दूसरी पत्नी, मार्ला से 'टिफनी' है। जबकि तीसरी पत्नी मेलानिया से विलियम ट्रंप। पहली शादी इवाना (पूर्व ओलंपिक खिलाड़ी) से की थी। 1977 में हुई यह शादी 1991 तक चली। इसके बाद 1993 में मार्ला (अभिनेत्री) को जीवनसाथी बनाकर 1999 में तलाक ले लिया। इसके बाद 2005 में मेलानिया (मॉडल) से शादी की।

मेलानिया का जन्म 26 अप्रैल, 1970 को यूगोस्लाविया (अब स्लोवेनिया) में हुआ था। वे डोनाल्ड ट्रंप की तीसरी पत्नी हैं। इनका विवाह 2005 में हुआ था। मेलानिया, पेरिस और न्यूयॉर्क में फैशन मॉडल रही हैं। जब वे 2001 में अमेरिका आयीं और 2006 में उन्होंने अमेरिकी नागरिकता प्राप्त करके एक कन्वेंशन में अपने, अपने माता-पिता और डोनाल्ड से रिश्तों के बारे में विस्तार से बता दिया। आर्किटेक्चर की पढ़ाई बीच में छोड़ कर फैशन की दुनिया में चली गयी और एक ऊंचा मुकाम प्राप्त किया।

मेलानिया ने राष्ट्रपति चुनाव में खुलकर ट्रंप का साथ दिया, लेकिन आलोचकों ने यहाँ आरोप लगाये कि कि वे मिशेल ओबामा द्वारा 2008 में कन्वेंशन के दौरान दिए भाषण की नकल करती हैं।

ट्रंप ने जब अपनी पहली शादी इवाना (पूर्व ओलंपिक खिलाड़ी) से 1977 में की थी तो उस समय ट्रंप की काफी आलोचना हुई थी। इसके बाद 1993 में प्रसिद्ध अभिनेत्री मार्ला मैपल्स से शादी की, जिनसे अफेयर के चर्चे

काफी पहले से थे। ये शादी भी ज्यादा दिन तक नहीं टिकी और 1999 में दोनों के बीच तलाक हो गया। इस तलाक में ट्रंप को 2 बिलियन डॉलर मार्ला को देना पड़े। बाद में, 2005 में ट्रंप ने मशहूर मॉडल मेलानिया से शादी की। पहले मेलानिया नाउस से जानी जाने वाली मेलानिया पूर्वी यूरोप में पैदा हुई थीं और अमेरिका में मॉडलिंग के दौरान डोनाल्ड से मिली थीं। मेलानिया और ट्रंप की शादी को 10 साल से ज्यादा हो चुके हैं।

अमेरिकी टैबलॉइड ने रिपब्लिकन पार्टी के राष्ट्रपति डोनाल्ड ट्रंप की पत्नी मेलानिया ट्रंप की नग्न तस्वीरें प्रकाशित कीं हैं। इस पर काफी विवाद हुआ। ये तस्वीरें 1990 के दौर की थीं, जब मेलानिया मॉडलिंग करती थीं। न्यूयॉर्क पोस्ट में रविवार (31 जुलाई, 2016) को पहले पन्ने पर छपी मेलानिया की नग्न तस्वीर के नीचे लिखा था, 'संभावित प्रथम महिला को आपने इस तरह पहले कभी नहीं देखा होगा।'

बताया जाता है कि कुछ तस्वीरें 'शायद ही कभी देखी गई हैं और अन्य तो कभी प्रकाशित भी नहीं हुई'। इन्हें 1995 में मेनहट्टन में एक शूट के दौरान लिया गया था। ये तस्वीरें फ्रांस की पुरुषों की एक पत्रिका के लिए ली गई थीं। यह पत्रिका अब बंद हो चुकी है। ट्रंप की पत्नी की न्यूड फोटो सामने आने का यह पहला मौका नहीं है। इससे पहले भी मेलानिया की न्यूड तस्वीरें सामने आई थी। तस्वीरों के बारे पूछे जाने पर ट्रंप ने पोस्ट को कहा, 'मेलानिया बेहद सफल मॉडलों में से एक थीं और उन्होंने कई फोटो शूट किए, जिनमें से कई तो कवर और प्रमुख पत्रिकाओं के लिए थे। यह तस्वीर एक यूरोपीय पत्रिका के लिए ली गई थी, लेकिन तब तक मेरी और मेलानिया की मुलाकात नहीं हुई थी। यूरोप में इस तरह की तस्वीरें बहुत आम होती हैं।'

ट्रंप के परिवार के सदस्य

बैरन ट्रंप: डोनाल्ड ट्रंप और उनकी मौजूदा पत्नी मेलानिया ट्रंप की इकलौती संतान हैं। बैरन ट्रंप, डोनाल्ड ट्रंप के प्रचार अभियान में एक-दो बार नज़र आए, लेकिन फ़िलहाल वो चर्चा से दूर ही हैं। 10 साल के बैरन अपने पिता डोनाल्ड ट्रंप के साथ गोल्फ़ खेलना पसंद करते हैं।

मेलानिया ट्रंप: मेलानिया, डोनाल्ड ट्रंप की मौजूदा पत्नी हैं। दोनों ने साल 2005 में शादी की थी। वे स्लोवानिया में पैदा हुई और मॉडल रह चुकी हैं। चुनाव प्रचार अभियान के दौरान जब उनके पति डोनाल्ड ट्रंप पर कुछ महिलाओं ने यौन शोषण के आरोप लगाए थे, तब मेलानिया ने ज़ोरदार तरीके से अपने पति का बचाव किया था।

जुलाई 2016 में उन्होंने तब सुर्ख़ियां बटोरीं जब रिपब्लिकन नेशनल कन्वेंशन में उन्होंने एक भाषण दिया, जिसके बारे में कहा गया कि वो मिशेल ओबामा के एक भाषण की नकल था, जो मिशेल ने 2008 में दिया था।

जेरड कुशनरः डोनाल्ड ट्रंप की सबसे बड़ी बेटी इवांका के पति हैं जेरड, वे न्यूयॉर्क के बड़े प्रॉपर्टी डेवलपर के बेटे हैं और 10 सालों से न्यूयॉर्क में एक साप्ताहिक अख़बार निकाल रहे हैं। उन पर आरोप लगा था कि अपने ससुर डोनाल्ड ट्रंप के पक्ष में उन्होंने पक्षपातपूर्ण पत्रकारिता की।

इवांका ट्रंपः डोनाल्ड ट्रंप की सबसे ज्यादा चर्चित संतान हैं इवांका। वे डोनाल्ड और उनकी पहली पत्नी इवाना की एकलौती बेटी हैं। इवांका मॉडल रह चुकी हैं और अपने पिता की एक कंपनी की वाइस राष्ट्रपति हैं। वो रियलिटी टीवी शो 'द अप्रेंटिस' में जज रह चुकी हैं। जेरड से शादी करने के बाद उन्होंने यहूदी धर्म अपना लिया।

टिफ़नी ट्रंपः डोनाल्ड ट्रंप और उनकी दूसरी पत्नी मार्ला मैपल्स की बेटी हैं टिफ़नी। वे अभिनेत्री और टीवी कलाकार रह चुकी हैं। सोशल मीडिया पर बेहद सक्रिय रहने वाली टिफ़नी तब चर्चा में आईं, जब उन्होंने रिपब्लिकन कन्वेंशन में भाषण दिया, जिसके लिए उनके पिता डोनाल्ड ट्रंप ने उनकी काफ़ी तारीफ़ की।

वेनीसा ट्रंपः वेनीसा ने डोनाल्ड ट्रंप के बेटे डोनाल्ड ट्रंप जूनियर से 2005 में शादी की। उनके पांच बच्चे हैं। जब वो बच्चीं थी, तब उन्होंने मॉडलिंग शुरू कर दी थी। वो मशहूर हॉलीवुड अभिनेता लियोनाडो डी कैप्रियो की प्रेमिका रह चुकी हैं। वेनीसा के पास बंदूक का लाइसेंस हैं।

काई ट्रंपः आठ साल की काई ट्रंप, डोनाल्ड ट्रंप जूनियर और वेनीसा की सबसे बड़ी संतान हैं।

डोनाल्ड ट्रंप जूनियरः डोनाल्ड ट्रंप और उनकी पहली पत्नी इवाना के सबसे बड़े बेटे हैं डोनाल्ड ट्रंप जूनियर। वे ट्रंप ऑर्गनाइज़ेशन के कार्यकारी सह अध्यक्ष हैं। अपने शिकार के शौक की वजह से वो काफ़ी विवादों में भी रहे। उनके नाम पर तब एक बड़ा विवाद खड़ा हो गया था, जब उनकी अपने भाई एरिक के साथ वो तस्वीर सामने आई, जिसमें दोनों मरे हुए तेंदुए और मगरमच्छ के साथ दिखे।

एरिक ट्रंपः डोनाल्ड ट्रंप और उनकी पहली पत्नी इवाना की तीसरी संतान हैं एरिक। वे ट्रंप ऑर्गनाइज़ेशन में कार्यकारी सह अध्यक्ष हैं। 2006 में उन्होंने एरिक ट्रंप फ़ाउंडेशन की स्थापना की जिसने कई रिसर्च अस्पतालों को

28 मिलियन डॉलर का दान दिया। इन अस्पतालों में उन बच्चों को इलाज होता है जो गंभीर बीमारियों से जूझ रहे हैं।

लारा युनास्का: टीवी प्रोड्यूसर लारा युनास्का ने एरिक ट्रंप से 2014 में शादी की। दोनों के अभी बच्चे नहीं हैं। वो ट्रंप फ़ाउंडेशन से जुड़ी हैं। हाल ही में लारा तब चर्चा में आई थी, जब फ़ॉक्स न्यूज़ से बातचीत में उन्होंने कहा था, 'हिलेरी सोचती हैं कि सिर्फ़ महिला होने के नाते उन्हें महिलाओं के वोट मिल जाएंगे, उनकी ये सोच बड़ी शर्मनाक और महिलाओं के सम्मान को ठेस पहुंचाने वाली है।'

ट्रंप की बेटियां

डोनाल्ड ट्रंप के कैंपेन में सबसे ज्यादा नजर आने वाली उनकी बेटियां। खासकर उनकी बड़ी बेटी इवांका हर प्रोग्राम में उनके साथ देखी गयीं। दूसरी टिफनी भी कैम्पेन के दौरान बहुत ज्यादा सक्रिय रही थी। दोनों बेटियों की पहचान मॉडल और बिजनेसवुमन हैं। इवांका पिता के ज्यादा करीब हैं। इन्हें लेकर ट्रंप के कई बेतुके बयान भी समय-समय पर सामने आए हैं। ट्रंप एक शो में बेटी को सेक्सी तक करार दे चुके हैं, जो काफी चर्चा में रहा था।

इवांका की पहचान बिजनेसवुमन, राइटर और मॉडल की है। इवांका डोनाल्ड ट्रंप और उनकी एक्स वाइफ इवाना की बेटी, पिता के बिजनेस में पूरी तरह से भागीदारी करती है। 1997 में ये पहली बार सेवन्टीन मैगजीन के कवर पेज में आयीं। इन्होंने मार्क बोउवर और थैरी मगलर के फैशन शो में रैम्प वॉक करके तहलका मचा दिया। इसके बाद उन्होंने पीछे मुड़कर नहीं देखा और टॉमी हिलफिगर और सासोन जैसे ब्रांड्स के लिए एड शूट करके काफी चर्चा बटोरी।

डोनाल्ड ट्रंप अपनी बेटी के बारे में किये गये कमैंट को लेकर हमेशा चर्चा में रहे। इन्होंने एक टीवी शो में कहा था कि इवांका को किस करने का कोई भी मौका नहीं छोड़ना चाहता हूं। जब स्टर्न और ट्रंप एक शो में इवांका के ब्रेस्ट पर चर्चा कर रहे थे। स्टर्न ने कहा कि इवांका पहले से ज्यादा सेक्सी दिख रही है। क्या उसने ब्रेस्ट इम्प्लांट कराया है। इस पर ट्रंप ने कहा कि उसने कभी सर्जरी नहीं कराई, वो तो पहले से ही सेक्सी है।

एक टॉक शो में भी अपनी बेटी पर ट्रंप का बयान चर्चा में रहा था। उनसे पूछा गया था- क्या प्लेब्वॉय मैगजीन के कवर के लिए इवांका कभी न्यूड पोज देंगी? ट्रंप ने कहा- वैसे तो इवांका को ऐसा नहीं करना चाहिए। लेकिन उनका फिगर बेहतरीन है। अगर वो मेरी बेटी न होती तो शायद मैं उसे भी डेट कर रहा होता।

महिला संबंधों को लेकर विवाद

> *" जाने-अनजाने द अपरेंटिस पे सारी महिलाएं मेरे साथ फ़्लर्ट करती थीं- इसकी उम्मीद की जा सकती थी।" - डोनाल्ड ट्रंप*

गैबरीला सबेटिनी-(1989), जब डोनाल्ड ट्रंप इवाना के साथ शादी के बंधन में थे। उस समय 1989 जून माह में इन दोनों के अफेयर की खूब चर्चा रही थी। हालांकि कुछ समय बाद ही यह रिश्ता खत्म भी हो गया था।

कार्ला ब्रूनी-(**1991**), कार्ला ब्रूनी को जब मिक जेगर के साथ अलगाव हुआ तो डोनाल्ड ट्रंप के साथ अफेयर की खूब चर्चा हुई थी। हालांकि ये रिश्ता भी लंबा नहीं चल सका था। 1990 के दशक में, न्यूयॉर्क पोस्ट की रिपोर्ट है कि ब्रूनी और ट्रंप प्यार से जुड़े हुए थे। 26 जून, 1991 की सुबह, डोनाल्ड ट्रंप की तस्वीर न्यूयॉर्क पोस्ट के पहले पन्ने पर भी थी।

ब्रूनी ने कहा, 'ट्रंप स्पष्ट रूप से एक पागल है। यह झूठ है और मैं बहुत शर्मिंदा हूँ। मैने उससे सिर्फ एक बार पार्टी में मुलाकात की थी और उसके बाद मैने उसे कभी नहीं देखा।

रोवेने ब्रिवेर-(**1993**), जब डोनाल्ड ट्रंप और रोवेने का अफेयर हुआ था तो उस समय इनकी साथ में कई फोटो छपी थीं। यह उस समय का सबसे चर्चित अफेयर था। हालांकि काम के कारण दोनों को अलग स्थानों पर जाना पड़ा और इस कारण यह अफेयर समाप्त हुआ। पर रोवेने अभी भी ट्रंप को जेंटलमैन कहकर याद करती हैं।

मार्ला मैपल्स-(**1993-1999**) इन दोनों की मुलाकात 1985 में तब हुई थी, जब ट्रंप इवाना के साथ शादी के बंधन में बंधे थे। जब ट्रंप और इवाना की शादी खत्म हुई तो इन दोनों ने शादी कर ली। शादी के दो माह के अंदर ही इनकी बेटी टिफनी का जन्म हुआ। यह शादी 6 साल तक चली।

कारा यंग-(2001), डोनाल्ड ट्रंप की चर्चा इस साल इसलिए रही कि वे कारा यंग और गॉसिप जर्नलिस्ट ए.जे.बेंजा के साथ लव ट्रायंगल में थे। एक इंटरव्यू के दौरान बेंजा को उन्होंने कहा था कि कारा यंग के साथ उनका अफेयर अब खत्म हो चुका है और वे जल्द ही इसका स्पष्टीकरण उन्हें देंगे।

मेलानिया ट्रंप-(**2005-अब तक**), ट्रंप और उनकी पत्नी मेलानिया

ट्रंप न्यूयॉर्क में 1998 में एक फैशन वीक पार्टी में मिले थे और कुछ समय बाद जनवरी 2005 में दोनों ने शादी कर ली। 2006 में मेलानिया ने एक बेटे को जन्म दिया, जिसका नाम बैरन है।

अमेरिकी चुनाव में गड़े मुर्दे उखाड़ने की पुरानी परंपरा रही है। अमेरिकी राष्ट्रपति चुनाव का तो इतिहास ही रहा है कि यहां हर दावेदार की पुरानी ज़िंदगी के सारे गुनाह, सारे आरोप, सारे नाजायज रिश्तों की पड़ताल की जाती है। विरोधी इसके लिए पैसा खर्च करते हैं। राष्ट्रपति डोनाल्ड ट्रंप के अतीत की कब्रें खोदी गई थी।

ब्रिटेन के चैनल 4 पर 'द मेड वर्ल्ड ऑफ डोनाल्ड' के प्रसारण में अरबपति कारोबारी ट्रंप के अतीत के कई दागदार पन्ने दिखाए गए हैं। ट्रंप पर उनकी पत्नी ने दुष्कर्म का आरोप लगाया। उनको सनकी और सिरफिरे भी कहा था।

एक डॉक्यूमेंटरी के मुताबिक 1989 में ट्रंप ने गंजेपन को दूर करने के लिए सर्जरी करवाई थी। सर्जरी के दौरान हुई असहनीय पीड़ा का गुस्सा उन्होंने अपनी बीवी इवाना पर उतारा था। पहले उन्होंने इवाना पर हमले किए फिर उसके कपड़े फाड़ डाले। इवाना बेहद डर गई और घर के ऊपर भागी। वह बंद दरवाजे के पीछे सारी रात रोती रहीं।

लेकिन इवाना ने अपने बयान में कहा कि वे और ट्रंप अब भी अच्छे दोस्त हैं और यह आरोप पूरी तरह से सच नहीं है।

अपनी एटॉर्नी ग्लोरिया के साथ वयस्क फिल्मों की अभिनेत्री जेसिका ड्रेक ने ट्रंप पर यौन उत्पीड़न का आरोप लगाया है। अमेरिका के राष्ट्रपति पद के चुनाव में एक माह से भी कम समय बचा है और महिलाओं के यौन उत्पीड़न के आरोपों को लेकर पहले से ही कमजोर स्थिति में चल रहे रिपब्लिकन उम्मीदवार के प्रचार अभियान पर वयस्क फिल्मों की स्टार जेसिका ड्रेक के इन आरोपों के बाद और अधिक असर पड़ने की आशंका है।

ड्रेक ने कहा कि वह करीब 10 साल पहले कैलिफोर्निया के लेक ताहो में ट्रंप से मिली थीं। उसे होटल में ट्रंप के कमरे में बुलाया गया, जहां वह अपनी कुछ मित्रों के साथ गई। 42 वर्षीय ड्रेक का आरोप है कि ट्रंप ने उसे और उसकी दो अन्य मित्रों को पकड़ लिया और उनकी अनुमति के बिना उनका चुंबन लिया। उन्होंने आरोप लगाया कि बाद में एक अज्ञात व्यक्ति ने ट्रंप की ओर से उसे फोन कर फिर से कमरे में आने को कहा, लेकिन इस बार उसे अकेले बुलाया है और वह ट्रंप के कमरे में आए तथा रात को उनके

साथ भोजन करें। उसे पार्टी में भी बुलाया गया, लेकिन उसने मना कर दिया। ट्रंप ने खुद मुझसे पूछा- तुम क्या चाहती हो। कितनी रकम। ट्रंप ने 10,000 डॉलर की पेशकश की।

2004 में रेडियो के लिए हावर्ड स्टर्न को दिए गए इंटरव्यू में डोनाल्ड ट्रंप ने अपनी बेटी के बारे में अश्लील बात कही थी। उस समय डोनाल्ड ट्रंप की बेटी इवांका ट्रंप 22 साल की थी। डोनाल्ड ट्रंप ने स्टर्न से बातचीत में बेटी की शारीरिक बनावट पर टिप्पणी करते हुए कहा था कि वह 'पीस ऑफ एस' है। ट्रंप ने यह भी कहा कि जब वह 14 साल के थे तब किसी कम उम्र की हॉट लड़की के लिए अपनी वर्जिनिटी खोने में कोताही नहीं करते थे।

महिलाओं पर अभद्र टिप्पणियों के चलते डोनाल्ड ट्रंप ने मीडिया में अपनी छवि को लेकर प्रतिक्रिया देते समय भी विवादित बयान दिया था। 1991 में उन्होंने एक मैगजीन को इंटरव्यू में कहा कि मीडिया में उनके बारे में क्या छप रहा है, यह तब तक कोई मायने नहीं रखता, जब तक उनको जवान और खूबसूरत औरतों के साथ सोने का मौका मिल रहा है। डोनाल्ड ट्रंप ने बच्चे को ब्रेस्टफीडिंग कराने वाली मां के प्रति घृणा का सरेआम प्रदर्शन किया था। यह बयान महिलाओं के प्रति उनकी पुरूषवादी मानसिकता का द्योतक है। एक महिला वकील ने जब बच्चे को दूध पिलाने के लिए ब्रेक मांगा तो उस समय ट्रंप ने उस महिला को 'घृणित औरत' कह कर अपमानित किया था।

डोनाल्ड ट्रंप महिला पत्रकारों पर भी अभद्र टिप्पणियों के मामले में बदनाम रहे हैं। 'न्यूयार्क टाइम्स' में गेल कॉलिंस ने डोनाल्ड ट्रंप के खिलाफ एक लेख लिखा। ट्रंप ने उस आर्टिकल की एक कॉपी गेल कॉलिंस के पास भिजवाई। इस आर्टिकल कॉपी में ट्रंप ने गेल कॉलिंस की फोटो को कलम से घेरा था और उस पर लिखा था, 'द फेस ऑफ ए डॉग।'

अमेरिकी पत्रकार मेगन केली भी डोनाल्ड ट्रंप की गंदी टिप्पणियों की शिकार हुई। ट्रंप ने ट्विटर पर मेगन केली के बारे में अभद्र बातें कहीं। उन्होंने मेगन को 'बिंबो' कहा था। ट्रंप ने लिखा कि मेगन का पीरियड चल रहा था, इस वजह से उन्होंने उनसे काफी कड़े सवाल किए। उन्होंने लिखा, 'मेगन की आंखों से खून निकल रहा है। उनके बदन में हर जगह से खून निकल रहा था।' उन्होंने मेगन को क्रेजी और औसत दर्जे की एंकर भी कहा।

डोनाल्ड ट्रंप ने अपनी ही पार्टी की लीडर कार्ली फियोरिना पर अभद्र टिप्पणी कर उनका अपमान किया। 2015 के सितंबर में रिपब्लिकन पार्टी की प्रतिद्वंद्वी उम्मीदवार फियोरिना के बारे में ट्रंप ने कहा, 'उनके चेहरे को देखो। उनको देखकर कौन वोट देगा? क्या आप कल्पना कर सकते हैं कि ऐसा चेहरा

आपका अगला राष्ट्रपति होगा। मेरा मतलब है कि वह महिला हैं और मुझे उनके बारे में भद्दी बात नहीं करनी चाहिए, लेकिन सच में क्या आप उनको लेकर सीरियस है?'

पिछले महीने सितंबर में पूर्व मिस यूनिवर्स और वेनेजुएला की एक्ट्रेस एलिसिया माचादो ने दावा किया कि डोनाल्ड ट्रंप ने उनके साथ अभद्र व्यवहार किया। एलिसिया माचादो ने कहा कि ट्रंप ने उनको मिस पिग्गी कहा। इसके बाद माफी मांगने के बजाय ट्रंप ने जवाब में फिर उनके बारे में कहा कि एलिसिया माचादो काफी मोटी हो गई हैं और यह हम सबके लिए एक समस्या है।

डोनाल्ड ट्रंप ने सिर्फ महिलाओं के बारे में ही गंदी बातें नहीं की हैं। उन्होंने पिछले साल मेक्सिकन लोगों को रेपिस्ट कह दिया। ट्रंप ने दिव्यांग पत्रकार का मज़ाक उड़ाया था और अमेरिका में आने वाले मुस्लिमों पर बैन लगाने की मांग की थी।

कठिनाई से भरा जीवन

"बिना जुनून के साथ आप ऊर्जावान नहीं होते, बिना ऊर्जा के आपके पास कुछ भी नहीं होता है।" - डोनाल्ड ट्रंप

डोनाल्ड ट्रंप एक कामयाब अमरीकी कारोबारी हैं। उनके पास अरबों रुपए की संपत्ति है। न्यूयॉर्क के बेहद महंगे मेनहट्न इलाके में उनके पास अच्छी ख़ासी जायदाद है। ट्रंप ने अपने बिज़नेस कॅरियर की शुरुआत अपने पिता के साथ साझा बिज़नेस के रूप में ब्रूकलिन न्यूयॉर्क से शुरू किया। शुरू में अपने पिता की पसंदीदा मध्यमवर्गीय किराये के मकान में ब्रुकलिन, क्वींस और स्टॅटन द्वीप के क्षेत्र पर ध्यान केंद्रित किया। लेकिन पिता की इच्छा के कारण बाद में उन्होंने 1971 में खुद का रियल स्टेट बिज़नेस की शुरुआत की। जिसका नाम उन्होंने 'मेनहट्न रियल स्टेट' रखा।

ट्रंप शुरुआत से ही सफलता की सीढ़ी चढ़ते गये और रियल स्टेट के मँझे हुए खिलाड़ी बन गये। उन्होंने अपने काम के ज़रिए दुनिया में अपनी पहचान बनाई। सबसे ज्यादा प्रसिद्धि उन्हें फिफ्थ एवेन्यू, ट्रंप टावर, लक्जरी आवासीय होम, ट्रंप पार्क, ट्रंप प्लाज़ा, ट्रंप प्लेस, 610 पार्क एवेन्यू, और ट्रंप वर्ल्ड टावर आदि से प्राप्त हुई। इसके अलावा उन्होंने कई इमारतों को भी डिज़ाइन किया जिनमें जेकोब जाविषटस सेंटर भी शामिल हैं जिसे अब वेस्ट 34 स्ट्रीट रेल रोड के नाम से जाना जाता है। इसके लिए ट्रंप को अवॉर्ड भी मिले। ट्रंप कई होटलों और प्रसिद्ध इमारतों का भी निर्माण करवा चुके है जिनमें होटेल प्लाज़ा भी शामिल हैं।

सन् 1971 में ट्रंप मेनहट्टन में लाभदायक परियोजनाओं के निर्माण में शामिल हो गए थे। जिसके बाद 70 के दशक में ही ट्रंप ने घाटे में चल रहे कमोडोर होटल को 7 करोड़ डॉलर में खरीदा। और बाद में 1980 में उन्होंने इस होटल को 'द ग्रैंड हयात' के नाम से शुरू किया। 1982 में डोनाल्ड ट्रंप ने न्यूयॉर्क में ट्रंप टॉवर बनवाया। ये न्यूयॉर्क की मशहूर इमारतों में से एक है।

कहते हैं कि इसे बनाने में पोलैंड से ग़ैरक़ानूनी तरीक़े से आए मज़दूरों का बड़ा योगदान रहा था। अमेरिका के सफल व्यवसायी के रूप में पहचान बनाने वाले डोनाल्ड ट्रंप ने आज दुनिया की सबसे ताकतवर शख्सियत बनकर पूरे विश्व को हैरान कर दिया है।

ट्रंप की राजनीतिक प्रतिबद्धता भी समय-समय पर बदलती रही है। हालांकि 1987 के पहले तक यह बहुत स्पष्ट नहीं थी। सत्तर के दशक के अंतिम दौर में वह रिपब्लिकन पार्टी से संबद्ध राष्ट्रपति रोनाल्ड रीगन के समर्थक रहे। 1987 में वह रिपब्लिकन पार्टी से आधिकारिक तौर पर जुड़ गए। इस प्रकार उनका पहला राजनीतिक चेहरा रिपब्लिकन के रूप में सामने आया। 12 वर्षों के बाद वर्ष 1999 में ट्रंप 'रिफॉर्म पार्टी' में शामिल हो गए। तीन साल तक वह इस पार्टी से जुड़े रहे और वर्ष 2001 में उन्होंने रिफॉर्म पार्टी छोड़ दी। इसी वर्ष में ट्रंप डेमोक्रेटिक पार्टी से जुड़ गए और अगले आठ साल यानी 2008 तक इसका हिस्सा रहे। वर्ष 2008 के राष्ट्रपति चुनाव में उन्होंने रिपब्लिकन उम्मीदवार जॉन मेक्केन के अभियान में बड़े पैमाने पर राजनीतिक और आर्थिक मदद भी की। हालांकि डेमोक्रेटिक पार्टी के उम्मीदवार बराक ओबामा के हाथों मेक्केन को पराजय झेलनी पड़ी।

साल 2009 में ट्रंप ने आधिकारिक रूप से रिपब्लिकन पार्टी की सदस्यता ग्रहण की, फिर 2012 में इन्होंने फिर से राजनीति की तरफ रुख़ किया और राष्ट्रपति की दौड़ के लिए खुद को उम्मीदवार घोषित किया। ट्रंप ने हमेशा ही राष्ट्रपति बराक ओबामा को आड़े हाथ लिया। उनका जन्म यूनाइटेड स्टेट में ना होने की भी आलोचना की। साथ ही कई राजनीतिक मुद्दो पर भी उन्होंने बराक ओबामा के खिलाफ बयान दिया।

16 जून, 2015 में ट्रंप ने अधिकारिक तौर पे खुद को रिपब्लिकन पार्टी की तरफ से टिकट मिलने के बाद राष्ट्रपति पद के दौड़ में शामिल किया। उन्होंने यह घोषणा ट्रंप हाउस न्यूयॉर्क से की। उनके विरुद्ध हिलेरी क्लिंटन थी। सीएनएन-ओआरसी की ओर से कराए गए सर्वेक्षण के अनुसार हिलेरी 52 फीसदी लोगों की पसंद थीं। जबकि 43 फीसदी लोग ट्रंप को अपना अगला राष्ट्रपति देखना चाहते थे। लेकिन डोनाल्ड ट्रंप अमेरिका के राष्ट्रपति बन गये। अपने तमाम विवादों के बावजूद 19 जुलाई, 2016 को डोनाल्ड ट्रंप अमेरिका की ग्रैंड ओल्ड पार्टी या रिपब्लिकन पार्टी के राष्ट्रपति पद के उम्मीदवार बनने में कामयाब हुए।

डोनाल्ड ट्रंप अब अमेरिका के नए राष्ट्रपति बन चुके हैं। ट्रंप, हिलेरी क्लिंटन को कड़े मुकाबले में हराकर इन चुनावों में एक ऐसे नेता के रूप में उभरे, जो न सिर्फ अपने बयानों बल्कि अपनी लाइफस्टाइल और अपने स्टेटस की वजह से भी सुर्खियों में रहे। इसके अलावा ट्रंप अमेरिका के शायद ऐसे राष्ट्रपति होंगे, जिनका कभी राजनीति से कोई वास्ता नहीं रहा। डोनाल्ड ट्रंप की ऐसी कई बातें हैं, जो चौंकाने वाली हैं।

80 के दशक में ट्रंप ने अपना वीडियो गेम लांच किया था और इसकी कीमत 10 मिलियन डॉलर थी। एक इंटरव्यू में ट्रंप ने बताया था कि उनके पास 400 मिलियन डॉलर की ऐसी रकम है, जिसे वह जब चाहें तब खर्च कर सकते हैं। फोर्ब्स के मुताबिक ट्रंप की नेटवर्थ 4.5 बिलियन डॉलर है और इसके साथ ही वह राष्ट्रपति पद के सबसे अमीर उम्मीदवार बन गए। ट्रंप एक टीवी शो 'द अप्रैंटिस' में नजर आए थे और यह एक सुपरहिट टीवी शो था। ट्रंप ने इसके एक शो के लिए 375,000 डॉलर फीस ली थी।

ट्रंप की क्लोदिंग लाइन को बांग्लादेश और चीन जैसे देशों में मैन्यूफैक्चर किया जाता है। साथ ही ट्रंप कुछ और ब्रांड्स को आउटसोर्स करते हैं जिनमें गोल्फ कोर्स से लेकर कई रियल एस्टेट वेंचर्स तक शामिल हैं।

वर्ष 2007 में डोनाल्ड ट्रंप ने वोदका का ब्रांड लांच किया था। जर्मनी के शहर म्यूनिख में ट्रंप ने एक इंटरव्यू दिया और कहा कि उनके पास इतना स्टॉक है कि पांच वर्ष तक चिंता करने की कोई जरूरत नहीं है। हालांकि आज तक इस वोदका ब्रांड को कभी बेचा नहीं गया।

ट्रंप की पत्नी इवाना ने ट्रंप पर उनके साथ रेप का आरोप लगाया था। इसके साथ ही वह पहले ऐसे उम्मीदवार भी बने, जिन पर इतना संगीन आरोप लगा। इवाना ने एक इंटरव्यू में कहा था कि वर्ष 1989 में ट्रंप ने उनके साथ रेप और मारपीट की थी। कैंपेन शुरू होने से पहले मीडिया ने ट्रंप को 6 फीट और दो इंच की लंबाई वाला बताया। ट्रंप ने इस बात पर मीडिया को आड़े हाथों लिया और कहा कि उनकी लंबाई 6 फीट और तीन इंच है।

सुनने में यह थोड़ा अजीब लगे, लेकिन यह सच है। ट्रंप ने दावा किया है कि उन्होंने आज तक कभी भी शराब को हाथ नहीं लगाया है। सिर्फ इतना ही नहीं इसके लिए उन्होंने अपने पर्सनल डॉक्टर से एक बयान भी जारी करवाया। इस बयान में कहा गया था कि आज तक ट्रंप ने कभी शराब या तंबाकू उत्पादनों का सेवन नहीं किया है।

अमेरिका के ईस्ट कोस्ट में ट्रंप पैलेस है और इस जगह पर जब अमेरिका के झंडे को लेकर विवाद हुआ तो ट्रंप ने एक दिन में 1,250 डॉलर केस पर खर्च किए थे। आज इसे ईस्ट कोस्ट में सबसे ऊंची बिल्डिंग माना जाता है।

शिकागो स्थित ट्रंप इंटरनेशनल होटल एंड टावर के मिनी बार के बारे में कहते हैं कि इसका खर्च उठाना हर किसी के बस की बात नहीं है। इस मिनी बार में पानी की एक बॉटल की कीमत 25 डॉलर है, जो कि बाहर सिर्फ कुछ सेंट्स में ही मिल जाती है। ट्रंप ने एक बार इंटरव्यू में कहा था कि कैसीनो हमेशा से ही परफेक्ट एंटरटेनमेंट ऑप्शन होते हैं। ट्रंप के कैसीनो अमेरिका के अलग-अलग हिस्सों में फैले हुए हैं। चार कैसीनो के दिवालिया हो जाने के बावजूद आज तक कैसीनो की इनकम में कोई कमी नहीं आई है।

ट्रंप दुनिया के अलग-अलग हिस्सों में 16 हाई-एंड गोल्फ कोर्सेज के मालिक हैं और खुद भी गोल्फ के शौकीन हैं। वह रोजाना गोल्फ खेलकर अपना समय बिताते हैं। डोनाल्ड ट्रंप की सोशल मीडिया पर कितनी लोकप्रियता है, इसका अंदाजा इसी बात से लगा सकते हैं कि हर माह उन्हें ट्विटर पर 67,000 नए फॉलोअर्स ज्वॉइन करते हैं।

ट्रंप के नाम पर ट्विटर पर सबसे ज्यादा ट्वीट्स का रिकॉर्ड दर्ज है और वह 372 ट्वीट्स हर माह करते हैं। ट्रंप को हॉलीवुड की तरफ से 'वॉक ऑफ फेम' का टाइटल मिला हुआ है। लेकिन आपको बता दें कि अमेरिका के 40वें राष्ट्रपति रोनाल्ड रीगन राष्ट्रपति बनने से पहले एक हॉलीवुड एक्टर थे।

ट्रंप जब सिर्फ 27 वर्ष के थे, तभी वह 14,000 अपार्टमेंट्स के मालिक बन गए थे। ट्रंप मैनेजमेंट कारपोरेशन के बैनर तले इन अपार्टमेंट्स पर मालिकाना हक रखते थे। अपने पिता से उन्होंने एक मिलियन डॉलर बतौर कर्ज लिए थे और फिर इनका निर्माण करवाया था।

राजनीतिक जीवन एवं चुनौतियाँ

"जब आपको कोई चुनौती दे, जरुर लड़ो। क्रूर बन जाओ, मुश्किल बन जाओ।" - डोनाल्ड ट्रंप

ट्रंप का राजनीतिक जीवन बहुत ही कठिनाइयों भरा रहा है। लेकिन उन्होंने कभी भी हार नहीं मानी।

अमेरिका के नए राष्ट्रपति चुने गए डोनाल्ड ट्रंप ने अमेरिका की जनता का शुक्रिया अदा किया था। चुनाव नतीजे आने के बाद ट्रंप ने अमेरिका की जनता को संबोधित किया। उन्होंने कहा, 'मैं अमेरिका से बहुत प्यार करता हूं। मैं सभी अमेरिकी नागरिकों का राष्ट्रपति हूं। मेरी जीत उनकी है, जो अमेरिका से प्यार करते हैं। हमारा चुनाव प्रचार नहीं था, बल्कि एक अभियान था। हम अपने देश का पुनर्निर्माण करेंगे। अभियान पर हमारा काम अब शुरू होगा। हर अमेरिकी का सपना पूरा करेंगे।'

ट्रंप ने कहा, 'हमारे पास एक महान इकोनॉमिक प्लान है। हम अपनी अर्थव्यवस्था को दोगुना कर देंगे। हम और बेहतर तथा शानदार अमेरिका बनाएंगे। हम बेहतर भविष्य की तरफ बढ़ेंगे। एक साथ काम करके हम अमेरिका के सपने को पूरा करेंगे। मेरा आपसे वादा है कि हम अच्छा काम करेंगे'

चुनाव में अपनी प्रतिद्वंद्वी हिलेरी क्लिंटन के बारे में ट्रंप ने कहा, 'हिलेरी ने अच्छी लड़ाई लड़ी। नतीजे आने के बाद हिलेरी ने फोन कर बधाई दी। हिलेरी ने देश की सेवा की है।' ट्रंप ने कहा, 'हम सभी से दोस्ती करेंगे, दुश्मनों से भी। हर देश से अच्छे संबंध बनाएंगे।' ट्रंप ने अपने माता-पिता और बहनों का शुक्रिया अदा किया।' उन्होंने कहा, 'मेरा परिवार बहुत शानदार है। मेरे माता-पिता से मैने बहुत सीखा है। पत्नी लारा को दिल से शुक्रिया अदा करता हूं।' अपने सियासी सफर के बारे में ट्रंप ने कहा कि यह बहुत कठिन था। राजनीति आसान नहीं है।

अमेरीकी राष्ट्रपति (राष्ट्रपति) बनने से एक साल पहले तक डोनाल्ड ट्रंप को दुनिया में केवल एक अरबपति बिजनेसमैन के रूप में ही पहचाना जाता

था। लेकिन अब उनकी पहचान दुनिया के सबसे ताकतवर देश के राष्ट्रपति के रूप में हो गई है।

अमेरिकी राष्ट्रपति डोनाल्ड ट्रंप के साथ विवादों से जन्म का नाता रहा है। उनमें बहुत-सी कमी भी थी, लेकिन उन्होंने उनको ही अपनी ताकत के रूप में प्रयोग कर लिया था। उन्होंने उन्हीं नीतियों पर चलने का प्रयास किया। जैसा उन्होंने राजनीतिक भाषणों में कहा था। वे अमेरिका, को किस दिशा की ओर ले जायेंगे, ये तो वक्त ही बतायेगा लेकिन उन्होंने सभी मूल्यांकनों को तहस-नहस कर दिया।

ट्रंप ने अमेरिका के लिए जो भावी एजेंडा रखा है, उसके मुताबिक उनके राष्ट्रपति बनने की स्थिति में अमेरिका में मस्जिदों पर निगरानी रखी जाएगी। इस्लामिक स्टेट जैसे चरमपंथी संगठन के खिलाफ अमेरिका को 'कठोर पूछताछ' के लिए वटरबोर्डिंग जैसे दूसरे तरीकों का इस्तेमाल करने पर बल दिया जाएगा। अवैध अप्रवासियों और सीरियाई प्रवासियों को रोकने के लिए अमेरिका व मैक्सिको के बीच एक 'बहुत बड़ी दीवार' खड़ी की जाएगी। ट्रंप अमेरिका में रहने वाले 1.1 करोड़ अवैध अप्रवासियों को वापस भेजने के पक्षधर हैं और साथ ही 'जन्म से नागरिकता' की नीति को भी खत्म करना चाहते हैं, जिसके तहत अमेरिकी धरती पर जन्म लेने वाले अवैध अप्रवासियों के बच्चों को अमेरिकी नागरिकता प्राप्त हो जाती है। ये मुद्दे उनको कमजोर बना रहे थे, लेकिन उन्होंने इन्हीं मुद्दों को ज्यादा प्रचारित कर लोगों को अपने पक्ष में किया था।

इस प्रकार एक मुद्दा ट्रंप द्वारा गांधी और मुसोलिनी वाले बयानों व नजरिए को लेकर देखा गया था। उन पर महात्मा गांधी से लेकर पोप तक पर गलतबयानी के आरोप थे। ट्रंप उस समय जबरदस्त चर्चा में रहे, जब उन्होंने इटली के फासीवादी नेता मुसोलिनी से जुड़े उस वाक्य को री-ट्वीट किया, जिसमें लिखा था - 100 साल तक एक भेड़ की तरह जीने से अच्छा है कि केवल एक दिन शेर की तरह जियो। ट्वीट पर जवाब में उन्होंने कहा- 'मुसोलिनी तो मुसोलिनी थे। क्या फर्क पड़ता है। उस ट्वीट ने सबका ध्यान खींचा ,बहुत से अमेरिकियों ने कहा कि इससे ट्रंप का आकर्षण खतरनाक स्थिति का निर्माण कर सकता है। लेकिन यह भी गलत साबित हुआ और वे दक्षिण पंथ को उग्र रूप में प्रस्तुत करने लगे।

ट्रंप मानते थे कि अमेरिका कागज के शेर की तरह दिख रहा है और उनके राष्ट्रपति बनने पर वह ऐसा नहीं रह जाएगा। उनके मुताबिक, मैं

अपनी सेना को इतना बड़ा और ताकतवर बना दूंगा कि कोई हमसे झगड़ने की हिम्मत न करे। इस तरह से उन्होंने अमेरिका को फिर से महान बनाने का सपना दिखाया है। एक अवधारणा यह थी कि ट्रंप अपनी आक्रामक छवि के कारण आने वाले समय में और अधिक शक्तिशाली बनकर उभरेंगे। कारण यह है कि अमेरिकी एक सशक्त राष्ट्रपति को पसंद करते हैं। आक्रामक होना उनकी कमजोरी, थी लेकिन उन्होंने अपने को अमेरिकी समाज के अनुरूप प्रस्तुत किया और बनते चले गये।

ट्रंप ने अपने बिज़नेस करियर की शुरुआत अपने पिता के साथ साझा व्यापार के रूप में ब्रूकलिन न्यूयॉर्क से शुरू की। शुरू में अपने पिता की पसंदीदा मध्यमवर्गीय किराये के मकान में ब्रुकलिन, क्वींस और स्टॅटन द्वीप के क्षेत्र पर ध्यान केंद्रित किया। लेकिन पिता के इच्छा के कारण बाद में उन्होंने 1971 में खुद के रियल स्टेट बिज़नेस की शुरुआत की, जिसका नाम उन्होंने मैनहट्टन रियल स्टेट रखा।

ट्रंप न्यूयॉर्क सिटी में बहुत बड़े प्रॉजेक्ट पर काम कर रहे हैं। 100 एकड़ पर कंस्ट्रक्शन के लिए न्यूयॉर्क प्लानिंग कमीशन द्वारा सबसे बड़ा अप्रूवल दिया गया। यह स्थान हैंडसम नदी के सामने 52 से 72 स्ट्रीट का बना बड़ा भूभाग है। जहाँ पर 16 इमारतें हैं, जिनमे 7 बेची गयी और अभी 9 इमारतें ट्रंप की बची हैं। इसके अलावा ट्रंप ने कई स्थान दान भी किए हैं।

ट्रंप बताते हैं, मैं अपने पिता को अपना आदर्श मानता हूँ। मैने अपने पिता के साथ लगभग 5 साल तक कारोबार किया। जब वे अपने क्लाइंट के साथ डील करने में बिजी रहते थे। तब में बहुत ध्यान से उनकी बात सुना करता था। मैने उनसे कंस्ट्रक्शन वर्क के बारे में बहुत ज्ञान प्राप्त किया। ट्रंप बताते हैं, मेरे पिता मुझे अपने लिए लकी मानते थे। उनके अनुसार जब भी मैं उनके साथ रहता था, तो उनकी बहुत अच्छी डील होती थी।

एक समय ऐसा भी आया, जब ट्रंप का बिज़नेस में कर्ज का बोझ बढ़ गया। ये अस्सी के दशक की बात है। उस समय मंदी का दौर चल रहा था। लेकिन ये समय ज्यादा दिन तक नहीं चला। ट्रंप इस दौर से बखूबी बाहर आ गये और अपने कारोबार को बहुत आगे ले गये।

व्यवस्था को झकझोर कर रख देने की चाह रखने वाले डोनाल्ड ट्रंप मजबूत इरादों के व्यक्ति हैं। हालांकि बुद्धिजीवियों और विशेषज्ञों को इस बात का डर है कि ट्रंप अंतर्राष्ट्रीय मामलों से मोटे तौर पर अनभिज्ञ हैं। वे एक व्यापारी हैं, नॉर्थ अटलांटिक ट्रीटी ऑर्गनाइजेशन (नैटो) और कश्मीर जैसे मुद्दों

को समझने की अभी कोशिश कर रहे हैं। ऐसे तमाम महत्त्वपूर्ण मुद्दों पर उनकी राय मूड के हिसाब से बदलती रहती है, फिर वो चाहे भारत का मामला हो, रूस का मामला हो या फिर कुछ और। हालांकि ट्रंप, भारत सहित दुनिया के कई देशों की निवेश नीति प्रभावित कर सकते हैं।

उनकी पहचान एक अमेरिकी बिजनेसमैन, टीवी पर्सनैलिटी, राजनेता, लेखक के रूप में ज्यादा थी। उन्हें राजनीतिक अनुभव न होने के कारण कमजोर माना जाता था। लेकिन अपनी नेतृत्व क्षमता के कारण उन्होंने साबित कर दिया कि राजनीति में भी नेतृत्वकारी भूमिका निभा सकते हैं। ट्रंप अपने विवादित बयानों के लिए जाने जाते हैं। कुछ विवादों की चर्चा निम्न है- शुरुआत में ट्रंप ने कहा कि 'जिन लोगों (मुस्लिमों के संदर्भ में) के मन में अमेरिका के प्रति नफरत है, उन्हें देश में प्रवेश की अनुमति नहीं दी जा सकती।' 'गैरकानूनी रूप से गर्भपात कराने वाली महिलाओं के लिए सजा का प्रावधान होना चाहिए।' 'मेरे प्रतिद्वंद्वी टेड क्रूज की पत्नी हेदी के पास ऐसी कोई चीज नहीं है जिसके बारे में मैं बात करूं।'

अपने चुनावी अभियान में भारत का कई बार जिक्र किया था, जिसमें भारत में ट्रंप ने कॉल सेंटर प्रतिनिधि के अंग्रेजी में बात करने की नकल उतारते हुए भारत का मजाक उड़ाया था। लेकिन समय की गंभीरता को समझते हुए बता दिया कि वह भारतीय नेताओं से नाराज नहीं हैं। भारत अच्छा प्रदर्शन कर रहा है, लेकिन कोई इस बारे में बात नहीं करता।

ट्रंप की जीत और विश्व मीडिया

" जीवन में सब कुछ भाग्य है।" - डोनाल्ड ट्रंप

ट्रंप की जीत से दुनिया भर में हलचल पैदा हो गयी और तरह-तरह की प्रतिक्रिया देखने को मिली भी। विश्वभर की मीडिया ने डोनाल्ड ट्रंप के बारे में कहा था:-

यूएसए टुडे- यूएसए टुडे ने कहा था कि 'हम ट्रंप को प्रेसिडेंट पोस्ट के लिए अनफिट मानते हैं। प्रभावी ढंग से घर और विदेशों में देश के मामलों को मैनेज करने की उनकी एबिलिटी को लेकर चिंता जताते हैं।'

डेली न्यूज- डेली न्यूज ने व्हाइट हाउस की तस्वीर छापते हुए लिखा था 'हाउस ऑफ हॉरर्स।'

आयरिश टाइम्स- आयरिश टाइम्स ने कहा है कि 'लिंकन, रूजवेल्ट का अमेरिका अब 'द यूनाइटेड हेट्स ऑफ अमेरिका' बन गया।'

न्यूयॉर्क टाइम्स- न्यूयॉर्क टाइम्स ने कहा था कि 'यूरोप को ब्रेग्जिट का सामना करना पड़ रहा है।' जर्मनी की एक वेबसाइट ने लिखा, 'ट्रंप की जीत से दुनिया हैरान और अनिश्चित है।'

द टेलीग्राफ- द टेलीग्राफ ने कहा था कि 'हे भगवान! तूने क्या कर दिया।'

द डॉन - द डॉन ने कहा था कि 'बिजनेसमैन से टीवी शख्सियत बने ट्रंप अब अमेरिका के कमांडर-इन-चीफ होंगे।'

मिस्त्र की वेबसाइट - मिस्त्र की वेबसाइट ने कहा था कि 'अमेरिका का चुनाव जीतकर ट्रंप ने चमत्कार कर दिया।'

आरयू-आरटीआर - आरयू-आरटीआर ने कहा था कि यूएस प्रेसिडेंशियल इलेक्शन में डोनाल्ड ट्रंप की जीत पर रूसी सांसदों ने खुशी जताई। पार्लियामेंट में रूसी सांसदों ने तालियां बजाकर इस खबर का स्वागत किया। उधर, वर्ल्ड मीडिया ने अमेरिका के नतीजों को लेकर आशंका और हैरानी जताई थी।

यूएस टुडे ने संपादकीय में साफ लिखा था- 'ट्रंप उनकी पसंद नहीं हैं। अमेरिका में अस्थिरता बढ़ेगी।' उधर, यूरोप के मीडिया ने ट्रंप की जीत को हॉरर जोकर की जीत की तरह बताया।

अमेरिका में डोनाल्ड ट्रंप की जीत को दुनिया के करीब सभी देशों के अखबारों ने पहले पेज पर जगह दी थी।

चीन के ग्लोबल टाइम्स ने टाइटल दिया था- 'चीनी के मार्केट ट्रंप की जीत का वेलकम करते हैं।' साउथ चाइना मॉर्निंग पोस्ट ने ट्रंप की जीत को यूनिटी से जोड़ा। वहीं, लॉस एंजिलिस टाइम्स ने इसे शानदार बताया। जबकि द गार्डियन ने लिखा-'पोप से लेकर बियॉन्से (नोल्स) तक सभी ने कहा, ट्रंप को जीतना नहीं चाहिए, ट्रंप के जीतने से दुनिया शॉक्ड रह गई।'

प्रेसिडेंट ब्लादिमिर पुतिन ने कहा, - 'उम्मीद है रूस और अमेरिका के रिश्ते बेहतर होंगे। दोनों देश मिलकर काम करेंगे।'

ग्लोबल टाइम्स ने नतीजे आने के पहले लिखा, 'अगर ट्रंप जीतते हैं, तो चाइना को इकोनॉमिक और ट्रेड लेवल पर ज्यादा चुनौतियों का सामना करना पड़ेगा।'

द डॉन वेबसाइट ने लिखा था-'ट्रंप ने सबसे जहरीली कैंपेन चलाई थी। स्कैंडल और अग्रेसिव बयानों के बाद भी उन्होंने जीत दर्ज की।'

द डेलीमेल ने लिखा, 'वेलकम टू ट्रंपलैंड' ये मॉडर्न हिस्ट्री का सबसे अलग प्रेसिडेंशियल कैंपेन है। इलेक्शन का अंजाम हिलेरी के लिए कड़वा रहा।'

अल जजीरा ने कहा था, 2016 के नतीजे को पॉलिटिकल बॉम्बशेल की तरह है। 'हमने मॉडर्न हिस्ट्री में ऐसा नहीं देखा।' यूरोपियन मीडिया ने भी हैरानी जताई और जर्मन डेली ने लिखा कि ये कैसे हो सकता है?

जर्मन वेबसाइट फ्रंक्फर्टर अलगेमेंइने ने 'एवेंजर इन द व्हाइट हाउस' से रिपोर्ट पब्लिश की। कहा- अमेरिका के सहयोगियों को अब मुश्किल हो सकती है। मिडिल ईस्ट की वेबसाइट ने कहा कि-'यूएस इलेक्शन के नतीजे भूकंप जैसै।' यूएई के अखबार ने लिखा- 'ट्रंप का यूएस प्रेसिडेंट बनना सियासी भूकंप है।'

यूक्रेन के इंटर टीवी की रिपोर्ट में बताया था कि 'उनका देश हिलेरी को यूएस प्रेसिडेंट मान चुका था। लोगों ने बुधवार सुबह यह देखना शुरू किया कि ट्रंप जीत रहे हैं, तब कई लोग इन नतीजों से हैरान रह गए।'

न्यूजपेपर डॉन ने लिखा था- 'ट्रंप की जीत से अमेरिका हिल गया और दुनिया दंग रह गई। ट्रंप ने व्हाइट हाउस पर डेमोक्रेट्स के 8 साल के कब्जे को खत्म कर दिया।' डॉन ने अमेरिका के फ्यूचर पर आशंका भी जताई है कि

'ट्रंप की जीत से अमेरिका एक नए, लेकिन ऐसे रास्ते पर बढ़ गया है, जिसके बारे में कुछ नहीं कहा जा सकता।' अखबार ने ट्रंप को अस्थिर प्रवृत्ति वाला शख्स करार दिया है। लिखा है- 'उनके पास मुस्लिमों और नि:शक्त लोगों के लिए गलत प्रस्तावों की एक लंबी लिस्ट है।'

'पाकिस्तान ऑब्जर्वर' ने ट्रंप की जीत को स्टनिंग विक्ट्री टाइटल दिया है। मुख्य रिपोर्ट के बगल में इस पर एक खास टिप्पणी भी प्रकाशित की है कि 'ट्रंप पाकिस्तान के लिए एक अनजाने शख्स हैं, लेकिन रिपब्लिकन पार्टी और पाकिस्तान के संबंध काफी प्रगाढ़ रहे हैं।' 'यह पार्टी पाकिस्तान के जन्म के साथ पिछले 70 सालों से काफी करीब रही है। जबकि डेमोक्रेट का कोल्ड वॉर के दौरान भारत की तरफ झुकाव था।'

न्यूयॉर्क टाइम्स ने ट्रंप टाइटल दिया था। जबकि 'द बोस्टन ग्लोब' ने 'ए ट्रंप शॉकर' टाइटल से रिपोर्ट पब्लिश की।

'द गार्डियन' ने पहले पेज पर हेडिंग दी थी- 'ट्रंप विन्स नाऊ द वर्ल्ड वेट्स।' इसके साथ ही 12 पेज का एक सप्लिमेंट भी निकाला था। पहले पेज पर गार्डियन ने लिखा था- 'अमेरिका बंट गया और बराक ओबामा, हिलेरी क्लिंटन समेत डरी हुई पूरी दुनिया ट्रंप के जीतने से शॉक्ड रह गई। आखिर में पड़े वोटों ने सारे अनुमानों और गणनाओं को गलत करार दिया।'

'रिपब्लिकन के करीब 30 साल के इतिहास में ट्रंप अपने कलीग से सबसे ज्यादा इलेक्टोरल लीड लेने में सफल रहे। जबकि शुरुआत में वे 0.2% पॉपुलर वोट गंवा चुके थे। पहले ही पेज पर एक दूसरी रिपोर्ट में लिखा था- 'ज्यादातर चुनावी एक्सपर्ट्स का कहना था कि ट्रंप जीत नहीं सकते, पोप से लेकर बियॉन्से तक सभी ने कहा, उन्हें जीतना नहीं चाहिए, लेकिन ट्रंप ने कर दिखाया।'

चीन के न्यूजपेपर 'ग्लोबल टाइम्स' ने ट्रंप की जीत को मार्केट के नजरिए से देखा है और लिखा है- 'कुछ मार्केट एक्सपर्ट्स का मानना है कि ट्रंप की जीत से अब चीन और अमेरिका के इकोनॉमिक और ट्रेड रिलेशन्स में जारी दिक्कतें बढ़ सकती हैं।' 'कैम्पेन के दौरान ट्रंप के चीन के साथ ट्रेड पर सख्त रुख को देखते हुए बीजिंग की इकोनॉमी के लिए मुश्किल हालात पैदा हो सकते हैं।' 'हालांकि, ज्यादातर एक्सपर्ट्स का यह कहना है कि अमेरिका के साथ ट्रेड रिलेशन्स में कोई बदलाव नहीं होगा। इसलिए चीन को ट्रंप के प्रेसिडेंट बनने को नेगेटिव तरीके से नहीं लेना चाहिए।' 'इसके उलट इससे युआन के डेप्रिसिएशन (मूल्य में गिरावट) और कैपिटल आउटफ्लोज (पूंजी

प्रवाह) पर दबाव को कम करने से मदद मिल सकती है।'

ट्रंप की जीत के बाद तो चीन ने एक तरह से लोकतंत्र की उपयोगिता पर ही सवाल खड़े कर दिए हैं। सरकारी मीडिया ने कहा था कि यही होता है, अगर लोगों के पास लोकतंत्र हो। चीन की सरकारी समाचार एजेंसी सिन्हुआ ने कहा कि राष्ट्रपति चुनाव में रिपब्लिकन पार्टी के विवादित उम्मीदवार की जीत यह दिखाती है कि अमेरिका का लोकतंत्र किस तरह संकट लेकर आया है। यह चीन की अधिनायकवादी सत्ता के स्थायित्व के बिलकुल उलट है। ट्रंप के चुनाव अभियान और सत्ता के शीर्ष तक उनकी पहुंच ने यह दिखाया है कि ज्यादातर अमेरिकी जनता ने देश के वर्तमान राजनीतिक और अमीर वर्ग के खिलाफ विद्रोही रुख अपनाया है।

चीन की कम्युनिस्ट पार्टी के आधिकारिक अखबार पीपल्स डेली ने कहा था कि अमेरिकी राष्ट्रपति चुनाव ने लोकतंत्र की बुराई को दिखाया है। लेकिन मजेदार बात यह है कि अमेरिकी राष्ट्रपति चुनाव प्रचार अभियान के दौरान चीनी मीडिया और सरकार के समर्थन वाले टीकाकारों ने ट्रंप का समर्थन किया था। मीडिया ने कहा था कि साउथ चाइना सी सहित चीन की विदेश नीति के अन्य पहलुओं के लिए ट्रंप, हिलेरी क्लिंटन के मुकाबले बढ़िया साबित होंगे।

ट्रंप का जीतना चीन के लिए कुछ मामलों में सही भी नहीं माना गया। रिपोर्ट के मुताबिक, 'बीते 15 सालों में अमेरिका में मैन्युफैक्चरिंग सेक्टर में 50 लाख नौकरियां कम हुई हैं। इस दौरान चीन के मैन्युफैक्चरिंग सेक्टर में जोरदार ग्रोथ हुई है। अपने प्रचार में ट्रंप अमेरिकियों को खोई हुई नौक. रियां वापस दिलाने की बात करते रहे हैं। इसके लिए उनके पास टैरिफ और नॉन-टैरिफ बैरियर्स के जरिए एशियाई लेबर की कम कीमतों के असर से निपटने का विकल्प होगा'

एक्सप्रेस ट्रिब्यून की वेबसाइट ने कहा, 'उनके पक्ष में हवा नहीं थी, फिर भी वो अमेरिका के 45वें राष्ट्रपति होंगे'

मिस्र की राजधानी काहिरा में नाई की दुकान पर बैठे लोगों से जब पूछा गया कि वो ट्रंप की जीत पर क्या कहेंगे,तो वो एक-दूसरे का मुंह ताकते नजर आए। दो लोगों ने कहा कि उन्हें तो पता ही नहीं है कि अमेरिका में कौन-कौन चुनावी मैदान में है। वहीं हेयर ड्रेसर मोना ने अपने देश में चल रहे आर्थिक संकट की तरफ इशारा करते हुए कहा कि जो यहां हो रहा है, हमारी नजर उस पर रहती है, हमारे लिए तो यही काफी है।

एक दूसरे व्यक्ति ने कहा था कि उसे अमेरिकी चुनाव के बारे में बहुत कम जानकारी है, लेकिन इतना पता है कि ट्रंप मुसलमानों के लिए ठीक नहीं हैं। इसी तरह छात्रों ने कहा था कि उन्हें भी अमेरिकी चुनाव के बारे में ज्यादा नहीं पता है। काहिरा ही वो शहर है, जहां आठ साल पहले चुनाव जीतने के बाद अमेरिकी राष्ट्रपति बराक ओबमा ने अहम भाषण देते हुए मुसलमानों के प्रति अमेरिकी रवैये में बदलाव पर जोर दिया था। कतर में रहने वाले लीबियाई मूल के एक अमेरिकी लेखक हेंद एमरी ने कहा था कि मुझे लगता है कि अरब दुनिया खुद अपने अस्तित्व के संकट के जूझ रही है। यहां लोगों के पास ये सोचने के लिए ज्यादा समय नहीं है कि अगले अमेरिकी राष्ट्रपति की नीतियों का उन पर क्या फर्क पड़ेगा।

बगदाद के एक कैफे में लोग अमेरिकी चुनाव नतीजों पर गहरी नजर रखे हुए थे। ज्यादातर लोगों का मानना था कि बगदाद की तबाही के लिए अमेरिकी राष्ट्रपति जॉर्ज बुश जिम्मेदार थे। जिन्होंने इराक पर हमले का आदेश दिया था। फिर भी लोगों ने ट्रंप का समर्थन किया।

लोगों का कहना था कि रिपब्लिकन शासन में इराक ने जो मुश्किलें झेली हैं। लेकिन आतंकवाद के खिलाफ ट्रंप का सख्त रुख पसंद है। लेकिन कुछ लोगों ने कहा कि डेमोक्रेट्स कहीं ज्यादा समझदार हैं। डेमोक्रेट राष्ट्रपति ओबामा ने ही इराक से सेना हटाने का फैसला किया था।

यूएई में रहने वाले विश्लेषक अब्दुल खालिद अब्दुल्लाह ने कहा था कि खाड़ी देशों में ट्रंप के मुकाबले क्लिंटन को ज्यादा समर्थन हासिल था। उन. के मुताबिक, 'क्लिंटन को इस क्षेत्र के मुद्दों की जानकारी थी। हालांकि सऊदी अरब और संयुक्त अरब अमीरात को ईरान के साथ मेल-मिलाप बढ़ाने की ओबामा की नीति बिलकुल पसंद नहीं आई।' सऊदी लेखक जमाल खाशोगी ने कहा था कि क्लिंटन सऊदी अरब को लेकर कहीं स्पष्ट रुख रखती थीं लेकिन ट्रंप के बारे में कुछ कह ही नहीं सकते कि वो कब क्या करेंगे?

'अब अमेरिका अगले चार साल तक हैलोवीन मनाएगा। क्योंकि अब शायद अमेरिका अब रहने लायक देश नहीं बचे।'

'अच्छा हुआ ट्रंप जीत गए, अमेरिका अब एक और क्लिंटन का राज नहीं झेल सकता था।'ट्रंप की जीत असल में हर अमेरिकी की जीत है।'

'9/11 कभी न भूलने वाला दिन और 11/9 हमेशा पछतावे के लिए याद किया जाएगा। 'क्या कोई मंगल ग्रह पर रहने के लिए टिकट बेच रहा है?'

विश्व मीडिया में ट्रंप को लेकर बहुत सी अटकले हैं। उनको अप्रत्याशित रूप से सकारात्मक और नकारात्मक दोनों ही तरह की प्रतिक्रिया मिली है। कुल मिलाकर अगर देखा जाए तो उनके बारे में अभी तक भी नकारात्मक रुख ही देखा जा रहा है। अब यह और भी चुनौतीपूर्ण है कि विश्व मीडिया के सामने ट्रंप अपने आपकों कैसे साबित करते हैं।

चुनावी दावे और ट्रंप

> *" हमारे राजनेता बेवकूफ हैं। और मैक्सिकन सरकार ज्यादा होशियार, बहुत तेज है, बहुत अधिक चालाक है। वे बुरे लोगों को बाहर भेज देते हैं क्योंकि वे उनके लिए भुगतान नहीं करना चाहते हैं। वे उनकी देखभाल नहीं करना चाहते। वे क्यों करें जबकि संयुक्त राज्य अमेरिका के बेवकूफ नेतागण उनके लिए यह सब कर ही रहे हैं।" - डोनाल्ड ट्रंप*

ट्रंप के परमाणु समझौते को लेकर उठा-पठक जैसी स्थिति देखी जा सकती है, इसीलिए यूरोपीय संघ के विदेशी मामलों की प्रभारी को यहाँ तक कहना पड़ा था कि डोनाल्ड ट्रंप परमाणु समझौते को निरस्त नहीं कर सकते।

फ़ेड्रीका मोगरीनी ने स्पष्ट करते हुए कहा कि परमाणु समझौता (जेसीपीओए) तेहरान व वॉशिंगटन के बीच होने वाला द्विपक्षीय समझौता नहीं है। इसलिए ट्रंप इसे निरस्त नहीं कर सकते। उन्होंने कहा कि जेसीपीओए एक बहुपक्षीय समझौता है और जेसीपीओए के संयुक्त आयोग की प्रमुख के रूप में मेरा दायित्व है कि सभी पक्षों की ओर से इस समझौते के पालन को सुनिश्चित करूं। मोगरीनी ने कहा कि परमाणु समझौता, संयुक्त राष्ट्र संघ की सुरक्षा परिषद के परिप्रेक्ष्य में होने वाला समझौता है और इसे कोई राष्ट्रीय या द्विपक्षीय समझौता नहीं समझना चाहिए।

यह बात मोगरीनी को इसलिए स्पष्ट करनी पड़ी, क्योंकि राष्ट्रपति डोनाल्ड ट्रंप ने अपने चुनावी अभियान के दौरान जेसीपीओए को एक बुरा समझौता बताते हुए इस पर हस्ताक्षर के लिए बराक ओबामा सरकार की कड़ी आलोचना की थी कि यदि वे राष्ट्रपति बनते हैं, तो इस समझौते को निरस्त कर देंगे। ट्रंप के निर्वाचित होने के बाद ईरान के विदेश मंत्री मुहम्मद जवाद जरीफ ने स्पष्ट किया कि अमेरिका की नई सरकार को परमाणु समझौते का पालन करना चाहिए और अगर उसने इस समझौते को निरस्त करने की कोशिश की तो ईरान के पास अपने विकल्प हैं।

लेकिन ट्रंप ईरान के साथ होने वाले परमाणु समझौते में केवल संशोधन चाहते हैं। डोनाल्ड ट्रंप के अमेरिका का राष्ट्रपति चुने जाने बाद अपने कुछ चुनावी वादों से धीरे-धीरे पीछे हटने लगे हैं। ट्रंप ने एक साक्षात्कार में घोषणा की है कि वह कुछ मेडिकल इन्शुरेन्स बाक़ी रखेंगे। इसी प्रकार उन्होंने कहा कि अपनी डेमोक्रेटिक प्रतिस्पर्धी हिलेरी क्लिंटन के विरुद्ध जो केस हैं, उनकी सुनवाई के लिए अभी विशेष न्यायधीश के बारे में फैसला नहीं लिया है।

साथ ही ट्रंप ने कहा कि वह अमेरिका के भूतपूर्व राष्ट्रपति बिल क्लिंटन के परामर्शों से लाभ उठायेंगे। इसी प्रकार विदेश नीति में डोनाल्ड ट्रंप के एक सलाहकार ने भी बल देकर कहा है कि ट्रंप ईरान के साथ होने वाले परमाणु समझौते में केवल संशोधन चाहते हैं।

यह ऐसी स्थिति थी, जब डोनाल्ट ट्रंप ने अपने चुनावी प्रचार के दौरान वादा किया था कि व्हाइट हाउस में पहुंचने की स्थिति में वह मेडिकल इन्शुरेन्स को पूरी तरह ख़त्म कर देंगे, परमाणु समझौते के दस्तावेज़ को फाड़ देंगे और वाशिंग्टन को भ्रष्टाचार मुक्त बना देंगे।

डोनाल्ड ट्रंप के समर्थकों ने उनके कुछ नारों से प्रभावित होकर उन्हें वोट दिया था। किसी प्रकार का राजनीतिक अनुभव न होने के बावजूद ट्रंप ने अमेरिकी जनता में मौजूद अप्रसन्नता का लाभ उठाया और दसियों लाख अमेरिकियों ने इस देश में आर्थिक परिवर्तन के उनके नारों से प्रभावित होकर उन्हें राष्ट्रपति चुना।

डोनाल्ड ट्रंप को राष्ट्रपति चुने हुए अभी कुछ दिन भी नहीं बीते थे कि जोर-शोर से किये जाने वाले उनके वादों को भुलाया जाने लगा। अलबत्ता यह बात पहले से भी ज्ञात थी कि ट्रंप के कुछ वादों को अमली बनाया जाना संभव नहीं था। उदाहरण स्वरूप ईरान के साथ होने वाले परमाणु समझौते को फाड़ना, क्योंकि परमाणु समझौता सुरक्षा परिषद का एक प्रस्ताव बन चुका है। यह ऐसा कार्य नहीं है जिसे अंतर्राष्ट्रीय सहमति के बिना मनमानी ढंग से रद्द कर दिया जाये। संयुक्त राष्ट्र महासचिव ने कहा है कि अमेरिका के नवनिर्वाचित राष्ट्रपति उस बड़बोलेपन को छोड़ देंगे, जो उन्होंने चुनाव अभियान के दौरान अपनाया था।

बान की मून ने आशा जतायी थी कि डोनाल्ड ट्रंप बड़बोलेपन को छोड़ कर जलवायु समस्या जैसे वैश्विक संकट से निपटने के लिए दुनिया के साथ सहयोग करेंगे। उन्होंने कहा कि अगले हफ्ते वे ट्रंप से मुलाक़ात में अमेरिका से संयुक्त राष्ट्र संघ की अपेक्षा का उल्लेख करेंगे। बान की मून के अनुसार, ट्रंप ने अपने चुनावी अभियान के दौरान यह कह कर कि जलवायु

समझौते से अमेरिका बाहर निकल जाएगा, अमेरिका की ओर से संयुक्त राष्ट्र संघ के बजट की आपूर्ति पर प्रश्न लगा दिया था।

उन्होंने कहा कि चूंकि ट्रंप ने यह बात अपने चुनावी अभियान के दौरान कही थी, इसलिए उन्हें विश्वास था कि ट्रंप राष्ट्रपति काल में इस नीति को नहीं अपनाएंगे। संयुक्त राष्ट्र महासचिव ने ट्रंप से टेलीफ़ोन पर बातचीत की थी और दोनों पक्षों ने संपर्क बनाए रखने पर बल दिया। ज्ञात रहे अमेरिका के नव निर्वाचित राष्ट्रपति हालिया दिनों में कुछ वादों से पीछे हट गए हैं, जो उन्होंने चुनाव के दौरान किए थे।

डोनाल्ड ट्रंप के सत्ता संभालने के बाद नया प्रशासन अमेरिकी आव्रजन व्यवस्था के 'मूलस्वरूप को बहाल करने' करने के लिए 10 सूत्री योजना क्रियान्वित करेगा। जिसमें मैक्सिको के साथ लगी सीमा पर दीवार बनाना, कुछ देशों के लिए वीजा निलंबित करना और कानूनी आव्रजन व्यवस्था में सुधार करना शामिल है। ट्रंप की सत्ता परिवर्तन टीम (ट्रंप ट्रांजिशन) ने कहा था कि नवनिर्वाचित राष्ट्रपति का प्रशासन कट्टरपंथी विचारधाराओं, परमाणु हथियार और साइबर हमलों को राष्ट्रीय रक्षा एवं सुरक्षा के लिए खतरे के तीन क्षेत्र मानते हुए ध्यान केंद्रित कर रहा है।

आव्रजन सुधार के लिए 10 सूत्री योजना तैयार की गयी। इसमें मोटे तौर पर वो नीतियां शामिल हैं, जिनकी पैरोकारी ट्रंप ने चुनाव प्रचार के दौरान की थी। सत्ता परिवर्तन के बाद ट्रंप की टीम जिस पर मुख्य रूप से ध्यान केंद्रित करेगी, उनमें देश की दक्षिणी सीमा पर दीवार बनाना, अवैध प्रवासियों को पकड़ना और रिहा करने के सिलसिले को बंद करना, आपराधिक गठजोड़ों के प्रति बिलकुल बर्दाश्त नहीं करने की नीति बनाना, अवैध प्रवासियों को पनाह देने वाले शहरों का धन रोकना और असंवैधानिक कार्यकारी आदेशों को रद्द करना तथा सभी आव्रजन कानूनों को अमल में लाना शामिल है।

आव्रजन व्यवस्था में सुधार के तहत जो नए कदम उठाए जाने हैं, उनमें उन देशों के लोगों के लिए वीजा जारी करने को निलंबित करना शामिल है, जहां उचित ढंग से छानबीन नहीं होती। ऐसा लगता है कि यह कदम ट्रंप के चुनाव प्रचार के दौरान दिए उनके उन बयानों से जुड़ी है। जिसमें उन्होंने अमेरिका में मुसलमानों के प्रवेश पर रोक लगाने की बात की थी। इस नीति के तहत यह सुनिश्चित करना भी है कि अमेरिका द्वारा निकाले गए लोगों को संबंधित देश स्वीकार करें।

दिलचस्प बात यह कि भारत ने कम-से-कम तीन चार्टर विमानों में गए लोगों को अमेरिका द्वारा वापस भेजे जाने पर उनको वापस स्वीकार कर

लिया था। ये लोग गैरकानूनी ढंग से गए थे। 'ट्रंप ट्रांजिशन' ने कानूनी आव्रजन व्यवस्था में सुधार के बारे में बात की थी। उसने बिना कोई ब्यौरा दिए कहा, 'कानूनी आव्रजन में सुधार अमेरिका और इसके कामगारों के हित में है।' इसमें एच-1बी वीजा के बारे में बात नहीं की गयी है, लेकिन ट्रंप की प्रचार अभियान टीम ने प्राइमरी के दौरान जो स्थिति पत्र जारी किया था, उसमें इस व्यवस्था का उल्लेख मुख्य रूप से किया गया था और एच-1बी वीजा के तहत न्यूनतम मजदूरी को बढ़ाकर 100,000 डॉलर करने का आह्वान किया गया था।

अमरीकी चुनावों का विवादित इतिहास

> *" जो कोई भी यह सोचता है कि मेरी कहानी बस ख़तम होने वाली है वो भारी गलती कर रहा है।" - डोनाल्ड ट्रंप*

अमरीकी राष्ट्रपति पद के चुनावों और विवादों का उतना ही पुराना नाता है, जितना स्वतंत्र अमेरिका का इतिहास। इसलिए अगर इस बार के चुनावी नतीजों को लेकर विवाद हुआ तो यह पहली बार नहीं हुआ। यह राय अमरीकी पत्रकार फ्रेड लूकस की थी, जिन्होंने अपनी एक नई किताब में इसे जाहिर किया थी। व्हाइट हाउस कवर करने वाले पत्रकार लूकस का ये भी मानना था कि इस बार चुनावी मुहिम के दौरान देश और समाज जितना विभाजित नज़र आ रहा है, वैसा पहले भी कई बार हो चुका है। इतिहास की बात करें तो विवाद से घिरे और भी कई चुनाव रहे हैं, इसलिए अमेरिका में इस बार का चुनाव विवादों वाला ही रहा।

डोनाल्ड ट्रंप के मुताबिक़ ऐसा लगता था कि अमरीकी दो खेमों में बंट गए हैं और एक-दूसरे के बीच नफ़रत की एक मज़बूत दीवार खड़ी है। चुनाव प्रचार के दौरान बार-बार कहा है कि अमेरिका की चुनाव प्रक्रिया भ्रष्ट है। उन्होंने ये भी कहा कि वो चुनावी नतीजे तभी स्वीकार करेंगे, जब उनकी जीत होगी। वो कई बार चुनाव में धांधली की आशंका जता चुके थे।

मुक़ाबला इतना करीबी था कि दोनों उम्मीदवारों के बीच गतिरोध के हालात बने। पत्रकार फ्रेड लूकस अपनी किताब में कहते हैं कि अमरीकी चुनाव के इतिहास में पहले भी कई बार इस तरह की स्थिति पैदा हो चुकी है। विवादों से भरे फ़ैसले लिए गए हैं और रिश्वत लेने के इल्ज़ाम भी लगे हैं।

साल 2000 के चुनाव में आम जनता का वोट (पॉपुलर वोट) डेमोक्रेटिक पार्टी के उम्मीदवार अल गोर को अधिक मिला था, लेकिन विजयी घोषित हुए रिपब्लिकन पार्टी के जॉर्ज बुश। अल गोर को पांच लाख अधिक वोट मिले थे। लेकिन अमरीकी चुनाव में इलेक्टोरल कॉलेज में बढ़त हासिल करने वाला उम्मीदवार राष्ट्रपति चुना जाता है और इसमें बाज़ी मार ले गए जॉर्ज

बुश। अल गोर ने कहा वोटों की गिनती दोबारा हो। वो अदालत भी गए। हफ्तों तक मामला उलझा रहा। आखिर में अदालत ने कहा, वोटों की दोबारा गिनती बंद हो। अल गोर ने हार मान ली और इस तरह बुश राष्ट्रपति बने।

1948 के चुनाव में राष्ट्रपति हैरी ट्रूमैन मायूस हो कर सोने चले गए। वे हार मान चुके थे। रिपब्लिकन पार्टी के उम्मीदवार थॉमस डेवी उनसे एग्जिट पोल में पांच प्रतिशत की बढ़त बनाए हुए थे। उनकी जीत पक्की मानी जा रही थी। शिकागो डेली ट्रिब्यून नाम के अख़बार ने ट्रूमैन की हार की सुर्खियों के साथ अख़बार बेचना भी शुरू कर दिया था। लेकिन राष्ट्रपति ट्रूमैन की जीत हुई। उन्हें सुबह चार बजे अमरीकी खुफ़िया सर्विस के अधिकारियों ने जगाकर जीत की खुशखबरी दी। उनकी वो तस्वीर अमर हो गई, जिसमें शिकागो ट्रिब्यून अख़बार को हाथों में लेकर वो मुस्कुराते हुए देखे जा सकते हैं। इस अख़बार में उनके हारने की ख़बर पहले पन्ने पर छपी थी।

थॉमस डेवी ने नतीजा स्वीकार करने में कुछ देर लगाई, लेकिन इसे अदालत में चुनौती नहीं दी। 1876 के चुनाव में डेमोक्रेटिक पार्टी के उम्मीदवार सैमुअल टिल्डेन चुनाव जीत के भी हार गए। उन्होंने रिपब्लिकन पार्टी के अपने प्रतिद्वंद्वी रदरफोर्ड हेस से पॉपुलर वोट और इलेक्टोरल कॉलेज, दोनों में बढ़त बनाई, लेकिन इलेक्टोरल कॉलेज में ज़रूरी 185 वोट हासिल न कर सके। दोनों खेमों ने एक-दूसरे के खिलाफ भ्रष्टाचार और चुनावी फ़र्जीवाड़े के इल्ज़ाम लगाए। बाद में दोनों पक्षों में एक समझौता हुआ, जिसके मुताबिक़ रदरफोर्ड हेस राष्ट्रपति घोषित हुए। विशेषज्ञ कहते थे ये इलेक्शन नहीं, सेलेक्शन था।

1800 का चुनाव अमरीकी राष्ट्रपति पद का चौथा चुनाव था। अब तक का ऐसा अकेला चुनाव, जिसमें उपराष्ट्रपति ने राष्ट्रपति को शिकस्त दी थी। इस चुनाव में कामयाब रहे उपराष्ट्रपति थॉमस जेफ़रसन, जिन्होंने राष्ट्रपति जॉन एडम्स को शिकस्त दी। लेकिन फ़ैसला आसानी से नहीं हुआ था।

उस समय इलेक्टोरल कॉलेज के अंतर्गत राष्ट्रपति और उपराष्ट्रपति, दोनों को वोट दिए जाते थे। जिसे अधिक वोट मिलते, वो राष्ट्रपति चुना जाता। उस समय टू पार्टी सिस्टम सामने आ ही रहा था। फ़ेडरेलिस्ट पार्टी के उम्मीद्वार राष्ट्रपति एडम्स बने, जबकि उपराष्ट्रपति पद के उम्मीदवार थे चार्ल्स पिंकनी। इलेक्टोरल कॉलेज वोट में एडम्स और उनके साथी, जेर्सन और उनके साथी से काफी पीछे रहे। अब मुक़ाबला जेफ़र्सन और बर्र के बीच था, क्योंकि दोनों उम्मीद्वारों को 73-73 वोट मिले। मामला संसद के पास गया। संसद में 35 बार वोट डाले गए और हर बार जेफ़र्सन और बर्र को बराबर के वोट मिले, लेकिन 36वें राउंड में जेफ़र्सन राष्ट्रपति घोषित हुए और बर्र उप राष्ट्रपति।

अमेरिकी राष्ट्रपति चुनाव की जंग में ट्रंप और हिलेरी

" हिलेरी क्लिंटन देश के इतिहास में राज्य की सबसे बुरी सचिव थी। उनके राज्य सचिव के शासनकाल में अमेरिका दुनिया से अलग-थलग हुआ।" -डोनाल्ड ट्रंप

अमेरिका में राष्ट्रपति चुनाव के समय बहुत ज्यादा गहमागहमी देखने को मिली थी। ओबामा ने रिपब्लिकन उम्मीदवार डोनाल्ड ट्रंप पर तीखा हमला करते हुए कहा था कि वो देश के राष्ट्रपति बनने लायक बिलकुल नहीं हैं। ओबामा ने कहा था, 'डोनाल्ड ट्रंप बिलकुल भी राष्ट्रपति होने लायक नहीं हैं। उनका मिजाज ऐसा नहीं है कि उन्हें सेना का सर्वोच्च कमांडर बनाया जा सके,' लेकिन ये हमला किसी काम नहीं आ सका।

डोनाल्ड ट्रंप ने भी समय-समय पर हिलेरी को घेरने की कोशिश की थी। उन्हीं मुद्दों में से एक विषय पर बहुत तीखी बहस हुई थी। ट्रंप ने कहा, 'अगर वो जीत गई, तो अभूतपूर्व वैधानिक संकट खड़ा हो जाएगा। उनके खिलाफ जांच कई साल तक चलने के आसार हैं, जिसके अंत में आपराधिक मुकदमा भी चल सकता है। हमारे देश में ऐसा नहीं होना चाहिए। इस तरह ट्रंप ने हिलेरी को घेरने की हमेशा कोशिश की।

रियल क्लियर पॉलिटिक्स के मुताबिक सभी ताज़ा सर्वेक्षणों के औसत में हिलेरी, ट्रंप से 2.6 अंक आगे चल रही थी। एक सर्वेक्षण में यहाँ तक कह दिया था कि बड़ी संख्या में मतदाताओं का मानना है कि हिलेरी क्लिंटन और उनके प्रतिद्वंद्वी डोनाल्ड ट्रंप इन चुनावों के बाद देश को एकजुट करने के मामले में गैर ईमानदार और अक्षम साबित होंगे। अंत तक मतदाताओं को सिर्फ हिलेरी के जीतने का ट्रेंड था।

अमेरिकी राष्ट्रपति बराक ओबामा के जन्मस्थान को लेकर भी बहुत विवाद हुआ था। जिसका अंत डोनाल्ड ट्रंप ने स्पष्टीकरण देकर किया कि

'ओबामा अमेरिका में पैदा हुए हैं। अब हम अमेरिका को फिर से मजबूत और महान बनाने की ओर लौटना चाहते हैं।' इसी तरह ट्रंप ने अपने खिलाफ सभी मुद्दों को धीरे-धीरे निपटाना शुरू किया था।

हिलेरी और बिल क्लिंटन ने 2001 से 2015 के बीच कुल 232 मिलियन डॉलर अपने फाउंडेशन के जरिए चैरिटी के लिए दिए। डेमोक्रेट उम्मीदवार हिलेरी क्लिंटन ने अपने टैक्स रिटर्न के जो दस्तावेज जारी किए हैं, उनसे यह पता चला है। इस अवधि में क्लिंटन दंपत्ती ने अपने भाषणों और किताबों की रॉयल्टी से 237 मिलियन डॉलर की कमाई की। अपनी कुल आय का 98 फीसदी उन्होंने चैरिटी के लिए दान किया।

दूसरी ओर, ट्रंप अपनी कमाई के मुकाबले दान करने में पीछे रहे। ट्रंप ने दावा किया है कि उनकी कुल संपत्ति 10 बिलियन डॉलर से भी ज्यादा है। वाशिंगटन पोस्ट अखबार के अनुसार, लेकिन उन्होंने 2001 से अब तक महज 39 मिलियन डॉलर ही दान किए हैं। उन्होंने लुइसियाना के एक चर्च ग्रीनवेल स्प्रिंग्स बैप्टिस्ट चर्च को एक लाख डॉलर दान किए। हालांकि, वहां के डेमोक्रेट गवर्नर ने ट्रंप के दौरे के पहले बैटन रोग एरिया फाउंडेशन द्वारा चलाए जा रहे राहत शिविरों के लिए दान करने की सलाह दी थी, लेकिन ट्रंप ने ऐसा नहीं किया। इससे पहले मई में ट्रंप ने 'द मरीन कॉर्प्स लॉ एनफोर्समेंट फाउंडेशन' को बुजुर्गों के पुनर्वास के लिए एक मिलियन डॉलर गिफ्ट किए थे।

ट्रंप ने 1980 के दशक में अपना डोनाल्ड जे. ट्रंप फाउंडेशन बनाया था। 2001 तक उन्होंने इसे 28 मिलियन डॉलर दान किए। एक दशक पहले ट्रंप की तरफ से इस फाउंडेशन में दान में कमी आती गई और फिर बंद हो गई। फाउंडेशन के टैक्स रिकॉर्ड्स के अनुसार, 2008 में ट्रंप ने इस फाउंडेशन को आखिरी दान किया था- 30 हजार डॉलर। तब से अन्य दानदाता ही इस फाउंडेशन में दान कर रहे हैं। 2007 में तो इस फाउंडेशन को जितनी रकम दान की मिली थी, उसका सिर्फ 0.73 फीसदी हिस्सा ही ट्रंप ने दान किया था। वाशिंगटन पोस्ट का दावा है कि ट्रंप फाउंडेशन के अधिकांश दान ट्रंप के निजी विवाद सुलझाने के लिए हुआ करते हैं। उदाहरण के लिए, 2012 में ट्रंप फाउंडेशन ने 158,000 डॉलर दान किए थे। यह रकम ट्रंप के गोल्फ कोर्स से जुड़े एक विवाद को सुलझाने के लिए दान की गई थी। मार्टिन ग्रीनबर्ग नाम के एक व्यक्ति ने मुकदमा दायर किया था। इस मामले में ट्रंप के फाउंडेशन द्वारा ग्रीनबर्ग के फाउंडेशन को चेक भेजा गया और मामला अदालत के बाहर निपट गया।

दूसरी ओर, क्लिंटन के पारिवारिक ट्रस्ट की ओर से 2001 से 2014 के बीच 18.4 मिलियन डॉलर की रकम दान की जा चुकी है। अरकांसास और न्यूयार्क के चापाक्वा के कई समूहों को दान किए गए। यहां बिल क्लिंटन गवर्नर रह चुके हैं। व्हाइट हाउस से हटने के बाद बिल क्लिंटन चापाक्वा रहने चले गए। अपने बिल, हिलेरी एंड चेल्सी क्लिंटन फाउंडेशन को क्लिंटन परिवार 2001 से 4.3 मिलियन डॉलर दान कर चुका है, जो उनकी निजी आय का 24 फीसदी है।

ट्रंप के रिलेशन्स के कई कारण हैं। सबसे पहला कारण तो पैसा, शोहरत है। ट्रंप अमेरिका के मिलीनेयर हैं। उनके बैंक अकाउंट्स में काफी रकम है जो इसका एक बड़ा कारण है। लेकिन सिर्फ पैसा ही नहीं है, जिसकी वजह से ये खूबसूरत बालाएं ट्रंप के आगे-पीछे रहती हैं। डोनाल्ड ट्रंप की राजनीतिक पावर, रुतबा भी इसकी एक खास वजह है।

इन्हीं सबकी वजह से ट्रंप सिर्फ अपनी ही फील्ड में फेमस नहीं हैं बल्कि अमेरिका में टीवी की बड़ी पर्सनैलिटी माने जाते हैं। ये खूबसूरत महिलाएं, जिनके साथ डोनाल्ड ट्रंप के रिश्ते रहे हैं। इनमें कोई दुनिया की टॉप मॉडल है तो कोई अभिनेत्री। वेबसाइट ने एक-दो नहीं बल्कि ऐसे दस नामों की लिस्ट जारी की है, जिनके शारीरिक संबंध ट्रंप के साथ रहे। इस लिस्ट में एक्ट्रेस एलीसन जियानिनी, मशहूर मॉडल इंग्रिड सियनहेव सहित कई महिलाएं रही हैं।

न्यूयॉर्क पोस्ट ने डोनाल्ड ट्रंप की पत्नी की न्यूड तस्वीरें छापीं थी। लेस्बियन थीम का ये फोटोशॉप 1995 में मैनहट्टन में शूट किया गया था। अमेरिका में चुनाव से पहले रिपब्लिक पार्टी के राष्ट्रपति पद के उम्मीदवार डा. `नाल्ड ट्रंप की पत्नी की नग्न (न्यूड) तस्वीरें आने से हंगामा मच गया। न्यूयॉर्क पोस्ट में रविवार को पहले पन्ने पर छपी मेलानिया की नग्न तस्वीर के नीचे लिखा था, 'संभावित प्रथम महिला को आपने इस तरह पहले कभी नहीं देखा होगा।' लेस्बियन थीम का ये फोटोशोप 1995 में मैनहट्टन में फ्रांस के फोटोग. ,ाफर एले दे बासेविले ने शूट किया था। ये तस्वीरें फ्रांस की पुरुषों की एक पत्रिका के लिए ली गई थीं। यह पत्रिका अब बंद हो चुकी है। जब मेलानिया मॉडलिंग करती थी, तब वह 25 साल की थीं और मोनिकेर मेलानिया के नाम से जानी जाती थीं। ऐसे अनुमान लगाए गए कि ये तस्वीरें हिलेरी क्लिंटन के लिए चुनाव प्रचार करने वाली कंपनी के कहने पर लीक की गई थी।

तस्वीरों के बारे में पूछे जाने पर ट्रंप ने पोस्ट को कहा, 'मेलानिया बेहद सफल मॉडलों में से एक थीं और उन्होंने कई फोटो शूट किए, जिनमें

से कई तो कवर और प्रमुख पत्रिकाओं के लिए थे। यह तस्वीर एक यूरोपीय पत्रिका के लिए ली गई थीं लेकिन तब तक मेरी और मेलानिया की मुलाकात नहीं हुई थी। यूरोप में इस तरह की तस्वीरें बहुत आम होती हैं। ये उनके निजी जीवन का मामला है। ऐसी तस्वीरों को लीक करना हिलेरी क्लिंटन खेमे की बौखलाहट दर्शाता है।

ट्रंप से मेलानिया की मुलाकात सितम्बर 1998 में न्यूयॉर्क फैशन वीक के समय हुई थी। तब मेलानिया शादीशुदा थी। ऐसा कहा जाता है कि शुरुआत में उन्होंने ट्रंप को नंबर देने से इंकार कर दिया था। फिर दोनों की मुलाकात होती गई और बातें बढ़ती गई। 2004 में दोनों ने सगाई कर ली और उसके बाद 22 जनवरी, 2005 को दोनों ने शादी कर ली।

एक सप्ताह पहले मेलानिया ट्रंप विवादों में रही थी। जब उनकी निजी एवं व्यावसायिक वेबसाइट पर यह बताया गया था कि उन्होंने समाजसेवी और स्कीन केयर उद्यमी बनने से पहले स्लोवेनिया के जुब्लजाना विश्वविद्यालय से आर्किटेक्चर की डिग्री हासिल की है, लेकिन अमेरिकी मीडिया का कहना है कि उनके पास स्नातक की कोई डिग्री ही नहीं है। हालांकि, मेलानिया ने इसके बाद ट्वीट करते हुए इसकी सफाई देते हुए कहा था कि इस वेबसाइट को 2012 में बनाया गया था और बाद में हटा दिया गया था, क्योंकि इसमें मेरे मौजूदा व्यवसाय और पेशेवर हितों को उचित रूप से दर्शाया नहीं गया था।

ट्रंप का मुस्लिम विरोध

" हमें एक महान राष्ट्रपति की जरूरत है।" - डोनाल्ड ट्रंप

विश्वभर में मुस्लिम समुदाय के अनेक नेताओं ने अमेरिका में रिपब्लिकन पार्टी के उम्मीदवार डोनाल्ड ट्रंप के राष्ट्रपति चुने जाने पर निराशा जताते हुए पश्चिम और इस्लाम के बीच तनाव तथा उग्रवाद के बढ़ने की आशंका जाहिर की।

एक तरफ जहां मिस्र के राष्ट्रपति अब्देल फतेह अल सिसी ट्रंप को सबसे पहले जीत की शुभकामना देने वालों में शुमार रहे, वहीं आम मुसलमानों ने इस जीत को जिहादी समूहों के लिए तोहफा करार देते हुए इस बात पर चिंता जाहिर की कि अब ट्रंप अमेरिका में मुस्लिमों के घुसने पर पाबंदी के अपने चुनावी वादे को अमल में लाएंगे। इंडोनेशिया का प्रमुख मुस्लिम चेहरा माने-जाने वाले येनी वाहिद ने कहा था कि 'ट्रंप ने मुस्लिमों के खिलाफ बहुत उत्तेजक बातों का सहारा लिया और अब मतदाता उनसे वादों को पूरा करने की उम्मीद लगाएंगे। इस वजह से मुझे अमेरिका और पूरे विश्व में मुसलमानों पर इसके होने वाले असर की चिंता हो रही है।'

पूरे विश्व में मुस्लिमों की करीब एक अरब 60 करोड़ की आबादी इंडोनेशिया, पाकिस्तान, सऊदी अरब, सेनेगल, अल्बेनिया सहित कई देशों में बहुसंख्यक हैं तथा विभिन्न संप्रदाय, विचार, राजनीतिक विचारधारा को मानते हैं। इसके बावजूद मुस्लिमों के खिलाफ ट्रंप की उग्र बयानबाजी, अमेरिका में बाहरियों के घुसने पर पाबंदी का उनका वादा, इस्लाम विरोधी कार्यकर्ताओं का उन्हें मिलने वाले अतिरेक समर्थन से कई लोगों को खतरा महसूस हो रहा है।

नाइजीरिया की राजधानी लागोस निवासी गानिऊ ओलुकांगा ने कहा,'अमेरिका में जो कुछ भी होता है, वह सभी को प्रभावित करता है। ट्रंप ने अपनी चुनावी रैलियों में अश्वेतों, मुसलमानों और अल्पसंख्यकों के खिलाफ जिस प्रकार के वादे किए हैं, उससे हम खुश नहीं हैं।' वाहिद ने कहा कि ट्रंप

का राष्ट्रपति के बतौर निर्वाचन इस विचार को बढ़ावा दे सकता है कि अमेरिका मुसलमानों के प्रति द्वेष रखता है। इससे कट्टरवाद से लड़ने के अमेरिका के प्रयासों में बाधा आएगी।

पाकिस्तानी आवाम वर्कर्स पार्टी के सदस्य और शिक्षाविद् अम्मार राशिद ने कहा, 'ट्रंप की जीत से कमजोर पड़ते जिहादी आंदोलन को बड़ा तोहफा मिलेगा और वे अब एक नए नारे के साथ उभरेंगे। जिहादी विचारधारा के लिए अब अमेरिका नया चेहरा होगा और इसे मुस्लिम विरोधी घुसपैठिए के तौर पर प्रचारित किया जाएगा।'

वहीं एक अन्य ने ट्विटर पर लिखा कि ट्रंप की जीत से अमेरिका का असली मुस्लिम विरोधी चेहरा उजागर हुआ है। उनका नकाब उतर गया है। वहीं मिस्र के राष्ट्रपति सिसी और अफगानिस्तान के पूर्व आंतरिक मंत्री उमेर दाउदजाई ने ट्रंप के प्रति विश्वास जताया। सिसी ने जहां ट्रंप को बधाई दी तो वहीं उमेर ने वर्ष 1981-89 के दौरान तत्कालीन अमेरिकी राष्ट्रपति रोनाल्ड रीगन के कार्यकाल को याद करते हुए कहा, 'रोनाल्ड ने शीत युद्ध को समाप्त किया था। मैं उम्मीद करता हूं कि ट्रंप भी सभी युद्धों को खत्म कर विश्व में शांति के हीरो बनेंगे।'

इंडोनेशिया उलेमा परिषद (एमयूआई) के वरिष्ठ अधिकारी दिन स्यामसुद्दीन ने कहा, 'ट्रंप ने मुसलमानों के खिलाफ नकारात्मक और द्वेषपूर्ण टिप्पणी की। वह भूल गए हैं कि अधिकतर अमेरिकी भी अप्रवासी हैं।'

पाकिस्तान में अमेरिका के पूर्व राजदूत शैरी रहमान ने कहा, 'मुस्लिमों को अमेरिका में प्रवेश नहीं करने देने संबंधी ट्रंप के बयान से कई लोग अशांत हो गए। ट्रंप के ऐसे बयानों से दोनों देशों के संबंधों पर दीर्घकालिक असर पड़ सकता है।'

वहीं बांग्लादेश के एक सरकारी अधिकारी ने कहा, 'मैं नहीं जानता कि भविष्य में क्या होने जा रहा है। ट्रंप ने मुसलमानों के खिलाफ लड़ने के बात कही है। क्या हम और अधिक जंग देखने जा रहे हैं।' एक अन्य कर्मचारी आसिफ इकबाल ने कहा, 'यह अविश्वसनीय है और मैं तनाव में हूं। मैं उम्मीद करता हूं कि डोनाल्ड ट्रंप और राष्ट्रपति डोनाल्ड ट्रंप में अंतर हो। बतौर राष्ट्रपति उनके अधिक परिपक्व होने की कामना है।'

डोनाल्ड ट्रंप की पहचान मुस्लिम विरोधी नेता के रूप में दुनियाभर में बनी हुई है। उन्होंने अपनी उम्मीदवारी पेश करने के दौरान कहा था कि अगर वो राष्ट्रपति बने तो अमेरिका में मुसलमानों के घुसने पर बैन लगा देंगे।

ट्रंप ने आह्वान किया कि, 'जब तक हमारे देश के प्रतिनिधि यह न समझ ले कि क्या हो रहा है, तब तक मुसलमानों के अमेरिका में प्रवेश को पूरी तरह प्रतिबंधित कर दिया जाए।'

पेरिस और सैन बर्नार्डिनो में मुसलमानों के नरसंहार पर ट्रंप का मुसलमानों की अतिशय नफ़रत की ओर इशारा था, इसका ट्रंप ने निष्कर्ष निकाला कि, 'जब तक हम इस समस्या को समझ कर कोई निश्चय नहीं कर पाते और इससे उत्पन्न खतरे को नहीं भांप लेते, तब तक हमारा देश उन लोगों के हमलों का शिकार नहीं बना रह सकता, जो केवल जिहाद में विश्वास करते हैं। बहुत जल्द ही अनेक नकारात्मक घरेलू, बाहरी, मुस्लिम और गैर मुस्लिम प्रतिक्रियाएं तेजी से आने लगीं और यह उचित भी था, क्योंकि ट्रंप का निर्दयी धमाका असंवैधानिक, अस्वीकार्य, अव्यावहारिक और रणनीतिक रूप से भी गलत है।

पश्चिमी मौलिक कानून सेक्यूलर के अनुसार आप्रवास के लिए धर्म या मजहब के आधार पर परीक्षण की अनुमति नहीं दे सकते,इस लिए ट्रंप के बयान को व्यावहारिक आधार पर नीतिगत मसला न मानकर भड़काने वाला ही मनाना चाहिये।

कानून से परे सेक्युलरिज्म पश्चिमी मूल्यों का प्रमुख अंग मानकर अभिव्यक्ति की स्वतंत्रता तथा इन मूल्यों को किसी तात्कालिक आतुरता के लिए छोड़ने को लेकर शायद ही कोई सहमत हो।

इस्लाम में मुसलमानों को कोई भी चीज नहीं रोकती कि वे इस्लाम को छोड़कर किसी अन्य धर्म को स्वीकार नहीं कर सकते। जब तक ट्रंप अपने 'मुस्लिम पाबंदी' के विचार को पूर्व मुसलमानों तक नहीं बढ़ाते तो वे मुस्लिम धर्मांतरण के रुझान को ही बढ़ावा दे रहे हैं।

ट्रंप ने राष्ट्रपति पद प्रचार अभियान के दौरान 'मुस्लिम पाबंदी' का जो मुद्दा उठाया था, उसमें परम्परावादियों (कंजरवेटिव) को मूर्ख जैसा दिखाया गया और उन लोगों की ओर सहानुभूतिपूर्ण पूरा ध्यान जाने दिया गया, जो उनके विचारों के विरोधी थे, इससे मुस्लिम संगठन जैसे कॉउन्सिल ऑफ अमेरिकन इस्लामिक रिलेशंस (जिसे व्यापक रूप से सीइआईआर के नाम से जाना जाता है) को लाभ हो रहा है, जिसने कि असाधारण मीडिया कवरेज प्राप्त किया ताकि वह अपना धूर्ततापूर्ण सन्देश फैला सके।

ट्रंप के अनुसार, मुसलमान अपनी संख्या से अधिक समस्याएं खड़ी करते हैं जो कि हिन्दू आप्रवासियों से उनकी तुलना करने में सामने आती है,

जो कि सामान्य तौर पर पश्चिम में समान संख्या में हैं, पर शान्तिपूर्वक पश्चिम के साथ सहज हो जाते हैं।

मुसलमानों को लेकर प्रमुख शीर्षक हिंसा का ही होता है, चाहे वह बड़े स्तर का षड्यंत्र हो (पेरिस) या फिर अचानक जिहाद की बीमारी तथा अकेले लड़ाके (सैन बर्नार्डिनो) का मामला हो, परन्तु हिंसा शायद ही अपने में पूरी समस्या है। गैर मुसलमानों के प्रति मुसलमानों का अमित्रवत व्यवहार और भी अनेक स्वरूप ग्रहण करता है, जैसे कि मस्जिदों में इस्लाम की सर्वोच्चता की शिक्षा, सड़कों पर सेमिटिक विरोध को बढ़ावा देना।

अनेक सर्वेक्षण दिखाते हैं कि व्यापक रूप से और सही भी है कि इन मुद्दों को लेकर चिंता है और धैर्य भी जवाब दे रहा है क्योंकि सरकारें इन मुद्दों को नजरअंदाज कर रही हैं। जब एंजेला मार्केल असीमित संख्या में अवैध आप्रवासियों का स्वागत करती हैं या बराक ओबामा सीरिया के आप्रवासियों को लेकर उठाई जा रही चिंताओं को उपहास लायक मान लेते हैं, तो डोनाल्ड ट्रंप जैसी लोकप्रियता प्राप्त करने में माहिर आवाजें समर्थन प्राप्त करें, यह तो अवश्यमभावी है।

ट्रंप निश्चित रूप से आप्रवास विरोधी सबसे नये व्यक्ति हैं, जिसे अथाह समर्थन मिला जिसके कारण गीर्ट वाइल्डर्स के राजनीतिक दल ने सर्वेक्षण में संसद की 150 सीटों में से 39 पर विजय प्राप्त की, जो कि किसी भी अन्य राजनीतिक दल से दुगुनी है।

मुस्लिम आप्रवास के विषय में ट्रंप के दो विचार थे। पहला, ट्रंप के अनुसार 'मुसलमानों के संयुक्त राज्य में प्रवेश को प्रतिबंधित करने की जगह' 'इस्लामवादियों के संयुक्त राज्य में प्रवेश पर प्रतिबन्ध' का सुझाव। इस्लामवादी वे मुसलमान हैं, जो इस्लामी क़ानून को लागू करना चाहते हैं, पर महिलाओं का उत्पीड़न करते हैं।

दूसरा, सभी संभावित यात्रियों और आप्रवासियों पर गंभीर शोध किया जाए न कि प्रोफार्मा रिव्यू। ऐसा करने के लिए धन और समय दोनों की आवश्यकता है, साथ ही रचनात्मक प्रश्नोत्तर हो ताकि विचारधारागत रूचि को परखा जा सके, पर देश में प्रवेश करने वाले हर व्यक्ति की जांच की जाए ताकि यह सुनिश्चित हो सके कि कोई इस्लामवादी किसी भी स्थिति में कभी भी अन्दर न आ सके, यहाँ तक कि संक्षिप्त यात्रा पर भी और इस प्रकार हम अपनी समान सुरक्षा को बढ़ा सकते हैं।

अमेरिकी राष्ट्रपति पद के चुनाव के लिए रिपब्लिकन उम्मीदवारी के दावेदार डोनाल्ड ट्रंप ने सर्वेक्षण में काफी लोकप्रियता हासिल की। ट्रंप 39 फीसदी लोकप्रियता के साथ 11 अंक हासिल कर नई ऊंचाई पर पहुंच गए। अमेरिका में सभी मुसलमानों के प्रवेश को अस्थायी रूप से प्रतिबंधित करने के बयान के बाद 69 वर्षीय ट्रंप ने 11 फीसदी की बढ़त ली। उनके निकटतम प्रतिद्वंद्वी टेड क्रूज ने 18 फीसदी, मार्को रूबियो 11 फीसदी और बेन कार्सन ने नौ फीसदी अंक हासिल किये।

अमेरिकी राष्ट्रपति पद के चुनाव में रिपब्लिक उम्मीदवारी के दावेदारों के लिए राष्ट्रीय स्तर पर सर्वेक्षण करने वाले 'फॉक्स न्यूज' ने बताया था कि लास वेगास में दावेदारों के बीच प्रेसिडेंशियल डिबेट के बाद नए चुनाव के लिए सभी साक्षात्कार कर लिए गए हैं। सर्वेक्षण करने वाली एक अन्य संस्था 'पब्लिक पॉलिसी पोलिंग' की ओर से जारी सर्वेक्षण में भी ट्रंप आगे चल रहे हैं।

डोनाल्ड ट्रंप ने अपने चुनावी भाषणों के दौरान अमेरिका में मुसलमानों के प्रवेश पर पूरी तरह से रोक लगाने की बात कही थी। उन्होंने कहा था कि 'जब तक हमारे देश के प्रतिनिधि यह पता नहीं लगा लेते कि क्या चल रहा है, तब तक अमेरिका में मुसलमानों का प्रवेश पूरी तरह से रोक दिया जाए।' ट्रंप के अनुसार, सेंटर फॉर सिक्योरिटी पॉलिसी के एक सर्वेक्षण के अनुसार सर्वेक्षण में भाग लेने वाले 25 प्रतिशत लोगों ने माना कि वैश्विक जिहाद के तौर पर अमेरिका में अमेरिकियों के खिलाफ हिंसा न्यायोचित है और 51 प्रतिशत लोगों ने स्वीकार किया था कि अमेरिका में मुसलमानों के पास शरीयत अनुसार शासित किए जाने का विकल्प होना चाहिए।

हालांकि ट्रंप के इस बयान को राष्ट्रपति पद की उम्मीदवारी के अन्य दावेदारों ने पूरी तरह से खारिज कर दिया था। डोनाल्ड ट्रंप महीनों से लोगों को भड़काने का काम कर रहे हैं। पहले उन्होंने अमेरिकी मतदाताओं को अप्रवासियों और खासकर मैक्सिको के अप्रवासियों के खिलाफ उकसाया। जब से इस्लामिक स्टेट का आतंकवाद सुर्खियों में आ रहा है, ट्रंप मुसलमानों के खिलाफ आग उगल रहे हैं।

उनकी ताज़ा मांग कि मुसलमानों को अमेरिका में न घुसने दिया जाए, अमेरिकी संविधान और अंतरराष्ट्रीय कायदे कानून का हनन करती हैं। अपनी मांग के साथ ट्रंप ने समाज को जो नुकसान पहुंचाया है, वह गंभीर है। उन्होंने दुनिया के डेढ़ अरब मुसलमानों को संभावित आतंकवादी घोषित कर दिया है। यह नस्लवाद है और धार्मिक स्वतंत्रता के अधिकारों के खिलाफ है।

डोनाल्ड ट्रंप की मांग सिर्फ शर्मनाक ही नहीं खतरनाक भी है। अपने विचार के साथ वे समाज के एक हिस्से में व्याप्त विदेशी विरोध और इस्लाम विरोधी माहौल को हवा दी है और इस तरह इस्लामी कट्टरपंथियों को मज़बूत किया। डोनाल्ड ट्रंप लोगों को भड़काने वाले नेता हैं, जिनके पास इसके लिए ज़रूरी धन और चरमपंथी समर्थकों का दल भी है। उन्होंने अमेरिका के लंबे चुनाव प्रचार में अहम भूमिका निभाई हैं। समय आ गया है कि उन्हें गंभीरता से लिया जाए।

व्हाइट हाउस ने डोनाल्ड ट्रंप के मुस्लिम विरोधी बयानों को अमरीकी मूल्यों के विरुद्ध बताया। व्हाइट हाउस के प्रेस सचिव ने कहा था कि राष्ट्रपति पद के प्रत्याशी डोनाल्ड ट्रंप के मुस्लिम विरोधी बयान न केवल अमरीकी मूल्यों के विरुद्ध हैं, बल्कि यह देश के संविधान के भी विरुद्ध है। व्हाइट हाउस के प्रेस सचिव जॉश अर्नेस्ट ने कहा कि यह बयान सिर्फ़ राष्ट्रपति की प्राथमिकताओं के ही नहीं बल्कि इस देश की स्थापना के आवश्यक मूल्यों के भी खिलाफ है। अर्नेस्ट ने कहा कि इस प्रकार की टिप्पणियों ने ट्रंप को अमेरिका का राष्ट्रपति होने के लिए अयोग्य कर दिया है।

उन्होंने कहा कि अमेरिका की स्थापना उन लोगों द्वारा की गई थी जो अत्याचारों से बचकर भाग रहे थे। वे एक ऐसे स्थान की खोज कर रहे थे जहां पर वे स्वतंत्रता के साथ अपने धर्म का पालन कर सकें। व्हाइट हाउस के प्रवक्ता ने कहा कि अमेरिकी होने का यह मूल आधार है।

उल्लेखनीय है कि अमेरिका के राष्ट्रपति डोनाल्ड ट्रंप ने अपने चुनावी प्रचार के दौरान एक बयान में मुसलमानों के अमेरिका में प्रवेश पर प्रतिबंध लगाने की बात कही थी। ट्रंप के इस बयान के बाद से उनकी लोकप्रियता में गिरावट आई। इससे पहले ट्रंप ने मस्जिदों की निगरानी की बात भी कही थी। डोनाल्ड ट्रंप के दोनों ही बयानों पर राजनीतिक दलों ने तीखी प्रतिक्रियाएं जताई।

हिलेरी क्लिंटन ने यूएस प्रेसिडेंशियल इलेक्शन की दौड़ में रिपब्लिकन पार्टी की ओर से आगे चल रहे डोनाल्ड ट्रंप पर जमकर निशाना साधा। ट्रंप के एंटी मुस्लिम बयान पर हिलेरी ने कहा, 'वे (ट्रंप) आईएसआईएस के लिए बेहतर रिक्रूटर बन रहे हैं।' हिलेरी डेमोक्रेटिक पार्टी की ओर से दावेदारी में सबसे आगे चल रही थी। हिलेरी ने शनिवार को न्यू हैम्पशायर में प्रेसिडेंशियल पद पर डेमोक्रेटिक दावेदारी के लिए हुई बहस में यह बात कही। इसमें 70 साल के ट्रंप 'बड़ा' मुद्दा रहे। हिलेरी ने दावा किया आतंकी संगठन आईएसआईएस लोगों को ट्रंप के वो वीडियोज दिखा रहा है, जिनमें ट्रंप इस्लाम और मुसलमानों का अपमान करते नजर आ रहे हैं।

हिलेरी ने चिंता जताई कि रिपब्लिकन की ओर से खासकर ट्रंप जिस तरह की बयानबाजी कर रहे हैं, उससे दुनियाभर के मुसलमानों में गलत संदेश जा रहा है। हिलेरी ने कहा, 'अमेरिका और दुनियाभर के मुसलमानों में यह संदेश जा रहा है कि यह 'सभ्यताओं का टकराव' है, पश्चिमी देशों की कुछ साजिश है या इस्लाम के खिलाफ जंग है।' डिबेट के दौरान हिलेरी ने पूर्व राष्ट्रपति जॉर्ज डब्ल्यू बुश की भी तारीफ की। हिलेरी ने कहा, 'उन्होंने मुस्लिम अमेरिकियों तक पहुंच बनाई और उन्हें बताया कि आप हमारे साथी हो।

सैन बर्नार्डिनो के एक कम्युनिटी सेंटर पर फायरिंग हुई थी। इसमें 14 लोगों की मौत हो गई थी। हमलावर कपल सैयद फारुख और तश्फीन मलिक पाकिस्तानी मूल के निकले। इसी घटना के बाद ट्रंप ने एंटी मुस्लिम बयान दिया था। उन्होंने दुनियाभर में इस्लामिक कट्टरपंथ बढ़ने को लेकर यह दलील दी थी। इस बयान के बाद से ट्रंप अपने विरोधियों के निशाने पर हैं। कुछ तो उनकी अपनी पार्टी के ही हैं। फ्लोरिडा में सेंट पीटर्सबर्ग के मेयर रिक क्रिसमैन ने अपने शहर में ट्रंप के आने पर ही रोक लगा दी है।

अमेरिकी राष्ट्रपति पद के चुनाव में रिपब्लिकन पार्टी के उम्मीदवार डोनाल्ड ट्रंप ने कहा था कि अमेरिका को आतंकवाद के खतरे से बचाने के लिए इस देश में मुस्लिमों के प्रवेश पर रोक लगा दी जानी चाहिए। ट्रंप चाहते हैं कि न सिर्फ प्रवासी मुस्लिमों बल्कि मुस्लिम पर्यटकों के भी अमेरिका में प्रवेश पर रोक लगनी' चाहिए।

हालांकि अमेरिकी राष्ट्रपति के कार्यालय व्हाइट हाउस की ओर से बयान जारी कर ट्रंप के बयान को गैर अमेरिकी कहा गया और इसे अमेरिकी मूल्यों और उसकी राष्ट्रीय सुरक्षा के लिए खतरा बताया गया। लेकिन ट्रंप की मुस्लिम विरोधी सोच को काफी समर्थन भी मिला है। जिससे आने वाले दिनों में उनके समर्थकों की संख्या में काफी बढ़ोतरी हुई और शायद इसलिए ट्रंप को चुनाव में भी जीत मिली। इसी समर्थन का ही नतीजा है कि पार्टी रिपब्लिकन के उम्मीदवारों में ट्रंप सबसे आगे रहे।

ये पहली बार नहीं है कि डोनाल्ड ट्रंप ने मुस्लिमों के खिलाफ बयानबाजी की है। इससे पहले भी वे सभी अमेरिकी मुस्लिमों के लिए धर्म के आधार पर अलग से उनका पहचान पत्र बनवाने और अमेरिका में स्थित सभी मस्जिदों की निगरानी किए जाने की बात कह चुके थे । ट्रंप का कहना है कि अमेरिकी लोगों के प्रति मुस्लिमों की नफरत देश की सुरक्षा को खतरे में डाल देगी।

उन्होंने पहले भी इस मुद्दे पर कहा था कि जब 2001 में वर्ल्ड ट्रेड सेंटर पर हमला हुआ तो न्यू जर्सी सिटी में हजारों मुस्लिम जश्न मना रहे थे। ट्रंप जिस रिपब्लिकन पार्टी से आते हैं, उसे वैसे भी दक्षिणपंथी सोच वाली पार्टी माना जाता है, जो अमेरिकी राष्ट्रवाद को लेकर मुखर है। हालांकि ज्यादातर लोग ट्रंप के बयानों को तवज्जो नहीं देते। शायद यही वजह थी कि ट्रंप ने मौके की नजाकत को देखते हुए मुस्लिमों के खिलाफ जुबानी हमले तेज कर दिए और उन्हें काफी समर्थन भी मिला।

ट्रंप के बयान भले ही चुनाव जीतने के लिए राजनीति से प्रेरित हों लेकिन ये किसी छोटे देश के नेता का बयान नहीं था, जिसे हल्के में लेकर टाल दिया जाए। ये दुनिया के नेतृत्वकर्ता माने जाने वाले अमेरिकी राष्ट्रपति पद के उम्मीदवार का बयान था, जिसने चुनाव में जीत भी हासिल कर ली ।

डोनाल्ड ट्रंप का दावा था कि राष्ट्रपति बनने के बाद सबसे पहले वह अमेरिका और पड़ोसी देश मैक्सिको के बीच लंबी सीमा पर बाउंड्री वाल का निर्माण कराएंगे। ऐसा इसलिए कि लंबे समय से अमेरिका को मैक्सिको सीमा से ड्रग्स तस्करी और गैरकानूनी इमीग्रेशन की समस्या का सामना करना पड़ रहा है। अपने चुनाव प्रचार के दौरान डोनाल्ड ट्रंप एक से ज्यादा बार यह साफ कर चुके थे कि वे कट्टरवादी इस्लाम के बड़े विरोधी हैं। उनका दावा रहा है कि राष्ट्रपति पद संभालने के बाद वह खासतौर पर मुस्लिम देशों से अमेरिका पहुंच रहे लोगों पर लगाम लगाने के लिए कई मुस्लिम देशों के नागरिकों की अमेरिका में एंट्री पर प्रतिबंध लगा सकते हैं।

बीते कुछ दशकों से आतंकवाद का सामना कर रहे अमेरिका के लिए 9-11 का हमला टर्निंग प्वाइंट था। इस हमले के बाद अमेरिका की आंतरिक सुरक्षा मजबूत करने के लिए देश में रह रहे मुस्लिम इमीग्रेंट को स्कैनर पर रखा गया।

डोनाल्ड ट्रंप ने अपने प्रचार के दौरान दावा किया कि वह चीन और जापान जैसे देशों के खिलाफ ट्रेड वॉर छेड़ेंगे। ऐसा इसलिए कि इन दोनों देशों ने बीते कई दशकों में अमेरिका को अंतर्राष्ट्रीय व्यापार में मात दी। ट्रंप ने आ. रोप लगाया है कि दोनों देशों ने अपनी घरेलू मुद्रा के साथ छेड़छाड़ कर डॉलर के मुकाबले फायदा उठाया। इसके अलावा इन देशों ने सस्ते दरों पर काम कर अमेरिका में बेरोजगारी बढ़ाने में मदद की है। लिहाजा इनसे निपटने के लिए अमेरिका को कड़े व्यावसायिक प्रतिबंध लगाने होंगे।

चीन और जापान के अलावा अमेरिका को कई एशियाई देशों से

भी व्यापार में नुकसान उठाना पड़ रहा है। ट्रंप का मानना है कि इसके लिए अमेरिका को फ्री ट्रेड एग्रीमेंट से बाहर निकलने की जरूरत है। ट्रंप का दावा है कि ज्यादातर देश अमेरिकी कंपनियों के लिए कड़े मापदंड रखते हैं, जिससे बीते कई सालों में अमेरिका का कारोबार सिकुड़ रहा है और इन देशों में तेज ग्रोथ दर्ज हो रही है।

राष्ट्रपति ट्रंप का सबसे हैरतअंगेज बयान रूस के लिए आया है। द्वितीय विश्व युद्ध के बाद से अमेरिका और रूस के बीच प्रतिद्वंद्विता और आपसी अविश्वास से दुनिया वाकिफ है। इसके उलट ट्रंप ने ब्लादिमीर पुतिन को एक ताकतवर ग्लोबल नेता घोषित करते हुए कहा कि राष्ट्रपति बनने के बाद वह पुतिन के साथ गहरी दोस्ती गांठने का काम करेंगे।

डोनाल्ड ट्रंप का दावा है कि इस्लामिक स्टेट जैसे आतंकी संगठनों का पूरी ताकत के साथ दमन करने की जरूरत है। इसके लिए वह यूरोप से फ्रांस और जर्मनी के साथ-साथ रूस जैसे देशों के साथ मिलकर बड़ी सैन्य कारवाई के पक्षधर हैं। ट्रंप का मानना है कि कच्चे तेल की कमाई ज्यादातर आतंकी संगठनों की रीढ़ की हड्डी है लिहाजा उनके खात्मे के लिए जरूरी है कि कच्चे तेल के कारोबार पर पूरी तरह से अमेरिका और मित्र देशों का कब्जा बनाया जाए।

अमेरिका में बढ़ती बेरोजगारी के लिए डोनाल्ड ट्रंप एच1बी वीजा नीति को मानते हैं। चुनाव प्रचार के दौरान ट्रंप कह चुके हैं कि राष्ट्रपति पद संभालने के बाद ट्रंप एच1बी वीजा को बंद करने का प्रस्ताव कर सकते हैं। जिससे वहां बड़ी संख्या में काम करने के लिए आ रहे विदेशियों को रोका जा सके। इस नीति में किसी बदलाव का सीधा असर भारत पर भी पड़ेगा, क्योंकि इस वीजा का बड़ा फायदा भारत से अमेरिका जा रहे लोगों को मिलता है।

ट्रंप का चुनावी खर्च

"अमेरिका अब सर्वश्रेष्ठ से कम किसी भी चीज पर तैयार नहीं होगा। हमें अपने देश के भाग्य को फिर से होगा बदलना होगा और हमें अपनी दिलेरी और साहस को फिर से पाना होगा। मैं विश्व समुदाय से कहना चाहता हूँ कि हम हमेशा अमेरिका के हित को पहले रखेंगे लेकिन हम सबके साथ उचित व्यवहार करेंगे।" - डोनाल्ड ट्रंप

डोनाल्ड ट्रंप का दावा था कि उनकी कुल हैसियत (नेटवर्थ) 10 बिलियन डॉलर है। लेकिन प्रमुख बिजनेस मैगजीन फोर्ब्स उनकी नेटवर्थ महज 4.5 बिलियन डॉलर आंकती है। जून 2015 में राष्ट्रपति पद के लिए रिपब्लि. कन पार्टी की प्राइमरी में कूदे डोनाल्ड ट्रंप ने दावा किया कि अपने चुनाव में वह किसी तरह के चंदे का सहारा नहीं लेंगे और चुनाव का पूरा खर्च वह अपनी मोटी जेब से उठाएंगे।

प्राइमरी की दौड़ शुरू करते ही ट्रंप ने किया भी कुछ यूं ही। प्राइमरी के दौरान प्रचार और अन्य चुनाव खर्च के लिए उन्होंने अपनी कारोबारी जेब से 50 मिलियन डॉलर निकालकर अपनी दूसरी जेब में डाल दिया। या फिर कहें कि डोनाल्ड ट्रंप कारोबारी ने डोनाल्ड ट्रंप प्रत्याशी को 50 मिलियन डॉलर का लोन दे दिया। जानकारों का मानना था कि ट्रंप ने ऐसा महज प्राइमरी में रिपब्लिकन पार्टी के अन्य प्रत्याशियों से आगे निकलने के लिए किया था।

इतना ही नहीं, ट्रंप ने रिपब्लिकन पार्टी से चुनाव खर्च न लेने की दलील भी सामने रखी। इसके साथ ही उन्होंने दोनों रिप्ब्लिकन और डेमोक्रैट प्रत्याशियों को यह कहकर लताड़ा भी कि वह पार्टी और भीख के पैसे से दुनिया के सबसे ताकतवर देश की सत्ता अपने हाथ में करना चाहते हैं।

गौरतलब है कि अमेरिका में आम जनता, बिजनेसमैन और किसी सपोर्टर से चुनाव लड़ने के लिए चंदा मांगने का सिस्टम है। इस सिस्टम में चंदा देने वाले आमतौर पर चेक पेमेंट के जरिए अपने प्रत्याशियों को पैसे देते

हैं। इसका पूरा लेखा-जोखा चुनाव आयोग रखता है और चंदे में किसी भी प्रत्याशी को मिलने वाला पैसे की कोई गोपनीयता नहीं रखी जाती। राष्ट्रपति चुनाव में खासतौर पर माना जाता है कि सबसे अधिक चंदा एकत्रित करने वाला प्रत्याशी राष्ट्रपति पद का प्रबल दावेदार होता है।

डोनाल्ड ट्रंप रिपब्लिकन पार्टी और हिलेरी क्लिंटन डेमोक्रैट पार्टी से राष्ट्रपति पद की दौड़ में हैं, जो अमेरिका का राष्ट्रपति पद का चुनाव दुनिया का सबसे महंगा चुनाव माना जाता है। इसीलिए चुनाव के पहले ही सभी अहम उम्मीदवार बड़े-बड़े राष्ट्रीय और अंतर्राष्ट्रीय मुद्दों पर अपनी राय बेबाकी के साथ रखते हैं, जिससे उन्हें चुनाव खर्च के लिए चंदा बटोरने में आसानी हो। अमेरिकी चुनाव आयोग के नवीनतम आंकड़े बता रहे थे कि डोनाल्ड ट्रंप के पास चुनाव फंड में 1-2 मिलियन डॉलर बचे थे, वहीं हिलेरी क्लिंटन के फंड में इसका चालीस गुना (43 मिलियन डॉलर)थे।

प्राइमरी का दौर लगभग खत्म हो चुका था और अब बारी राष्ट्रव्यापी चुनाव प्रचार चलाने की थी। इसके लिए बड़े फंड की जरूरत थी। फिलहाल इस स्थिति में हिलेरी क्लिंटन ने डोनाल्ड ट्रंप से फंड के मामले में बड़ी बढ़त बना रखी थी। हिलेरी के फंड पर भले ट्रंप पहले कई तरह की टिप्पणी कर चुके थे लेकिन अब उन्हें चुनाव खर्च की चिंता सताने लगी थी। इसीलिए उन्होंने पार्टी से फंड न लेने और समर्थकों से चंदे की भीख न लेने की अपनी कसम तोड़ दी और बड़ा अभियान चलाकर चंदा बटोरने की कवायद में लग गये। साथ ही वह रिपब्लिकन पार्टी से भी गुहार लगाते रहे कि पार्टी जल्द-से-जल्द उनके प्रचार को तेज करने के लिए अपना फंड उन्हें मुहैया करा दे।

इस बीच, खबरें यह भी आती रही कि ट्रंप इस कोशिश में थे कि समर्थकों से मिलने वाले चंदे से वह 50 मिलियन डॉलर के उस लोन की भरपाई भी कर दें, जो उन्होंने खुद को दिया था। इसके साथ ही उनके विरोधी यह आरोप भी लगाते रहे कि ट्रंप ने चुनाव प्रचार के दौरान अपनी कंपनी की सेवाओं का इस्तेमाल करते हुए उसी फंड से अपनी ही कंपनियों को भुगतान किया था। गौरतलब है कि अमेरिका के कई प्रमुख शहरों में ट्रंप का होटल, रेस्टोरेंट और ट्रैवल जैसा कारोबार है और वह इनका इस्तेमाल अपने चुनाव फंड से पैसे देकर कर रहे थें। यानी एक बार फिर ट्रंप अपनी चुनावी जेब से पैसे निकालकर कारोबारी जेब में डाल रहे थे।

बहरहाल, अभी तो ये अंगड़ाई थी। प्राइमरी के स्टेज को पार करते-करते उनके चुनाव फंड में महज 1-2 मिलियन डॉलर बचे थे। उन्हें दरकार थी कि जल्द से जल्द उनके फंड में मोटा डॉलर चेक गिरना शुरू हो और वह चुनाव प्रचार में डेमोक्रैट उम्मीदवार को पछाड़ने की तैयारी में जुट जाएं। अब यहां अगर उनके पुराने बयानों को समर्थक और रिपब्लिकन पार्टी थोड़ा गंभीरता से लेते लें तो शायद उन्हें मजबूर होकर अपने 4.5 बिलियन डॉलर के नेटवर्थ का इस्तेमाल करना पड़ सकता था, जिसमें से लगभग आधा बिलियन डॉलर तो वह पहले ही स्वाहा कर चुके थे। अब चुनाव के नतीजे तो किसी के भी पक्ष में बैठ सकते थे। ट्रंप को अगर अपने पैसे पर इस दांव को खेलने की मजबूरी आई तो वह राष्ट्रपति बनते या न बनते, परंतु कंगाल जरूर बन जाते।

ट्रंप की योजना

'' हमें शक्ति की जरूरत है, हमें ऊर्जा की जरूरत है, हमें वेग की जरूरत है और हमें इसे चालू करने के हेतु देश में मस्तिष्क की जरूरत है।'' - डोनाल्ड ट्रंप

अमेरिका के नवनिर्वाचित राष्ट्रपति डोनाल्ड ट्रंप ने कहा है कि वह देश के राष्ट्रपति को मिलने वाले 4,00,000 डॉलर के वेतन के बजाय पूरे साल भर में बतौर वेतन केवल एक डॉलर लेंगे और अवकाश नहीं लेंगे। वेतन के बारे में पूछे जाने पर 70 वर्षीय ट्रंप ने बताया था कि 'नहीं, मैं वेतन नहीं लेने वाला हूं। उन्होंने इसके साथ ही अपने उस वादे की पुष्टि की, जो चुनाव प्रचार के लिए बनाये गये एक वीडियो में उन्होंने किया था। उन्होंने सीबीएस के कार्यक्रम '60 मिनट' में साक्षात्कार के दौरान कहा था कि 'मेरे विचार से मुझे एक डॉलर वेतन लेकर नियम का पालन करना है, इसलिए मैं साल में बतौर वेतन एक डॉलर लूंगा।' ट्रंप ने कहा कि वह नहीं जानते कि अमेरिकी राष्ट्रपति का वेतन कितना है। उन्होंने कहा कि वह छुट्टी भी नहीं लेंगे।

नवनिर्वाचित राष्ट्रपति ने कहा कि 'हमारे पास बहुत काम है। बहुत काम करना है और मैं यह लोगों के लिए करना चाहता हूं।' अपने लिए छुट्टियों से इंकार करते हुए उन्होंने कहा 'मैं यह करना चाहता हूं। हमें करों की दर घटानी है। हम स्वास्थ्य की देखभाल (हेल्थकेयर) के लिए काम करेंगे। मेरा मतलब है कि बहुत कुछ करना है। इसलिए मुझे नहीं लगता कि हम लोग ज्यादा छुट्टियाँ करेंगे।'

प्रवासियों पर कड़े रुख के तहत अमेरिका के निर्वाचित राष्ट्रपति डोनाल्ड ट्रंप ने 30 लाख प्रवासियों को तुरंत प्रत्यर्पित करने का संकल्प जताया है। उन्होंने कहा था कि 'हम उन्हें अपने देश से बाहर कर देंगे या हम उन्हें जेल में बंद करेंगे।

ट्रंप ने सीबीएस न्यूज से कहा कि हम आपराधिक रिकॉर्ड वाले लोगों, गिरोह के सदस्यों, नशे के डीलरों पर शिकंजा कसेंगे, ये बीस लाख या तीस लाख लोग हो सकते हैं, हम उन्हें देश से बाहर निकाल देंगे या हम उन्हें जेलों में बंद कर देंगे।

बहरहाल सदन के अध्यक्ष और रिपब्लिकन पार्टी के नेता पॉल रयान ने अलग सुर अपनाते हुए कहा कि ट्रंप के प्रचार में इस बात पर जोर देने के बावजूद सांसद बिना दस्तावेज वाले प्रवासियों को पकडने और प्रत्यर्पित करने के लिए प्रत्यर्पण बल का गठन करने को तैयार नहीं हैं।

उन्होंने कहा कि मेरा मानना है कि हमें लोगों को तनाव नहीं देना चाहिए। हमारा ध्यान उस पर नहीं है। हम सीमा की सुरक्षा पर ध्यान केंद्रित कर रहे हैं। हमारा मानना है कि हमारी प्राथमिकता वहां है और फिर उसके बाद ही हम प्रवासियों के किसी मुद्दे पर सोचेंगे, हमें मालूम है कि कौन देश में आ रहा है और कौन देश से बाहर जा रहा है।

ट्रंप ने चेतावनी दी थी कि जो देश इन अवैध प्रवासियों को स्वीकार नहीं करेंगे, वह उस देश के लोगों को वीजा जारी करने से रोकने के लिए कानूनी प्रावधान लाएंगे। देश में करीब एक करोड़ दस लाख दस्तावेज वाले प्रवासी नागरिक हैं। कई लाख भारतीय मूल के अमेरिकी नागरिक हैं।

राष्ट्रपति ने कहा कि सीमा की सुरक्षा कर लेने के बाद वह शेष अवैध प्रवासी लोगों के भविष्य पर विचार करेंगे।

सीमा की सुरक्षा और हर चीज को सामान्य करने के बाद हम यह सुनिश्चित करेंगे कि कौन खतरनाक लोग हैं। ट्रंप ने कहा कि वह चुनाव के दौरान किए गए अन्य वादों को पूरा करने पर प्रतिबद्ध हैं, जिसमें मैक्सिको की सीमा के पास दीवार निर्माण करने की बात है।

हिलेरी क्लिंटन ने अपने रिपब्लिकन प्रतिद्वंद्वी डोनाल्ड ट्रंप पर आरोप लगाया कि उन्होंने 12 देशों को नौकरियों की आउटसोर्सिंग की। उन्होंने कहा कि यदि वह निर्वाचित होती हैं तो वह उन कंपनियों पर कर लगाएंगी, जिन्होंने विदेशों को नौकरियों की आउटसोर्सिंग की है। हिलेरी ने कहा कि मैं इस बात से निराश हूं कि अमेरिकी कंपनियां विदेशों में नौकरियां भेज रही हैं। यदि वे नौकरियां अमेरिका के बाहर भेजना चाहती हैं तो उन्हें कर चुकाना होगा, लेकिन ट्रंप इसे अलग तरह से देखते हैं।

उन्होंने पेनसिल्वानिया राज्य में एक चुनावी रैली को संबोधित करते हुए कहा कि 'ट्रंप' एक ऐसे व्यक्ति हैं, जिसने कोई कर नहीं चुकाया। हिलेरी ने कहा कि ट्रंप ने दावा किया कि उन्हें जुआ के व्यवसाय में एक अरब डॉलर का नुकसान हुआ। जुए के व्यवसाय में और कौन व्यक्ति नुकसान का सामना करता

है, सिवाय ट्रंप के।' उन्होंने कहा कि देश की अर्थव्यवस्था में जो भी कुछ गलत है, ट्रंप 'उसका पोस्टर ब्वॉय' हैं, जिसे दुरुस्त किए जाने की आवश्यकता है।

हिलेरी क्लिंटन और डोनाल्ड ट्रंप के बीच चुनावों से पहले राष्ट्रीय स्तर पर टेलीविजन पर प्रसारित आमने-सामने की पहली बहस (प्रेसीडेन्शियल डिबेट) में अर्थव्यवस्था एवं नयी नौकरियों के सृजन को लेकर एक-दूसरे से तीखी तकरार हुई थी। ट्रंप ने दावा किया कि चीन के पुनर्निर्माण के लिए अमेरिका का इस्तेमाल गुल्लक की तरह किया जा रहा है। उन्होंने कहा, 'देश से नौकरियां जा रही है। ये नौकरियां मैक्सिको जा रही है। वे कई अन्य देशों में जा रही हैं। आप देखिए कि चीन हमारे उत्पाद बनाने के संदर्भ में हमारे देश के साथ क्या कर रहा है'

ट्रंप ने आगे कहा, 'वे अपनी मुद्रा का अवमूल्यन कर रहे हैं और हमारी सरकार में ऐसा कोई नहीं है जो उनके खिलाफ लड़े। दोनों उम्मीदवारों ने अर्थव्यवस्था एवं नौकरियों के मुद्दे पर एक-दूसरे को घेरते हुए तथ्यों को लेकर एक-दूसरे पर आरोप लगाए।

ट्रंप ने कहा कि 'क्योंकि वे चीन के पुनर्निर्माण के लिए हमारे देश का इस्तेमाल गुल्लक की तरह कर रहे हैं और कई अन्य देश भी यही चीज कर रहे हैं' न्यूयार्क के रियल एस्टेट कारोबारी ने कहा कि हमें ऐसा कुछ करने की आवश्यकता है कि हमारे देश के रोजगार अन्यत्र न जाने पाएं। उन्होंने कहा, 'हमें हमारी कंपनियों को अमेरिका छोड़ने और इसके साथ, उनके लोगों को नौकरी से निकाले जाने से रोकना होगा' ट्रंप ने कहा, 'हम ऐसा होने नहीं दे सकते। मेरी योजना के तहत में करों को बहुत कम कर दूंगा, मैं कंपनियों, लघु एवं बड़े कारोबारों के लिए इन्हें 35 प्रतिशत से कम करके 15 प्रतिशत कर दूंगा'

ट्रंप ने आगे कहा, 'इससे नौकरियां पैदा होंगी, जो हमने रोनाल्ड रीगन के दौर के बाद से नहीं देखा है। यह देखना बहुत खूबसूरत होगा' ट्रंप ने दोहराया कि चीन समेत अन्य देशों के साथ व्यापारिक सौदों पर फिर से वार्ता किये जाने की आवश्यकता है। उन्होंने कहा, 'हमारा देश गहरे संकट में है। जब अवमूल्यन और विश्वभर में चीन समेत इन सभी देशों की बात आती है, तो हम नहीं जानते कि हम क्या कर रहे हैं। वे इस मामले में सबसे अच्छे हैं। वे जो हमारे साथ कर रहे हैं, वह बहुत-बहुत दुखद बात है।'

उन्होंने कहा, 'हमें हमारे व्यापारिक सौदों पर फिर से वार्ता करनी होगी। वे हमारी नौकरियां ले रहे हैं, वे प्रोत्साहन राशि दे रहे हैं, सच कहूं, वे ऐसी चीजें कर रहे हैं जो हम नहीं करते।' उन्होंने कहा, 'हिलेरी क्लिंटन ने हाल में इसके बारे में बात की है। वह 30 वर्षों से यह कर रही हैं। उन्होंने समझौतों को बेहतर क्यों नहीं बनाया? नाफ्टा समझौते में खामियां हैं।'

हिलेरी क्लिंटन ने ट्रंप की बात से असहमति जताई और कहा कि, 'मुझे लगता है कि व्यापार एक महत्त्वपूर्ण मामला है। निस्संदेह, हम विश्व की आबादी का पांच प्रतिशत हैं, हमें अन्य 95 प्रतिशत के साथ व्यापार करना है और इसके लिए हमें बुद्धिमान होना होगा और हमें अच्छे व्यापारिक सौदे हासिल करने की आवश्यकता है' हिलेरी ने कहा, 'हालांकि, हमें ऐसी कर प्रणाली की भी आवश्यकता है जो काम को पुरस्कृत करे, न कि केवल वित्तीय लेन-देन को। डोनाल्ड ट्रंप ने जो योजना आगे रखी है, वह अर्थव्यवस्था को नीचे की ओर ले जाएगी।'

उन्होंने कहा कि दरअसल, यह अति होगी और इस देश के सबसे समृद्ध वर्ग के लोगों के लिए करों में अब तक की सबसे बड़ी कटौती होगी। हिलेरी ने बताया कि, 'हम अर्थव्यवस्था का विकास इस तरह नहीं करते' हिलेरी ने आरोप लगाया कि ट्रंप को आर्थिक मंदी से लाभ हुआ है। उन्होंने कहा, 'हमने सबसे बुरा वित्तीय संकट देखा, 1930 के बाद सर्वाधिक मंदी का दौर। इसका मुख्य कारण कर नीतियां थीं, जिन्होंने अमीरों पर करों में कटौती की, जो मध्यम वर्ग में निवेश करने में असफल रहीं, जिन्होंने तूफान पैदा कर दिया' हिलेरी ने कहा, 'दरअसल डोनाल्ड उन लोगों में से एक थे, जिन्होंने आवासीय संकट का समर्थन किया।'

उन्होंने कहा कि उनके पास बहुत मजबूत योजनाएं हैं, लोगों ने दोनों की योजनाएं देखी हैं, जिससे निष्कर्ष निकलता है कि मेरी योजनाओं से एक करोड़ नौकरियां पैदा होंगी और आपकी योजनाओं से हम 35 लाख नौकरियां गंवा देंगे और इससे कर्ज में भारी बढ़ोतरी होगी, जिससे मंदी पैदा होगी' हिलेरी ने सबसे पहले मुद्दा उठाया और तथ्यों का पता लगाने के लिए लाखों दर्शकों से अपनी वेबसाइट देखने को कहा। हिलेरी के अनुसार, 'हमने मेरी वेबसाइट हिलेरी क्लिंटन डॉट कॉम का होमपेज लिया है और हमने इसे तथ्यों के जांचकर्ता के रूप में बदला है। इसलिए यदि आप यह देखना चाहते हैं कि तथ्य क्या हैं, तो कृपया जाइये एवं देखिए।'

ट्रंप ने हस्तक्षेप करते हुए कहा कि 'कृप्या मेरी भी (वेबसाइट) देखिए और आप देखेंगे' हिलेरी ने कहा कि उन्होंने जो प्रस्ताव रखा है उससे एक पैसा भी कर्ज नहीं बढ़ेगा, जबकि ट्रंप की योजनाओं से एक हजार अरब डॉलर का कर्ज बढ़ेगा। हिलेरी ने कहा, 'और मुझे लगता है कि अब समय आ गया है जब अमीर इस देश को समर्थन देने के लिए अपने उचित हिस्से का भुगतान करें।

अमेरिका के राष्ट्रपति चुनाव में रिपब्लिकन पार्टी के उम्मीदवार डोनाल्ड ट्रंप की जीत के बाद अलग-अलग तरीकों से अमेरिका के नागरिकों ट्रंप के खिलाफ अपना विरोध जताया हैं। अब इस क्रम में अमेरिकन एक्ट्रैस

एमिली राताकोस्वकी का नाम भी जुड़ गया है।

एमिली राताकोस्वकी ने ट्रंप के विरोध में अपनी टॉपलैस फोटो शेयर की है। इस फोटो को एमिली ने इंस्टाग्राम पर शेयर किया है। बता दें कि एमिली का यह विरोध नए राष्ट्रपति ट्रंप के एक ऑडियो में देश की महिलाओं के लिए आपत्तिजनक शब्द कहने के बाद से शुरू हुआ था।

प्रवासियों पर कड़े रुख के तहत अमेरिका के निर्वाचित राष्ट्रपति डोनाल्ड ट्रंप ने 30 लाख प्रवासियों को तुरंत प्रत्यर्पित करने का संकल्प जताया है। उन्होंने कहा कि 'हम उन्हें अपने देश से बाहर कर देंगे या हम उन्हें जेल में बंद करेंगे। ट्रंप ने सीबीएस न्यूज से कहा कि हम आपराधिक रिकॉर्ड वाले लोगों, गिरोह के सदस्यों, नशे के डीलरों पर शिकंजा कसेंगे, ये बीस लाख या तीस लाख लोग हो सकते हैं, हम उन्हें देश से बाहर निकाल देंगे या हम उन्हें जेलों में बंद कर देंगे। व्यवसायी से नेता बने 70 वर्षीय ट्रंप ने साक्षात्कार के प्रसारित होने से पहले जारी संक्षिप्त हिस्से में कहा था, कि 'हम उन्हें देश से बाहर निकालने जा रहे हैं, जो यहां अवैध रूप से रह रहे हैं।

रिपब्लिकन पार्टी के उम्मीदवार डोनाल्ड ट्रंप अमेरिका के 45वें प्रेसिडेंट बने। ट्रंप की अमेरिका में एक अलग पहचान है। ट्रंप वो नाम है जिसे अमेरिका में और खासतौर से न्यूयॉर्क की रियल एस्टेट दुनिया में स्टेटस से जोड़ कर देखा जाता है। जानकार कहते हैं कि ट्रंप जिद्दी और हार सहन न करने वाले शख्स हैं। उनकी जिंदगी पर नजर डालें तो काफी हद तक ये सही भी लगता है। ट्रंप ने पिता से कर्ज लेकर बिजनेस शुरू किया था। तब से आज तक उन पर उंगलियां जरूर उठीं लेकिन विवादों में रहते हुए आगे बढ़ते रहे। आज यह शख्स अमेरिका की कमान संभाले हुए है।

ट्रंप के विशेष वादे

- एक डालर वेतन
- हेल्थकेयर के लिए काम
- 30 लाख प्रवासियों को बाहर करेंगे
- सीमा की सुरक्षा व्यवस्था को अभेध बनायेंगे
- मैक्सिको सीमा के साथ-साथ एक विशाल दीवार का निर्माण
- नयी नौकरियों का सृजन
- करों में कमी
- काम को पुरस्कृत करने की योजना

कुल मिलाकर देखा जाए तो ट्रंप की योजना कोई ऐसी योजना नहीं है जो नये अमेरिका का प्रतिनिधित्व करती है। घुमा-फिराकर उनकी भी योजनाएं

वहीं हैं जो अमेरिका पहले से लागू करता आया है। यह तो भविष्य के गर्भ में है कि ट्रंप अपनी इन योजनाओं को अमली जामा पहना पाते है या नहीं। लेकिन निम्न मध्यमवर्गीय अमेरिकी समुदाय और बड़ी वित्तीय कंपनियाँ ट्रंप की विभिन्न योजनाओं के समर्थन में आई हैं। मजदूर वर्ग से संबंधित उनकी योजनाएं अभी भी पूर्ववर्ती सरकारों की तरह ही हैं और उनका समर्थन ट्रंप को नहीं मिल रहा है।

चित्रों में डोनाल्ड ट्रंप

चित्रों में डोनाल्ड ट्रंप

चित्रों में डोनाल्ड ट्रंप

चित्रों में डोनाल्ड ट्रंप

चित्रों में डोनाल्ड ट्रंप

चित्रों में डोनाल्ड ट्रंप

चित्रों में डोनाल्ड ट्रंप

चित्रों में डोनाल्ड ट्रंप

ट्रंपः जलवायु परिवर्तन

"ग्लोबल वार्मिंग का कांसेप्ट चीनी लोगों द्वारा चीनी लोगों के लिए बनाया गया था ताकि अमेरिका की मैन्युफैक्चरिंग को नॉन-कॉम्पटीटिव बनाया जा सके।" - डोनाल्ड ट्रंप

अखबार 'द टेलीग्राफ' ने दुनिया के समक्ष उत्पन्न ग्लोबल वार्मिंग की समस्या पर डोनाल्ड ट्रंप के नजरिए की समीक्षा की थी। अखबार के साभार से इसके प्रमुख अंश यहां प्रस्तुत किए जा रहे हैं। ऐसी संभावना जताई जा रही थी कि यदि डोनाल्ड ट्रंप अमेरिका के राष्ट्रपति चुन लिए गए तो वे दुनिया में ऐसे पहले राष्ट्रीय नेता होंगे, जो जलवायु विज्ञान को ही मानने से इंकार कर देंगे।

पढ़ने और सुनने में यह अजीब लगता है, पर इस तथ्य पर रोशनी डाली थी सिएर्रा क्लब की एक रिपोर्ट ने। इस रिपोर्ट में चेतावनी दी गई थी कि जब जलवायु परिवर्तन की बात होने लगती है तो ऐसी स्थिति में अमेरिका स्वयं को अलग-थलग कर लेता है। इसका कारण माना जाता है कि ग्रीन हाउस से कार्बन का उत्सर्जन करने वाले देशों में अमेरिका का दूसरा स्थान है।

इस क्लब का कहना है कि जब भी जलवायु विज्ञान के बारे में ट्रंप के रवैये की बात की जाती है, तो वह सीरिया के राष्ट्रपति बशर अल असद, जिम्बाब्वे के रॉबर्ट मुगाबवे और उत्तरी कोरिया के तानाशाह शासक किम जोंग उन की तरह पीछे हट जाते हैं। इस रिपोर्ट के मुताबिक अमेरिका के विभाग द्वारा जिन 195 देशों को मान्यता दी गई है, उन सभी ने जलवायु विज्ञान को स्वीकार कर लिया।

यदि अमेरिका गठबंधन के देशों की बात की जाए जैसे ब्रिटेन, इस्राइल, कनाडा, फ्रांस और यहां तक कि जहां एकदलीय शासन व्यवस्था है, उनके नेताओं ने यानी सभी ने मान लिया कि मनुष्य की गतिविधियां लगातार बढ़ने से गर्मी या तापमान में वृद्धि हुई है। यह आश्चर्यजनक है कि धरती को बचाने के लिए बशर अल असद ने सभी देशों से आग्रह किया है कि अधिक प्रभावी तरीके से इस दिशा में काम किया जाए। उनके अलावा किम जोंग उन ने ग्रीन हाउस से उत्सर्जित होने वाली गैसो के प्रभाव को कम करने के लिए अधिक से अधिक पेड़ लगाने का समर्थन किया है।

जलवायु परिवर्तन पर अपनी प्रतिक्रिया देने से रॉबर्ट मुगाबवे भी स्वयं को रोक नहीं पाए थे। उनका कहना है कि जलवायु परिवर्तन वैश्विक स्तर पर होने वाला बड़ा परिवर्तन है। इनके विपरीत यदि इस विषय में डोनाल्ड ट्रंप की बात की जाए तो उनका विचार दुनिया के अन्य नेताओं से सबसे अलग पाया गया। वे इसमें कतई विश्वास नहीं करते हैं कि मनुष्य के कारण ग्लोबल वार्मिंग की समस्या उत्पन्न हुई है।

अमेरिका के राष्ट्रपति ट्रंप इस विषय को चीन के द्वारा अपने खुद के फायदे के लिए बनाया गया एक ऐसा छल मानते हैं, जिससे अमेरिका उत्पादन के क्षेत्र में उसका प्रतियोगी न बन जाए। वे कहते हैं कि उसकी ये संभावित नीतियां क्षमादान के योग्य भी नहीं हैं। डोनाल्ड ट्रंप ने प्रतिज्ञा की थी कि अमेरिका को पेरिस जलवायु पर जो समझौता हुआ है उससे बाहर ले आएंगे। साथ ही, उन्होंने धमकी भी दी थी कि वह पर्यावरण संरक्षण एजेंसी को भी कई टुकड़ों में बांट देंगे।

ट्रंप के इन बयानों को इस रिपोर्ट ने ज्यादा तवज्जो नहीं दी है। उसने यह जरूर लिखा है कि जलवायु परिवर्तन पर अमेरिका के राष्ट्रपति के उम्मीदवार के विचारों से वोटरों का अवगत होना अनिवार्य है। यह उनके लापरवाह नजरिए और खतरनाक स्थिति पर आधारित है, जोंकि रियेल्टी टीवी पर आधारित हो सकता है, लेकिन वास्तविकता से नहीं।

दुनिया के 195 देशों ने पेरिस में तैयार किए गए जलवायु परिवर्तन के समझौते को मंजूरी दे दी है। इसके अनुसार वैश्विक तापमान को 1.5 डिग्री सेल्सियस पर सीमित करने का लक्ष्य रखा गया है। इस पर संयुक्त राष्ट्र के महासचिव बान की-मून ने कहा था कि अगर देशों को अपना हित करना है तो उन्हें वैश्विक हित के लिए आगे बढ़ना होगा। यदि हमें अपने गृह को बचाना है तो इसके साथ ही उसे संभालना भी होगा। पेरिस की बैठक में जो मसौदा तैयार किया गया, उसे 2020 से लागू किया जाएगा।

गौरतलब है कि अमेरिका के पूर्व राष्ट्रपति बराक ओबामा ने इस समझौते के बाद कहा था कि अमेरिका इस समस्या को पैदा करने में अपनी भूमिका को स्वीकार करता है। इससे निपटने के लिए वह अपनी जिम्मेदारी को लेकर भी सजग है। दुनिया में सबसे ज्यादा कार्बन उत्सर्जन करने वाले देशों में सबसे ऊपर चीन है, जबकि दूसरे नंबर पर अमेरिका का नाम आता है। इसके बाद यूरोपीय संघ, भारत और ब्राजील का नाम आता है।

सफल बिजनेसमैन

" मेरे लिए अच्छी बात यह है कि मैं बहुत अमीर हूँ। यह एक बहुत बड़ा फायदा है। मैं आपको बता दूं, कि यह अन्य उम्मीदवारों की तुलना में एक बहुत बड़ा फायदा है।" - डोनाल्ड ट्रंप

1971 में उन्होंने खुद का रियल स्टेट कंपनी शुरू की। जिसका नाम उन्होंने मैनहनटन रियल स्टेट रखा। रियल स्टेट के मंझे हुए खिलाड़ी बन गये। उन्होंने अपने काम के जरिए दुनिया में अपनी अलग पहचान बनाई। सबसे ज्यादा प्रसिद्धि उन्हें फिफ्थ एवेनियू, ट्रंप टावर, लक्जरी आवासीय होम, ट्रंप पार्क, ट्रंप प्लाज़ा, ट्रंप प्लेस, 610 पार्क एवेनियू, और ट्रंप वर्ल्ड टावर आदि से प्राप्त हुई। इसके अलावा उन्होंने कई इमारतो को भी डिजाइन किया। ट्रंप कई होटलो और प्रसिद्ध इमारतो का भी निर्माण करवा चुके है जिनमें होटेल प्लाजा भी शामिल हैं।

ट्रंप बताते हैं, 'मैं अपने पिता को अपना आदर्श मानता हूं। मैने अपने पिता के साथ लगभग 5 साल तक कारोबार किया। जब वे अपने क्लाइंट के साथ डील करने में बिजी रहते थे। तब में बहुत ध्यान से उनकी बात सुना करता था। मेंने उनसे कंस्ट्रक्शन वर्क के बारे में बहुत ज्ञान प्राप्त किया।' ट्रंप बताते हैं मेंरे पिता मुझे अपने लिए लकी मानते थे। उनके अनुसार जब भी मैं उनके साथ रहता था तो उनकी बहुत अच्छी डील होती थी।'

सभी की सुनने की आदत डालो- ट्रंप के अनुसार 'सफल लीडर बनने के लिए आपको सभी की सुनने की आदत डालनी होगी।' वे कहते हैं कि हिटलर एक बुरा आदमी था, पर उसके पास महान आइडिया थे। इसलिए सबकी सुनो, पता नहीं कहां से एक महान आइडिया आपको मिल जाए।

ट्रंप का कहना है कि कई बार एक छोटी लड़ाई हारने से आपको बड़ी लड़ाइयां जीतने के तरीके मिल जाते हैं। इसलिए हार को निराशा में मत लो। चाहे हार गए, पर आप लड़कर यह तो जान गए कि आपका प्रतिद्वंद्वी कैसे

लड़ता है। इससे सीख लें और आगे की तैयारियां करें।

ट्रंप का मानना है कि लोग कहते हैं कि ट्रंप सफल हुए या हैं, पर ऐसा नहीं है। उन्हें यह नहीं पता कि में सफल हुआ नहीं, मैने खुद को सफल बनाया है। इसके लिए मैने अपनी हर बिजनेस प्लानिंग काफी पहले से शुरू की। इसमें असफलताएं भी मिलीं। इन असफलताओं के अनुभव से मेंने सफलता बनाई या हासिल की।

सफल लीडर बनने के लिए ट्रंप कहते हैं कि आप यह लगातार नोट करें कि आपका साथ लोगों को कैसा लगता है। कहीं ऐसा तो नहीं कि आपकी टीम आपके बिना ज्यादा कम्फर्टेबल फील करती हो। अगर ऐसा है तो आपको खुद को बदलने की जरूरत है। लेकिन अगर आपका साथ लोगों को अच्छा लगने लगा है, तो समझ लें कि सफलता जल्दी ही मिल जाएगी।

ट्रंप कहते हैं कि अपनी टीम की भावनाओं को समझना बहुत जरूरी हैं। किसी क़ाम के प्रति उनका नजरिया जानें। अगर वे आपके सामने अपनी बात ठीक से नहीं रख पा रहे हैं तो आप उनकी सोच को शब्द दें। इन शब्दों को हकीकत बनाने के लिए टीम को प्रेरित करें। जब आपके काम में उनकी कही बात साकार होगी, तो आपको भी फायदा मिलेगा। टीम का ईमानदार सपोर्ट भी मिलेगा।

एक लीडर को सफल बनने के लिए नपे-तुले शब्दों का इस्तेमाल करना चाहिए। ट्रंप कहते हैं कि यह ध्यान रखना चाहिए जब आप बहुत से लोगों से बात कर रहे हैं तो केवल उन बातों का ही प्रॉमिस करें, जो आप कर सकते हैं। लोगों को फालतू सपने न दिखाएं। जो कहें उसे करके दिखाएं। ऐसा होने पर आपकी टीम का भरोसा आप पर बढ़ेगा और सबका विकास होगा।

ट्रंप कहते हैं कि उन्होंने अपने अनुभव से सीखा है कि काम के दौरान माहौल का बहुत फर्क पड़ता है। तनाव में आपके लोग अच्छा आउटपुट नहीं दे पाते। अगर माहौल खुशनुमा रहेगा तो आपकी प्रोडक्टिविटी बढ़ेगी। यही बात दूसरे लोगों से बात करते हुए भी उपयोगी है। खुशमिजाज लोगों से मिलना लोग पसंद करते हैं। काम के प्रति सीरियस रहें, पर माहौल खुशनुमा बनाएं।

जरूरत के हिसाब से बनाते-तोड़ते रहो- ट्रंप का कहना है कि चाहे जो भी नियम हो, लोग उसे अपने फायदे के लिए तोड़ते रहते हैं। इसलिए आपकी सफलता के आगे कोई नियम आ रहा है तो उसे तोड़ दो। वे कहते हैं कि कई बार मार्केट रिसर्च कुछ कहती है और आपका मन कुछ कहता है। ऐसे में अगर सभी रिसर्च के साथ जाना चाहें और आपका मन न करे, तो

लोगों के साथ चलने का नियम तोड़ दो।

फोर्ब्स के मुताबिक ट्रंप की कुल संपत्ति 3.7 अरब डॉलर है, जो पि. छले साल के मुकाबले 80 करोड़ डॉलर कम है। 2016 में फोर्ब्स की सूची में वे 35 स्थान लुढ़कर 156वें पायदान पर आ गए हैं। पिछले साल अक्टूबर में ट्रंप की कुल संपत्ति 4.5 अरब डॉलर थी और वे '400 सबसे अमीर अमेंरिकियों की फोर्ब्स की सूची में 121वें पायदान पर थे। ट्रंप और उनके पिता 1982 में आई पहली सूची में भी थे और उनकी साझा संपत्ति 20 करोड़ डॉलर थी। लेकिन 1990 में कारोबार में हुए घाटे के बाद ट्रंप इस सूची से बाहर हो गए थे। छह साल बाद 45 करोड़ डॉलर संपत्ति के साथ वे सूची में फिर लौट आए।

लास वेगस में ट्रंप इंटरनेशनल होटल एंड टावर स्थित है। इसके बरा. बर में मौजूद लक्जरी विन रिजॉर्ट भी इसके सामने बौना नजर आता है। ट्रंप कॉम्प्लेक्स इस शहर की तीसरी सबसे ऊंची इमारत है।

शिकागो के बहुत सारे लोगों को यहां दिखने वाले ट्रंप होटल एंड टावर से परेशानी है। मेयर राहम् इमैनुएल ने तो इसे 'भद्दा और असुरुचिपूर्ण' तक कह डाला और उनके नाम के हिस्से 'ट्रंप' को बैन भी करवाया। लेकिन पांच साल के बाद फिर ट्रंप ने इसकी 16वीं मंजिल पर अपना नाम लगवा लिया।

यहां ताजमहल कैसे? असल में ट्रंप ने 1990 में न्यू जर्सी की अटलांटिक सिटी में ताजमहल का निर्माण कार्य पूरा करवाया। करीब एक अरब डॉलर की लागत से बने इस कैसीनो और होटल को 25 साल तक चलाने के बाद दिवालिया होने की नौबत आ गई थी। 2014 में यह बिक गया लेकिन नए मालिकों ने ट्रंप ब्रांड नहीं छोड़ा।

न्यूयॉर्क में स्थित ट्रंप टावर उनकी बहुत खास संपत्ति माना जाता है। ट्रंप के राष्ट्रपति बनने के अभियान के लिए यही उनका मुख्यालय भी है। इस इमारत में फुटबॉल सितारे क्रिस्टियानो रोनाल्डो, अभिनेता ब्रूस विलिस जैसे कई मशहूर सेलेब्रिटीज के आशियाने हैं। खुद ट्रंप का परिवार भी यहीं लक्जरी टावर में रहता है।

25 एवेन्यू पर बने ट्रंप टावर को बहुत से स्थानीय निवासी पसंद नहीं करते तो कई इसे बहुत शालीन और टाइमलैस बताते हैं। यह छह मंजिला ट्रंप टावर संगमरमर और सुनहरे रंगों से सजा है। आधुनिक आर्किटेक्चर के शौकीनों और ट्रंप समर्थकों के लिए यह बड़ा आकर्षण है।

पनामा सिटी के ट्रंप ओशन क्लब में एक होटल, 700 अपार्टमेंट और अपना प्राइवेट यॉट क्लब है। यह पूरे लैटिन अमेरिका की सबसे ऊंची बिल्डिंग

है। हालांकि इससे पास ही स्थित गरीब लोगों की बस्ती के कारण कई लोग इन अपार्टमेंट में नहीं रहना चाहते।

भले ही एबरडीन, स्कॉटलैंड में बनाए अपने ट्रंप इंटरनेशनल गोल्फ लिंक्स एस्टेट को डोनाल्ड ट्रंप 'दुनिया का सर्वोत्तम गोल्फ कोर्स' कहते रहें, पास की एक जमीन को बेचने के लिए एक स्थानीय स्कॉट आज तक तैयार नहीं हुआ। जून में ही ट्रंप वहां पहुंचे और स्कॉटलैंड के ईयू में बने रहने की इच्छा को नजरअंदाज करते हुए यूके के ब्रेक्जिट के निर्णय की खूब तारीफ की।

पूरे यूरोप में सबसे पहला ट्रंप टावर इस्तांबुल में ही बना था। यह अपने विशाल वाइन संग्रह के लिए मशहूर है। हालांकि इस ऊंचे टावर से ट्रंप का नाम हटाने की मांग हो रही है। इस कॉम्प्लेक्स का मालिक एक तुर्की अरबपति है जिसने ट्रंप ब्रांड नेम लिया हुआ है। ट्रंप के इस्लाम और मुस्लिम विरोधी विचारों के कारण राष्ट्रपति एर्दोआन समेत तुर्की के कई मुसलमान नाखुश हैं।

रियल एस्टेट टायकून कहे जाने वाले डोनाल्ड ट्रंप रिपब्लिकन पार्टी के राष्ट्रपति पद के उम्मीदवार हैं। अरबपति ट्रंप की दौलत ने उन्हें यहां तक पहुंचाने में काफी मदद दी है। केवल ट्रंप के नाम पर दुनिया भर मशहूर हैं।

अमरीकी चुनाव प्रचार का पतन

"मैं अमीर लोगों के साथ मिलजुल कर नहीं रह पाता मैं मध्यम वर्ग और गरीब लोगों के साथ अमीरों की तुलना में बेहतर तरीके से मिलता हूँ।" - डोनाल्ड ट्रंप

अमरीकी राष्ट्रपति चुनाव में डोनाल्ड ट्रंप और हिलेरी क्लिंटन की बहस देखने के बाद जो बात समझ में आई, वह यह है कि ट्रंप का चुनाव प्रचार पतन की ओर जा रहा है। यह कहना है डेलवेयर यूनिवर्सिटी के प्रोफेसर मुक्तदर खान का। वह कहते हैं कि दूसरे दौर की बहस कई मायनों में पहली बहस से अलग रही। इस बहस के नतीजों पर दोनों उम्मीदवारों का भविष्य काफी हद तक निर्भर करता है। वो कहते थे कि बहस के बाद लगा कि ट्रंप का चुनाव प्रचार पतन की ओर जा रहा है। पूरी बहस में डोनाल्ड ट्रंप एक नई रणनीति पर काम करते नजर आए।

इंडियाना के गवर्नर और उपराष्ट्रपति पद के उम्मीदवार माइक पेस ने भी अपने प्रचार में इसी रणनीति का इस्तेमाल किया था। अमेरिका में इस रणनीति को पिविद कहते हैं। इसमें अगर कोई आपसे आपकी कमजोरी से जुड़े सवाल करता है तो आप उसकी बात को टालकर किसी दूसरे मसले पर बात करने लगते हैं। दूसरे दौर की बहस में दोनों उम्मीदवार इस रणनीति का इस्तेमाल करते रहे। ट्रंप ने इसका कुछ ज्यादा ही इस्तेमाल किया। जब भी उनसे उनके वीडियो या महिलाओं से जुड़े सवाल किए गए, उन्होंने बिल क्लिंटन के इतिहास की बात शुरू कर दी।

ऐसे में उनकी बातचीत में कुछ नया वैचारिक खाका उभरकर सामने नहीं आया। उनकी सोच में कोई बदलाव नहीं दिखा। लेकिन वो पहले से बेहतर दिखे। पिछली बार की तुलना में वो हिलेरी के ट्रैप में नहीं फंसे। लेकिन इस बार उनमें आत्मविश्वास में कमी नजर आई। पिछली बहस में दोनों एक तरह से बराबरी पर थे। दोनों ने ऐसे मतदाताओं को रिझाने की कोशिश की, जो

अनिर्णय की स्थिति में थे। दोनों के सामने अपने मतदाताओं को बचाए रखने के साथ-साथ विरोधी के मतदाताओं में सेंध लगाने की चुनौती थी। ट्रंप के लिए यह और बड़ी चुनौती थी कि वो अपने समर्थकों के घटते आधार को कम से कम बनाए रखें। महिलाओं से जुड़ा वीडियो सामने आने के बाद रिपब्लिकन पार्टी के कई वरिष्ठ नेता ट्रंप से नाराज हैं।

राष्ट्रपति के चुनाव में बहस नीतियों की जगह नैतिकता की ओर चली गई थी। अमेरिका में आम नागरिक चरित्र पर बात कर रहा था। इस लिहाज से ट्रंप हर बहस में मात खाएंगे, ऐसा लोग मान बैठे थे। वैसे हिलेरी का भी इस मसले पर पलड़ा कोई खास मजबूत नहीं था। वह भी झूठ बोलने के आरोपों से घिरी थी। यह तो अमरीकी मतदाता को ही तय करना था कि वह किससे ज्यादा नफरत करते हैं और किसे पसंद। लग रहा था कि वो मजबूरी में हिलेरी को चुन सकते हैं।

ट्रंप का वीडियो सामने आने के बाद रिपब्लिकन पार्टी के पूर्व राष्ट्रपति पद के उम्मीदवार सीनेटर जॉन मेंकेन का कहना था कि अब ट्रंप के लिए सशर्त समर्थन जारी रखना भी नामुमकिन हो गया है। वहीं पूर्व विदेश मंत्री कोंडोलीजा राइस के अनुसार, बहुत हो गया, डोनाल्ड ट्रंप राष्ट्रपति नहीं बनने चाहिए। उन्हें अपना नाम वापस लेना चाहिए। वहीं ट्रंप की विरोधी हिलेरी क्लिंटन ने उनकी टिप्पणी को भयावह बताया है। ट्रंप के सहयोगी माइक पेस ने कहा है कि वो उनकी टिप्पणी से आहत हैं लेकिन उनके अमरीकी लोगों से माफी मांगने के बाद से आभारी हैं। वहीं एक ट्वीट में ट्रंप ने कहा, मीडिया और सत्तापक्ष बुरी तरह चाहता है कि मैं दौड़ से बाहर हो जाऊं। लेकिन मैं कभी बाहर नहीं होऊंगा। मैं अपने समर्थकों को झुकने नहीं दूंगा। वहीं ट्रंप की पत्नी मेलानिया ने एक बयान में कहा था कि मैं अपने पति के शब्दों से आहत हूं और ये मेरे लिए अस्वीकार्य हैं। मेलानिया ने ये भी कहा कि उनके पति के पास एक नेता का दिल और दिमाग है। इन सब के बीच डोनाल्ड ट्रंप का दावा था कि मैं राष्ट्रपति का चुनाव जीत कर दिखाऊंगा।

राष्ट्रपति पद के रिपब्लिकन उम्मीदवार डोनाल्ड ट्रंप ने कहा है कि वो कभी भी राष्ट्रपति पद की दौड़ से बाहर नहीं होंगे। ट्रंप ने कहा कि वो अपने समर्थकों को झुकने नहीं देंगे। 2005 का एक वीडियो टेप सामने आने के बाद से ट्रंप पर दबाव बढ़ता जा रहा था। इस वीडियो में ट्रंप महिलाओं पर अश्लील टिप्पणी करते हुए दिखे। इस वीडियो में ट्रंप शादीशुदा महिला के साथ सेक्स की इच्छा, औरतों को छूने और किस करने जैसी बात करते सुने

जा सकते थे। हालांकि इस वीडियो के बारे में ट्रंप ने माफी मांगी है लेकिन इस मामले में उनके खिलाफ लोगों का विरोध बढ़ता ही जा रहा है। वीडियो के सामने आने के बाद से कम से कम दस रिपब्लिकन सीनेटर या तो ये कह चुके थे कि वो ट्रंप के लिए मतदान नहीं करेंगे या उनसे उम्मीदवारी वापस लेने की अपील कर चुके थे।

ट्रंप ने अपनी राजनीतिक करियर की शुरुआत अक्टूबर 1999 में रिफॉर्म राजनीतिक पार्टी के जरिए की। 2000 के अमेरीकी राष्ट्रपति चुनाव की दौड़ में शामिल भी हुए। लेकिन बिजनेस में कुछ परेशानियों के कारण अगस्त 2000 में ट्रंप को वापस अपने काम तरफ जाना पड़ा। फिर 2012 में उन्होंने फिर से राजनीति की तरफ रुख किया और राष्ट्रपति की रेस के लिए खुद को उम्मीदवार घोषित किया। ट्रंप ने हमेशा ही राष्ट्रपति बराक ओबामा को आड़े हाथ लिया। ओबामा की राष्ट्रीयता पर सवाल उठाए। 16 जून, 2015 को ट्रंप ने अधिकारिक तौर पे खुद को रिपब्लिकन पार्टी की तरफ से टिकट मिलने के बाद राष्ट्रपति पद के दौड़ में शामिल किया। डोनाल्ड ट्रंप पहले डेमोक्रेटिक पार्टी को सपोर्ट करते थे। 2001 तक वे इस पार्टी के रजिस्टर्ड मेंबर थे। ट्रंप ने 2009 में रिपब्लिकन पार्टी में रजिस्ट्रेशन कराया। पहले वे रिपब्लिकन और डेमोक्रेट दोनों पार्टियों को चुनावी चंदा देते रहे थे। डोनाल्ड ट्रंप पिछले 40 साल से अपनी फक्कड़ छवि बना रहे हैं। राष्ट्रपति चुनावों में रिपब्लिकन पार्टी के उम्मीदवार के दो जीवनीकारों का कहना है कि उनकी शख्सियत खुद के लिए उनके अपार प्रेम के साथ शुरू और वहीं खत्म होती हैं।

ट्रंप के जीवनी लेखकों से पूछें कि रिपब्लिकन उम्मीदवार कैसे हैं तो उन्होंने आक्रामक, बड़बोला, सिद्धांतविहीन, भौतिकवादी, शेखीबाज, चालाक, अनुशासनहींन और करिश्माई जैसे शब्दों का इस्तेमाल किया। और दो शब्द आत्मप्रशंसक और सेल्समैन भी उभर कर सामने आते हैं। ट्रंप और उनके पि. रवार पर दो किताबें लिखने वाली ग्वेंडा ब्लेयर कहती हैं, 'वे सेल्समैन हैं, वे अपने को बेच रहे हैं, उन्हें अपने ऊपर भरोसा है' वे बताती है कि कभी कभार जब कोई उन्हें ये बताने जाता है कि उनका आयडिया कामयाब नहीं था तो परेशान हो जाते हैं और गुस्सा करते हैं। 'ये खुद से प्यार करने वाले का घाव है'

ट्रंप की जीवनी लिखने वाले लेखक टिमोथी ओब्रायन को पता है कि ब्लेयर क्या कहना चाहती हैं। ट्रंप ने उनपर इस बात के लिए 5 अरब डॉलर के हर्जाने का मुकदमा ठोक दिया था कि उन्होंने कहा था कि ट्रंप की संपत्ति उतनी नहीं है, जितना वे दावा करते हैं। ओब्रायन ने कहा था, 'वह

दरअसल साठ साल का बच्चा है, जो बूढ़ा हो गया है। वे बातचीत में अच्छे हैं, लेकिन अत्यंत अनुशासनहीन व्यक्ति हैं, बौद्धिक, भावनात्मक, वित्तीय और सार्वजनिक रूप से उनकी सबसे ज्यादा दिलचस्पी खुद स्वयं में ही है।' ब्लेयर और ओब्रायन दोनों सहमत हैं कि जिस ट्रंप को हम टेलिविजन पर देखते हैं उससे अलग कोई निजी ट्रंप नहीं है। अमेरिकन चुनाव अभियान अपने इतिहास के सबसे न्यूनतम स्तर को पार कर चुका है। ये पूंजी और राष्ट्रवाद के अनोखे संयोजन का परिणाम है।

अमेरिकी राष्ट्रपति चुनाव के अहम मुद्दे

" जब मैं राष्ट्रपति बन जाऊँगा तब मैं ये सुनिश्चित करने के लिए काम करूँगा कि हमारे सभी बच्चों के साथ बराबरी का व्यवहार किया जाये और उन्हें बराबर संरक्षण मिले।" - डोनाल्ड ट्रंप

सभी नागरिकों को स्वास्थ्य सुविधाओं के दायरे में लाने के लिए राष्ट्रपति ओबामा के अफोर्डेबल केयर एक्ट में सुधार कर स्वास्थ्य बीमा कराना सबके लिए अनिवार्य किया गया। जहां डेमोक्रेट इस 'ओबामा केयर' के नाम पर समर्थन जुटाने की कोशिश कर रहे थे, वहीं रिपब्लिकन नेता सत्ता में आते ही इसे हटाना चाहते थे।

डोनाल्ड ट्रंप की आलोचना करना भले ही आसान हो, लेकिन उनके जीवनी लेखकों का कहना है कि बहुत से अमेरिकियों द्वारा महसूस किए जा रहे गुस्से को दिशा देने की उनकी क्षमता को कम कर नहीं आंका जाना चाहिए। ओब्रायन ने कहा था कि 'ट्रंप की उम्मीदवारी 2008 के वित्तीय संकट के असर को दिखाती है' उस संकट ने कामगार वर्ग के बहुत से लोगों को, अमेरिका के पोस्ट इंडस्ट्रियल मजदूरों को असुरक्षित कर दिया। कर्ज चुकाने की उनकी क्षमता, उनकी पेंशन और बच्चों को पढ़ाने की उनकी क्षमता खतरे में पड़ गई। वे कहते हैं, 'अमेरिकी सपने का पूरा विचार खतरे में है।'

ब्लेयर भी इस बात को मानती थी कि देश में आक्रोश की भावना है। 'अकेला छूट जाने के कारण, विभाजित कांग्रेस पर, ऊपर एक छोटे से गुट पर जो सब कुछ चला रहा है। किसी न किसी का तो दोष है' और ट्रंप दोषी लोगों की लंबी सूची दे रहे हैं, आप्रवासियों से लेकर मेक्सिकन, महिलाओं, मुसलमानों और झूठ बोलने वाले मीडिया तक। ब्लेयर कहती हैं कि लोगों को अपील करने की ट्रंप की क्षमता का दूसरा पहलू उनका खुद में भरोसा है। ट्रंप शराब नहीं पीते। उनका नशा उनकी कामयाबी है। ब्लेयर के विचार में, 'उनका मानना है कि पैसा कमाना सबसे ऊंचा लक्ष्य है और हर हाल में जीतना सबसे महत्त्वपूर्ण बात।

ट्रंप ने तीन बार राष्ट्रपति चुनाव लड़ने की मंशा जाहिर की थी, लेकिन मामले के गंभीर होते ही पीछे हट गए थे। ओब्रायन कहते हैं कि वे शायद ही कभी लंबी योजना बनाते हैं। उनका मानना है कि रिपब्लिकन उम्मीदवार कारोबारी करियर के मंद होने के बाद राजनीति में कूदे हैं। उनका विकास रियल एस्टेट डेवलपर से टीवी सेलेब्रिटी और फिर ऐसे इंसान के रूप में हुआ है, जो अंडरवियर से लेकर वोदका तक हर चीज के साथ अपना नाम जोड़ता है।

ट्रंप के जीवनी लेखकों को शक है कि उनकी कोई गहरी राजनीतिक प्रतिबद्धता है। इस विचार को इस बात से भी बल मिलता है कि रिपब्लिकन उम्मीदवार ने अतीत में स्वतंत्र और वामपंथी विचारों का भी समर्थन किया है। इस समय उन्होंने कंजरवेटिव पार्टी का सहारा इसलिए लिया है कि उन्होंने वहां संभावना देखी, हालांकि उनका बराक ओबामा से भी वैर दिखता है। ब्लेयर के अनुसार 2011 में वे उस अभियान के साथ जुड़े, जिसने ओबामा के अमेरिका में नहीं जन्मे होने का मुद्दा उठाया था। 'यह वही समय था, जब वे अपने कुछ हद तक उदारवादी राजनीतिक रवैये से अलग हटे, तब उन्होंने दक्षिणपंथ की ओर रुख किया।'

बहुत सारी परिस्थितियों में ट्रंप का तय राजनीतिक मत न होना फायदेमंद हो सकता है, लेकिन उनकी जीवनी लेखकों का मानना है कि यह चरित्र के अभाव को भी दिखाता है। ब्लेयर का कथन है कि 'उनकी विचारधारा या किसी प्रकार की नैतिकता की बाधा नहीं है, इसलिए वे कुछ ऐसी चीजों को हासिल कर सकते हैं। जो असंभव लगती है, लेकिन उसमें नैतिक फैसले और आचार संबंधी कमी है' यदि राष्ट्रपति का चुनाव सिर्फ मतदाताओं के असंतोष के आधार पर हो तो ट्रंप को जीतने में कोई दिक्कत नहीं होगी, लेकिन भले ही बहुमत वोटर उनके डेमोक्रेटिक प्रतिद्वंद्वी हिलेरी क्लिंटन को प्रतिकूल तरीके से देखते हैं, लेकिन ट्रंप को सकारात्मक रूप से अव्यवस्थित माना जाता है।

ओब्रायन कहते हैं कि ट्रंप की असुरक्षा की भावना का एक मानक वे चीजें हैं, जिनकी वे शेखी बघारते हैं। 'यदि वे अमीर होने के बारे में सुरक्षित होते तो बार-बार यह कहने की जरूरत नहीं होती कि उनके पास कितना धन है और वे इसे बढ़ा-चढ़ा कर बताते हैं। यदि वे महिलाओं में अपनी अपील को लेकर सुरक्षित होते तो उन्हें ये कहने की जरूरत नहीं होती कि वे कितनी औरतों के साथ सोए हैं या सोने की कोशिश की है' हालांकि ट्रंप की विचित्रता उन्हें मनोरंजक और दिलचस्प हस्ती बनाती है, लेकिन जीवनी लेखकों की राय में दुनिया के बारे में उनकी अज्ञानता उन्हें व्हाइट हाउस के लिए अयोग्य बनाती है। ब्लेयर कहती हैं, 'ट्रंप खतरनाक इंसान हैं, इसलिए कि वे जानबूझकर अंजान हैं और अत्यंत हठी हैं।'

डोनाल्ड ट्रंप के विवादित बयान

"क्या तुम बुरा मानोगे अगर मैं थोड़ा पीछे बैठूं? क्योंकि तुम्हारी साँसों में बहुत बदबू है।" - डोनाल्ड ट्रंप

ट्रंप अपने विवादित बयानों के लिए जाने जाते है। उन्होंने समय-समय पर कुछ विवादित बयान दिये जो इस प्रकार हैं- 'मैं वहीं था, मैने पुलिस और दमकल कर्मियों को देखा था, 7/11 को, वर्ल्ड ट्रेड सेंटर पर, इमारत ढहने के ठीक बाद' ट्रंप 9/11 की बात कर रहे थे, लेकिन तारीख में थोड़ा-सा चूक गए।

'मेरे हाथ देखिए, क्या आपको ये छोटे लगते हैं? लोग कहते हैं कि अगर हाथ छोटे हैं, तो कुछ और भी छोटा होगा। मैं आपको गारंटी देता हूं, मुझे ऐसी कोई दिक्कत नहीं हैं!'

'टेड क्रूज ने अपने कैम्पेन के लिए मेलानिया की एक तस्वीर का इस्तेमाल किया है। ध्यान रहे टेड, मैं भी तुम्हारी पत्नी की पोल खोल सकता हूं।' डोनाल्ड ट्रंप की पत्नी मेलानिया ट्रंप की कई न्यूड तस्वीरें इंटरनेट में फैली हैं, जिन्हें अब अखबार भी छापने लगे हैं।

'इवांका अगर मेरी बेटी ना होती, तो शायद में उसे डेट कर रहा हो. ता।' इवांका ट्रंप 34 साल की हैं। बाप-बेटी की 20 साल पहले ली गयी एक तस्वीर पर भी काफी बवाल हुआ, जिसमें इवांका पिता की गोद में बैठी हैं।

'अगर हिलेरी क्लिंटन अपने पति को संतुष्ट नहीं कर सकती हैं, तो वो यह कैसे सोच सकती हैं कि वह पूरे अमेरिका को संतुष्ट कर देंगी?' ट्रंप का इशारा बिल क्लिंटन और मोनिका लेविंस्की के अफेयर की तरफ था।

'मैं एक बड़ी सी दीवार बनाऊंगा, और यकीन मानिए, मुझसे अच्छी दीवारें कोई भी नहीं बना सकता। मैं देश की दक्षिणी सीमा पर यह बड़ी-सी दीवार बनाऊंगा और मैक्सिको से उसके पैसे भी वसूल लूंगा।'

'मैं अभी स्कॉटलैंड पहुंचा। यहां तो वोट के चलते तहलका मचा है। इन लोगों ने अपने देश को वापस जीत लिया है, वैसे ही जैसे हम अमेरिका को वापस जीत लेंगे।' ट्रंप को शायद ब्रेक्जिट के आंकड़े समझ नहीं आए।

स्कॉटलैंड ने ईयू में बने रहने के लिए वोट दिया था।

'रशिया, अगर तुम सुन रहे हो, मैं उम्मीद करता हूं कि तुम उन 30,000 ईमेल्स को ढूंढ सकोगे जो गायब हैं।' ट्रंप यहां रूस को निमंत्रण दे रहे थे कि वह हिलेरी क्लिंटन के अकाउंट को हैक करे।

'हिलेरी क्लिंटन सेकेंड अमेंडमेंट को हटा देना चाहती हैं। जिस दिन सत्ता उनके हाथ में आ गयी, आप कुछ भी नहीं कर सकेंगे। पर शायद सेकंड अमेंडमेंट वाले लोग कुछ कर सके, क्या पता!' यहां ट्रंप गन लॉबी को क्लिंटन की ओर बंदूकें मोड़ने की सलाह दे रहे हैं।

'मैं सबसे ज्यादा आईक्यू वाले लोगों में से हूं और आप सब यह बात जानते हैं। इसमें खुद को मूर्ख या असुरक्षित महसूस करने की कोई जरूरत नहीं है, इसमें आपकी कोई गलती नहीं है।'

डोनाल्ड ट्रंप को राजनीति का कोई अनुभव नहीं है। न ही वह कभी किसी तरह के सरकारी मशीनरी से जुड़े। ऐसे में उनके लिए अमेरिकी कांग्रेस से तालमेल बिठाना और दोनों पार्टी के सदस्यों को अपने विचारों पर सहमत कर पाना खासा मुश्किल होने वाला है। क्योंकि ट्रंप को पता ही नहीं है कि सरकारी काम होते कैसे हैं?

डोनाल्ड ट्रंप जहां अपने संबोधनों में बड़ी-बड़ी और विवादास्पद बाते करते नजर आते हैं, वहीं उनकी इन बातों को वह अमली जामा कैसे पहनाएंगे इसका अंदाजा शायद उन्हें खुद ही नहीं है। कई राजनीतिक विश्लेषकों का कहना है कि डोनाल्ड ट्रंप जो कह रहे हैं उसको पूरा कैसे करेंगे? इसका उनके पास कोई दमदार प्लान नहीं है। अपने राष्ट्रपति पद की उम्मीदवारी के चलते उन्होंने कभी किसी भी मुद्दे को लेकर अपनी स्पष्ट राय पेश नहीं की। सिर्फ हवा में तीर चलाते हैं। 'मास डिपोर्टेशन' की बात करने वाले ट्रंप ने इसपर भी अपने पत्ते नहीं खोले।

रिपब्लिकन पार्टी के उम्मीदवार ट्रंप पब्लिसिटी के लिए किसी भी हद तक गुजर जाते हैं। कई बार ऐसे बयान भी दे चुके हैं जिनसे काफी विवाद हुआ। अमेरिका-मैक्सिको के बॉर्डर पर दीवार बनाने की बात हो या अमेरिका में नौकरी कर रहे विदेशियों को निकालने की बात हो। मुसलमानों की एंट्री बंद करने की या मेक्सिकन लोगों को रेपिस्ट कहने की: इन बयानों से उनको काफी पब्लिसिटी हासिल हुई है।

डोनाल्ड ट्रंप चार बार दिवालिया हो चुके हैं। हालांकि इसकी जिम्मेदारी लेने से वे पूरी तरह पलट जाते हैं, लेकिन ये सच है कि वह बिजनेस में भी मात खा चुके हैं। ऐसे में अमेरिकी अर्थव्यवस्था को संभाल पाने में वह कितने सफल हो पाएंगे, इस पर बड़ा सवालिया निशान लगा है।

जो लोग बराक ओबामा के धर्म को लेकर उन पर उंगलियां उठाते आए हैं और ट्रंप के जातिवादी टिप्पणियों के लिए उसकी पीठ थपथपा रहे हैं। ऐसे में सवाल ये उठता है कि क्या वाकई ट्रंप बड़े धार्मिक इंसान हैं। नहीं ट्रंप का दो बार तलाक हो चुका है और तीन शादियां। हाल ही में अपने चर्च जाने को लेकर जो बयान उन्होंने दिया उसपर जमकर हंगामा हुआ था। अश्वेतों और मुस्लिमों को लेकर दिए उनके विवादित बयान काफी हंगामा मचा चुके हैं।

ट्रंप नैतिकता में कितने आगे हैं, इसका अंदाजा इस बात से लगाया जा सकता है कि उन्होंने गोल्फ कोर्स बनाने के लिए स्कॉटिश नागरिकों को बेघर कर दिया था। उनके घरों पर बुल्डोजर चलवाए थे। ठीक ऐसी ही कुछ हरकत ट्रंप ने अल्पसंख्यकों के होटल और कैसीनो को उजाड़ कर की थी। वह कई बार गरीब लोगों को प्राप्त स्वास्थ्य सेवाओं के खिलाफ भी बोलते नजर आए हैं। ऐसे में अगर ट्रंप राष्ट्रपति बन गए तो अमेरिका के गरीबों की कितनी मदद करेंगे, ये सोच पाना मुश्किल नहीं होगा।

अपनी भद्दी भाषा को लेकर ट्रंप को कई बार फजीहत झेलनी पड़ी है। ट्रंप ऐसी भाषा का इस्तेमाल करते हैं, जिो अमेरिकी अखबारों ने थर्ड ग्रेड का बताया है।

यूएस प्रेसिडेंशियल इलेक्शन के दौरान ट्रंप ने कहा- 'अमेरिका में मुस्लिमों की एंट्री पर बैन तब तक जारी रहना चाहिए, जब तक देश को यह पता न चल जाए कि आखिर यहां हो क्या रहा है। ट्रंप इससे पहले अमेरिका में मस्जिदों को बंद करने और मुसलमानों पर कड़ी निगरानी रखने का सुझाव भी दे चुके हैं। यह भी कहा गया कि मुस्लिमों की अमेरिका के लिए नफरत को देखते हुए इस तरह का प्रपोजल दिया जा रहा है।

अमेरिका के सैन बर्नार्डिनो के कम्युनिटी सेंटर पर फायरिंग हुई थी। इसमें 14 लोगों की मौत हो गई थी। हमलावर कपल सैयद फारुख और तश्फीन मलिक पाकिस्तानी मूल के बताए गए।

इसी घटना के बाद ट्रंप का बयान आया। उन्होंने दुनियाभर में इस्लामिक कट्टरपंथ बढ़ने को लेकर यह दलील दी। ट्रंप के इस बयान के बाद उनका विरोध शुरू हो गया। विरोध करने वालों में उनकी अपनी पार्टी के नेता भी हैं।

फ्लोरिडा में सेंट पीटर्सबर्ग के मेयर रिक क्रिसमैन ने अपने शहर में ट्रंप के आने पर ही रोक लगा दी है। इस सबके बावजूद ट्रंप अपनी बात पर कायम रहे।

ट्रंप ने दावा किया था कि अमेरिका में 11 सितंबर, 2001 को हुए आतंकवादी हमलों के बाद मुसलमानों ने जश्न मनाया था। इस बारे में पूछा

जाने पर उन्होंने कहा था कि उनका बयान सौ फीसदी सही है। ट्रंप ने कहा था- 'मस्जिदों को निगरानी में रखने की जरूरत है। मैं अमेरिका में मुसलमानों के रहने पर डिबेट करना चाहता हूं।'

ट्रंप ने यह भी कहा कि यदि मैं राष्ट्रपति बनता हूं तो उन कंपनियों को कोई एच-1बी वीजा जारी नहीं करूंगा, जो अमेरिकियों को निकालकर विदेशियों को नौकरी पर रखते हैं। मेरा जस्टिस डिपार्टमेंट उनके खिलाफ कड़ी कार्रवाई करेगा। उन्होंने भारतीयों समेत विदेशियों को नौकरी पर रखे जाने को लेकर नाराजगी जताई थी।

राष्ट्रपति डोनाल्ड ट्रंप अपने विवादित बयानों के लिए सुर्खियों में रहे हैं। लेकिन उनके बयानों की भाषा को कौन तैयार करता है, ये एक दिलचस्प बात है। रॉय कुन वो शख्स हैं जो ट्रंप की आक्रामक भाषा के प्रणेता बताए जाते हैं। पेशे से वकील कुन, ट्रंप की तरह ही विवादित रहे हैं। कुन के बारे में बताया जाता है कि वे अपनी कामयाबी के लिए नैतिक-अनैतिक भाषा का इस्तेमाल करने से नहीं चुकते हैं। कुन न्यूयॉर्क के न्यायिक हलके में अपने विरोधियों को किनारे लगाने के लिए अनैतिक रास्तों का सहारा लेते रहे हैं।

एक ऐसा ही वाक्या है जब ट्रंप अपनी कंपनी में मुस्लिमों के प्रति भेदभाव के मामले में अदालती कार्यवाही का सामना कर रहे थे। उस वक्त कुन ने उन्हें सलाह दी कि आप साफ तौर में बोलें कि ऐसे लोगों को नरक में जाने की जरूरत है। 'द वाशिंगटन पोस्ट' के मुताबिक अमेरिकी राष्ट्रपति की चुनाव प्रक्रिया में शामिल होने से पहले ट्रंप ने कुन से सलाह मशविरा किया। कुन ने बताया कि आप, आक्रमण, प्रति आक्रमण और कभी माफी न मांगने वाले शख्सियत के तौर पर खुद को पेश करें। ट्रंप ने कुन के बताए हुए रास्ते पर जाने का फैसला किया। इसका असर प्राइमरी चुनाव में देखने को मिला। ट्रंप ने न केवल अपने खिलाफ उम्मीदवार टेड क्रुज के ऊपर तीखे कमेंट करते रहे। बल्कि हिलेरी क्लिंटन के ऊपर विवादित टिप्पणी करने से नहीं चुकते हैं।

ट्रंप के बदलते बयान

''मैक्सिकन लोगों के साथ मेरे बहुत अच्छे संबंध हैं।'' - डोनाल्ड ट्रंप

अमेरिका के राष्ट्रपति डोनाल्ड ट्रंप पक्के राजनेता हैं क्योंकि उन्हें यू-टर्न लेना अच्छे से आता है। वोटर्स को अपने पाले में करने के लिए ट्रंप कई बार अपने बयान से पलटियां मार चुकें हैं, चाहे वह इराक हमले की बात हो, हिलेरी क्लिंटन हों या फिर अवैध प्रवासियों का मुद्दा हो।

2002 में जब ट्रंप से इराक हमले के बारे में पूछा गया तो उन्होंने कहा था कि मैं इसके पक्ष में था। मुझे लगता है कि पहली बार कुछ सही ढंग से किया गया। 2016 में ट्रंप ने अपने बयान से पलटी मारी और कहा कि में इकलौता ऐसा व्यक्ति था जिसने कहा था कि हमें इराक में नहीं घुसना चाहिए था।

ट्रंप शुरुआत में हिलेरी की तारीफों के पुल बांधते थे। उन्होंने एक बार हिलेरी के बारे में कहा था, 'वह बहुत ही टैलंटेड हैं। उनके पास ऐसा पति है जिसे मैं भी बहुत पसंद करता हूं। हिलेरी क्लिंटन गजब महिला हैं, वह बहुत मेहनत करती हैं, मैं उन्हें पसंद करता हूं।' हिलेरी की तारीफों के पुल बांधने वाले ट्रंप जब उनके प्रतिद्वंद्वी बने तो उसके बाद से उन्हें हिलेरी में एक भी अच्छाई नजर आना बंद हो गई। ट्रंप ने कहा, 'उनके पास अमेरिका का राष्ट्रपति होने की कोई योग्यता नहीं है। अमेरिका के पूरे इतिहास में क्लिंटन से खराब सेक्रटरी ऑफ स्टेट नहीं हुआ है।'

अब महिलाओं से यौन उत्पीड़न को लेकर ट्रंप हिलेरी और उनके पति बिल क्लिंटन पर निशाना साधते रहते हैं, लेकिन उन्होंने कभी बिल क्लिंटन की पैरवी करते हुए कहा था कि बेचारे क्लिंटन को ऐसी चीजों में उलझना पड़ रहा है जो बिलकुल गैर-जरूरी हैं। ट्रंप ने बिल क्लिंटन पर निशाना साधते हुए भी कहा 'महिलाओं से छेड़छाड़ और यौन उत्पीड़न के मामले में बिल क्लिंटन से बदतर कोई नहीं है।'

लीबिया में गद्दाफी हजारों लोगों की जानें ले रहा है। हमें लीबिया में घुसना चाहिए और इस इंसान को रोकना चाहिए। ऐसा करना हमारे लिए बहुत ही आसान होगा। मैंने लीबिया पर कभी कोई चर्चा नहीं की। मैं लीबिया के समर्थन में नहीं था, अगर गद्दाफी जिंदा होते तो शायद हालात अब से ज्यादा बेहतर होते।

'अगर अमेरिका में कोई अवैध तरीके से रह रहा है तो हम उसे बाहर निकाल फेंकेंगे।' 2016 में ट्रंप ने इस मुद्दे पर थोड़ी नरमी दिखाई और कहा कि हम बहुत ही मानवीय तरीके से सब कुछ करेंगे।

'अगर में कार्यकाल संभालूंगा तो में टैक्स रिटर्न जरूर जारी करूंगा। इस पर भी ट्रंप ने पलटी मारी और कहा कि मुझे नहीं लगता कि मतदाता टैक्स रिटर्न जारी करने के लिए तैयार हैं।'

यूनिवर्सल हेल्थकेयर पर शुरुआत में ट्रंप ने कहा था कि में हर किसी की देखभाल करने जा रहा हूं। सरकार हर व्यक्ति की हेल्थ के लिए पैसा खर्च करेगी।

टेड क्रूज ने जब उनसे पूछा कि क्या सरकार हर किसी की हेल्थकेयर के लिए भुगतान करेगी, यह बात सही है या गलत तो ट्रंप ने जवाब दिया, 'गलत।'

डोनाल्ड ट्रंप हमेशा से ही अबॉर्शन के खिलाफ रहे हैं। पहले उन्होंने अबॉर्शन पर बैन लगाने की बात करते हुए कहा था कि अबॉर्शन कराने वाली महिलाओं के लिए सजा का भी प्रावधान किया जाना चाहिए हालांकि बाद में उन्होंने कहा कि अबॉर्शन के मामले में महिलाएं खुद पीड़ित होती हैं क्योंकि उनकी कोख में बच्चा पलता है। मैं पूरी तरह से प्रो-लाइफ हूं।

1999 में जब डोनाल्ड ट्रंप से पूछा गया था कि वह खुद को डेमोक्रेट के नजदीक पाते हैं या रिपब्लिकन के तो ट्रंप ने जवाब दिया था कि कई मामलों में मैं खुद को डेमोक्रेट के करीब पाता हूं। इकोनॉमी रिपब्लिकन की तुलना में डेमोक्रेट शासन में ज्यादा बेहतर है।

चुनावों से पूर्व और चुनावों के बाद भी ट्रंप ने अपनी विवादित बयानबाजी को दूर नहीं किया और जब भी मौका मिलता है वे चरमपंथ के बहाने अमेरिका साम्राज्यवादी पूर्व नीतियों को और अधिक आक्रमक तरीके से लागू करना चाहते हैं।

अमरीकी मस्जिदों की निगरानी होनी चाहिए। ट्रंप मानते हैं कि चरमपंथ को रोकने की पहल के तहत सुरक्षा एजेंसियों को मुसलमानों की

निगरानी करनी चाहिए। उन्हें मस्जिदों पर निगरानी रखने के राजनीतिक रूप से गलत होने से कोई परेशानी नहीं है।

चरमपंथी संगठन इस्लामिक स्टेट के खिलाफ लड़ाई में अमेरिका को पूछताछ के लिए कठोर तरीकों का इस्तेमाल करना चाहिए। जिनमें वॉटर बोर्डिंग यानी क़ैदी को बार-बार पानी में डुबोना शामिल है। ट्रंप का कहना है कि इस्लामिक स्टेट के सर क़लम करने के तरीक़े की तुलना में ये कुछ भी नहीं है।

ट्रंप का कहना है कि वे इस्लामिक स्टेट को भीषण बमबारी कर नष्ट कर देंगे। उनका दावा है कि इस्लामिक स्टेट के खिलाफ लड़ाई में और कोई उम्मीदवार उनके जितना कठोर नहीं हो सकता है। उन्होंने कहा कि वे इस्लामिक स्टेट की तेल तक पहुँच रोककर इस संगठन को कमज़ोर करेंगे।

ट्रंप अमेरिका और मैक्सिको के बीच एक बड़ी और विशाल दीवार बनाना चाहते हैं ताकि प्रवासी और सीरियाई शरणार्थी अमेरिका में न घुस सकें। ट्रंप का मानना है कि अमेरिका में आने वाले ज्यादातर मैक्सिकोवासी अपराधी किस्म के होते हैं। उन्होंने कहा, 'वे मादक पदार्थ लाते हैं और अपराध करते हैं। वे बलात्कारी होते हैं।'

अमेरिका में रह रहे क़रीब एक करोड़ दस लाख अवैध प्रवासियों को वापस भेजने का विचार विदेशी मूल के लोगों के खिलाफ नफ़रत फ़ैलाने वाला है और उसकी आलोचना पूरी दुनिया में हो रही है। ट्रंप अमेरिका में पैदा होने पर नागरिकता देने की नीति को भी बंद करना चाहते हैं क्योंकि अमेरिका में पैदा होने वाले हर बच्चे को अमरीकी नागरिकता का अधिकार होता है।

ट्रंप ने कहा- 'मुझे लगता है कि मेरे और पुतिन के बीच रिश्ते बेहतर रहेंगे और जो समस्याएं अभी अमेरिका को हो रही हैं वे नहीं होंगी।' यही कारण है कि ट्रंप की जीत के बाद सबसे पहले मुबारकबाद देने वालों में पुतिन भी एक थे।

चीन को सबक सिखाए जाने की ज़रूरत है ताकि अमेरिका के साथ चीन के द्विपक्षीय व्यापार को उचित और निष्पक्ष बनाया जा सके। राष्ट्रपति बनने के बाद वे चीन को अपनी मुद्रा की क़ीमत घटाने से रोकेंगे और उसे अपने पर्यावरण और मज़दूरी स्तर को सुधारने के लिए मजबूर करेंगे।

जहाँ दुनिया ग्लोबल वार्मिंग से लड़ने की बात कह रही है वही ट्रंप के लिए जलवायु परिवर्तन सिर्फ़ मौसम का मामला है। ट्रंप मानते हैं कि साफ हवा और साफ पानी महत्त्वपूर्ण है, लेकिन वे जलवायु परिवर्तन को महत्त्वपूर्ण नहीं मानते हैं और कहते हैं कि उद्योगों पर पर्यावरण संबंधी प्रतिबंध उन्हें वैश्विक

बाज़ार में कम प्रतियोगी बनाते हैं।

ट्रंप ने कई बार कहा है कि दुनिया बेहतर होती यदि सद्दाम हुसैन और मोहम्मद गद्दाफ़ी जिंदा होते। लीबिया और इराक में हालात दोनों शासकों के समय से कहीं ज्यादा ख़राब हैं।

ट्रंप अपने बारे में बताने से कभी नहीं चूकते कि वे बहुत अच्छे इंसान हैं। अपनी पुस्तक 'क्रिप्ल्ड अमेरिका' में उन्होंने लिखा है 'मुझ पर विश्वास करो, मैं बहुत ही अच्छा इंसान हूँ और मुझे एक अच्छा इंसान होने पर गर्व है, लेकिन मैं अपने देश को फिर से महान बनाने के लेकर प्रतिबद्ध और जोशीला भी हूँ।'

डोनाल्ड ट्रंप एक अच्छे व्यक्ति है या खराब, यह तो पूरी दुनिया जानती है लेकिन राष्ट्रीय रक्षा विशेषज्ञों ने कहा है कि व्हाइट हाउस के लिए नामित किए गए ट्रंप एक खतरनाक राष्ट्रपति साबित होंगे और देश की सुरक्षा को खतरे में डाल देंगे। इन रक्षा विशेषज्ञों में पूर्व के प्रमुख जासूस और राजनयिक भी शामिल हैं।

राष्ट्रीय सुरक्षा विशेषज्ञों के एक समूह ने कहा कि विदेश नीति के लिहाज से ट्रंप राष्ट्रपति और कमांडर-इन-चीफ बनने लायक नहीं हैं। हमें यकीन है कि वह एक खतरनाक राष्ट्रपति साबित होंगे और देश की राष्ट्रीय सुरक्षा एवं खुशहाली को खतरे में डाल देंगे। सबसे मूल बात यह है कि ट्रंप में राष्ट्रपति बनने लायक चरित्र, मूल्यों और अनुभवों की कमी है। वह अमेरिका के, स्वतंत्र विश्व के नेता बनने के नैतिक अधिकार को कमजोर करते हैं।

70 वर्षीय ट्रंप में अमेरिकी संविधान, अमेरिकी कानूनों और अमेरिकी संस्थानों की मूलभूत जानकारी और उनके प्रति विश्वास में कमी साफ दिखाई देती है। इनमें धार्मिक सहिष्णुता, प्रेस की स्वतंत्रता और स्वतंत्र न्यायपालिका शामिल हैं। उन्होंने बार-बार दिखाया है कि अमेरिका के महत्त्वपूर्ण राष्ट्रीय हितों, इसकी जटिल कूटनीतिक चुनौतियों, इसके अहम गठबंधनों और अमेरिकी विदेशी नीति का आधार कहलाने वाले लोकतांत्रिक मूल्यों के प्रति उनकी समझ बेहद कम है। ट्रंप सच को झूठ से अलग करने में या तो असमर्थ हैं या फिर वह ऐसा करना ही नहीं चाहते। वह एक-दूसरे से असहमति रखने वाले विचारों को प्रोत्साहन नहीं देते। बयान में इन विशेषज्ञों ने कहा, 'ट्रंप में आत्मनियंत्रण की कमी है और वह जल्दबाजी में काम करते हैं। वह निजी आलोचना बर्दाश्त नहीं कर सकते। राष्ट्रपति और कमांडर-इन-चीफ बनने और अमेरिका के परमाणु शस्त्रागार की कमान संभालने वाले की महत्त्वाकांक्षा रखने वाले व्यक्ति

में ऐसी चीजें खतरनाक हैं।'

ग्वेंडा ब्लेयर का कहना है कि बहुत सारी परिस्थितियों में ट्रंप का तय राजनीतिक न होना फायदेमंद हो सकता है, लेकिन उनकी जीवनी लेखकों का मानना है कि यह चरित्र के अभाव को भी दिखाता है। ब्लेयर कहती हैं, 'उनकी विचारधारा में किसी प्रकार की नैतिकता की बाधा नहीं है, इसलिए वे कुछ ऐसी चीजों को हासिल कर सकते हैं जो असंभव लगती हैं, लेकिन उसमें नैतिक फैसले और आचार संबंधी कमी है।'

टिमोथी ओब्रायन का कहना है कि ट्रंप की असुरक्षा की भावना का एक मानक वे चीजें हैं जिनकी वे शेखी बघारते हैं। 'यदि वे अमीर होने के बारे में सुरक्षित होते तो बार-बार यह कहने की जरूरत नहीं होती कि उनके पास कितना धन है और वे इसे बढ़ा-चढ़ा कर बताते हैं। यदि वे महिलाओं में अपनी अपील को लेकर सुरक्षित होते तो उन्हें यह कहने की जरूरत नहीं होती कि वे कितनी औरतों के साथ सोए हैं या सोने की कोशिश की है।' ट्रंप की विचित्रता ही उन्हें मनोरंजक और दिलचस्प हस्ती बनाती है लेकिन दुनिया के बारे में उनकी अज्ञानता उन्हें व्हाइट हाउस के लिए अयोग्य बनाती है। ट्रंप खतरनाक इंसान हैं। इसलिए कि वे जानबूझकर अनजान हैं और अत्यंत हठी हैं।

ट्रंप नें अब तक तीन बार राष्ट्रपति चुनाव लड़ने की मंशा जाहिर की थी, लेकिन मामले के गंभीर होते ही पीछे हट गए थे। उनका विकास रियल एस्टेट डेवलपर से टीवी सेलेब्रिटी और फिर ऐसे इंसान के रूप में हुआ है। ट्रंप की कोई गहरी राजनीतिक प्रतिबद्धता नहीं है। उन्होंने अतीत में स्वतंत्र और वामपंथी विचारों का भी समर्थन किया है। उन्होंने कंजरवेटिव पार्टी का सहारा इसलिए लिया था कि ट्रंप को वहां संभावना दिखी। ब्लेयर ने बताया कि 2011 में वे उस अभियान के साथ जुड़े जिसने ओबामा के अमेरिका में नहीं जन्मे होने का मुद्दा उठाया था। यह वही समय था जब वे अपने कुछ हद तक उदारवादी राजनीतिक रवैये से अलग हटे। तब उन्होंने दक्षिणपंथ की ओर रुख किया।

ट्रंप, दो महिलाओं के बारे में कमेंट्स करते सुने गए थे। दोनों हॉलीवुड एक्ट्रेस हैं। टेप में दूसरी आवाज बिली बुश की है। बिली और ट्रंप 'डेज ऑफ अवर लाइव्स' शो के सेट पर पहुंचे थे। जिसमें ट्रंप का छोटा सा रोल था। वीडियो के मुताबिक ट्रंप इस बस में मौजूद थे। वहीं नीचे एक एक्ट्रेस एरियाने जुकर उनका इंतजार कर रही होती है। ट्रंप बस के अंदर ही अपने साथ मौजूद बिली बुश से इस एक्ट्रेस के बारे में बोलना शुरू कर देते हैं। ट्रंप बोलते हैं, 'शायद मैं इसे चूमना शुरू कर दूं, दरअसल, मैं खूबसूरत महिलाओं को देखकर

अपने-आप ही आकर्षित हो जाता हूं। पहले में उन्हें सिर्फ चूमता हूं, यह चुंबक की तरह होता है'

ट्रंप ने तुरंत माफी मांगते हुए फेसबुक पर लिखा- 'मैंने कभी नहीं कहा कि मुझमें कोई कमी नहीं है। जो मैंने किया उसके लिए माफी मांग चुका हूं। मेरी जो बात आज सामने आई है वह एक दशक से ज्यादा पुरानी है। जो लोग मुझे जानते हैं वे समझ सकते हैं कि ऐसे बयान मेरी शख्सियत के साथ मेल नहीं खाते। में फिर माफी मांगता हूं, आने वाले कल के लिए मैं एक बेहतर इंसान बनना चाहता हूं। ऐसा कभी नहीं होगा कि देश की अगुआई करने वाले शख्स पर कोई उंगली उठाए।'

राष्ट्रपति ट्रंप और वर्तमान चुनौतियाँ

"यह मूर्त है, यह ठोस है, यह सुंदर है। यह कलात्मक है, मेरे दृष्टिकोण से, और मुझे सिर्फ अचल संपत्ति से प्यार है।" - डोनाल्ड ट्रंप

अपनी विवादित बयानबाजी के लिए मशहूर डोनाल्ड ट्रंप रिपब्लिकन पार्टी की तरफ से अमेरिकी राष्ट्रपति बन चुके हैं। रियल एस्टेट के बादशाह कहे जाने वाले डोनाल्ड ट्रंप को कई विरोध प्रदर्शनों का भी सामना करना पड़ रहा है। उनके सामने ऐसी बहुत सारी चुनौतियाँ भी हैं जिनका उन्हें सामना करना पड़ेगा।

डोनाल्ड ट्रंप को राजनीति का कोई अनुभव नहीं है न ही वह कभी किसी तरह के सरकारी मशीनरी से जुड़े। ऐसे में उनके लिए अमेरिकी कांग्रेस से तालमेल बिठाना और दोनों पार्टी के सदस्यों को अपने विचारों पर सहमत कर पाना, खासा मुश्किल है। क्योंकि ट्रंप को पता ही नहीं है कि सरकारी काम होते कैसे हैं।

डोनाल्ड ट्रंप ने जहां अपने संबोधनों में बड़ी-बड़ी और विवादास्पद बाते कही थीं, इन बातों को वह अमली जामा कैसे पहनाएंगे? इसका पता शायद उन्हें खुद ही नहीं है। विश्लेषकों का कहना है कि डोनाल्ड ट्रंप के पास कोई दमदार प्लान नहीं है। राष्ट्रपति बनने के बाद भी उन्होंने किसी भी मुद्दे को लेकर अपनी स्पष्ट राय पेश नहीं की है, सिर्फ हवा में तीर चलाते हैं। 'मास डिपोर्टेशन' की बात करने वाले ट्रंप ने अभी तक अपने पत्ते नहीं खोले।

ट्रंप, पब्लिसिटी के लिए किसी भी हद से गुजर जाते हैं। वे कई बार ऐसे बयान भी दे चुके हैं जिनसे काफी विवाद हुआ। अमेरिका-मैक्सिको के बॉर्डर पर दीवार बनाने की बात हो या अमेरिका में नौकरी कर रहे विदेशियों को निकालने की बात हो। मुसलमानों की एंट्री बंद करने की या मैक्सिकन लोगों को रेपिस्ट कहने की। इन बयानों से उन्हें काफी पब्लिसिटी हासिल जरूर हुई लेकिन अब यह हवाबाजी या जुमलेबाजी ही उनकी सबसे बड़ी चुनौती बन गई है।

ट्रंप जातिवादी टिप्पणियों के कारण भी अविश्वसनीय होते जा रहे हैं। ट्रंप कोई धार्मिक इंसान नहीं हैं। ट्रंप का दो बार तलाक हो चुका है और तीन शादियां। अपने चर्च जाने को लेकर जो बयान उन्होंने दिया था उस पर खूब हंगामा हुआ था। अश्वेतों और मुस्लिमों को लेकर दिए उनके विवादित बयान आज भी किसी चुनौती से कम नहीं हैं।

ट्रंप पर अमानवीयता का दाग लगा हुआ है। उसे धोने में शायद बहुत वक्त लगेगा क्योंकि उन्होंने गोल्फ कोर्स बनाने के लिए स्कॉटिश नागरिकों को बेघर कर दिया था। उनके घरों पर बुल्डोजर चलवाए थे। ठीक ऐसी ही कुछ हरकत ट्रंप ने अल्पसंख्यकों के होटल और कैसीनो को उजाड़ कर की थी। वे अकसर गरीब लोगों को प्राप्त स्वास्थ्य सेवाओं के खिलाफ भी बोलते नजर आएं हैं। ऐसे में ट्रंप अमेरिका के गरीबों के लिए कितने सहायक होंगे यह तो आने वाला वक्त ही बतायेगा, जिसकी संभावना बहुत कम दिखती है।

डोनाल्ड ट्रंप जब राजनीतिक अखाड़े में कूदे, तो उनके कई बयानों को यहां की रिपब्लिकन पार्टी ने भी शुरू-शुरू में मजाकिया बयान कहकर टाल दिया कि वे एक ख़ास तबके के साथ बात करते हुए उन्हीं की जुबान का इस्तेमाल करते हैं।

मीडिया का मानना था कि ट्रंप कुछ दिन पॉलिटिक्स-पॉलिटिक्स खेलने के बाद बोर हो जाएगा और इस तरह के बयान उसे ले डूबेंगे। लेकिन यही भाषा और बयान उनकी जीत का आधार भी बने। वे हमेशा चर्चा पाने में कामयाब रहे।

उनके बयानों से हंगामा ख़ूब मचा लेकिन ट्रंप की रेटिंग भी बढ़ जाती थी। उनके चाहने वाले कहते हैं कि यही एक नेता है जो बगैर लाग-लपेट के बोलता है। 'न्यूयॉर्कर पत्रिका' ने लिखा कि ट्रंप की वजह से ये दिन आ गए हैं कि आज बहुत लोगों को फ़ॉक्स टीवी और मेगन केली का साथ देना पड़ रहा है।

पत्रकार ने बताया कि मैं दफ्तर की लिफ्ट में था तो अंदर लगे टीवी पर टिकर चला कि ट्रंप डिबेट में भाग नहीं ले रहे। साथ में खड़ी एक महिला ने कहा कि यह इंसान उस स्कूली ज़िद्दी बच्चे की तरह बर्ताव कर रहा है, जो कहता है कि में फलां लड़की से बात नहीं करूंगा, वो मुझे पसंद नहीं करती।

फ़ॉक्स टीवी के कुछ सीनियर एंकर उन्हें समझा भी ऐसे रहे थे जैसे किसी ज़िद्दी बच्चे को समझाया जा रहा हो। एक साहब ने तो यहां तक कहा कि मैं जो आपको मिल्कशेक पिलाता रहा हूँ, वह बंद कर दूँगा।

जब यही ज़िद्दी बच्चा ओबामा को मुसलमान कहता था, उनकी अमेरिकी पैदाइश पर शक करता था, तो पार्टी नेता और इस चैनल के कर्ता-धर्ता मंद-मंद मुस्कराते रहते थे। यह जिद्दीपन उनमें है यह सबको पता है। इससे निपटना भी ट्रंप के लिए एक कठिन चुनौती है।

ट्रंप ने वही बातें अक्खड़ अंदाज़ में कही हैं जो उनकी पार्टी के नेता और फ़ॉक्स चैनल भी चाशनी लगाकर कहते रहे हैं। पार्टी के नेता कहते रहे हैं मैक्सिको से आने वाले लोगों पर रोक लगाओ, ट्रंप ने कहा है वहां दीवार खड़ी कर देते हैं।

मुसलमानों पर नज़र रखी जानी चाहिए। ट्रंप साहब का सीधा-सा हल है मुसलमानों के अमेरिका में घुसने पर ही रोक लगा दो।

हर दूसरे धर्म, ख़ासतौर से इस्लाम के कट्टर दुश्मन के रूप में दुनिया के सामने आए हैं और वे बाहर से आकर बसे लोगों के खिलाफ है। उनको डरा रहा है। अमेरिका में इस समस्या का समाधान गले की हड्डी की तरह फंस गया है।

सत्ता परिवर्तन और ट्रंप

"विनर्स को लूजर्स से जो चीज अलग करती है वो ये है कि कोई व्यक्ति किस्मत के हर एक मोड़ पर कैसे रिएक्ट करता है।" - डोनाल्ड ट्रंप

डोनाल्ड ट्रंप अमेरिका के अगले राष्ट्रपति चुने जा चुके हैं। कांग्रेस में भी उनकी रिपब्लिकन पार्टी का वर्चस्व है। ऐसे में दुनिया भर में ट्रंप को लेकर कई तरह की आशंकाएं हैं और सवाल हैं-

ट्रंप सत्ता संभालने के बाद क्या करेंगे। मुसलमानों, समलैंगिक विवाह, गर्भपात, जलवायु परिवर्तन और अन्य मुद्दों पर ट्रंप का रुख क्या वही होगा जो उन्होंने अपने चुनावी अभियान के दौरान ज़ाहिर किया था। या उसमें कुछ परिवर्तन आयेगा।

पिछले साल 'द हिल' वेबसाइट को ट्रंप ने इंटरव्यू देकर इस अफ़वाह को ख़ारिज किया था कि वह अमरीकी राष्ट्रपति के व्हाइट हाउस में रहने की लंबे समय से चली आ रही परंपरा को तोड़ देंगे। उन्होंने इसे भी नकार दिया था कि वह वॉशिंगटन डीसी की अहमियत को कम करेंगे। ट्रंप ने कहा था, "हां, मैं व्हाइट हाउस में रहूंगा क्योंकि काम को निपटाने के लिए वह माकूल जगह है। में शायद ही व्हाइट हाउस छोडूंगा क्योंकि बहुत काम करना है।'

ट्रंप के वकील ने कहा कि उनके सारे बिजनेस जूनियर ट्रंप और उनकी बेटी इवांका के हवाले कर दिये गये हैं। हितों के टकराव के कारण ट्रंप के सारे बिजनेस ट्रस्ट के रूप में तब्दील होंगे। ट्रंप ने अपने आलोचकों को हर तरह का जवाब देकर संतुलन बनाये रखा है।

ट्रंप ने चुनावी वादे के रूप में कहा था कि वह अवैध प्रवासियों को रोकने के लिए अमेरिका-मैक्सिको सीमा पर दीवार बनाएंगे परन्तु दीवार बनाने की यह योजना असफल होगी क्योंकि मैक्सिको ने इसमें अपना आर्थिक योगदान देने से इनकार कर दिया है। माना जाता है इसमें भारी लागत आएगी और उन्हें निजी स्वामित्व वाली भूमि का भी अधिग्रहण करना पड़ेगा।

ट्रंप ने सरहद पर सुरक्षा व्यवस्था को कड़ी करने और इमिग्रेशन क़ानून को भी सख्त करने का वादा करके इस विवाद से अमना पल्ला झाड़ने की कोशिश की है।

ट्रंप ने गर्भपात को ग़ैरक़ानूनी बना देने एवं गर्भपात करवाने पर कुछ सजा के प्रावधान की भी बात कही थी। उन्होंने इससे पलटी मार ली और कुछ राज्यों में गर्भपात पर छूट देने की बात कही। ट्रंप ने रेप, सगे-संबंधियों से यौन संबंध और मां की जान पर संकट की स्थिति में गर्भपात का समर्थन किया था। ट्रंप गर्भपात में मिलने वाली सरकारी मदद को भी रोकना चाहते हैं। अगर हम यह माने कि आने वाले कुछ महीनों में ही इस विषय को सुलझाया जा सकता है तो इसकी संभावना बहुत कम है।

डोनाल्ड ट्रंप ने समलैंगिक विवाह के खिलाफ हैं। इस मुद्दे को राष्ट्रीय स्तर पर लाने की बजाय राज्य के स्तर पर सुलझने की बात कर रहे हैं। 2015 में जब सुप्रीम कोर्ट ने अमेरिका में समलैंगिक विवाह को वैध ठहराया तो ट्रंप ने इससे असहमति जताई थी। सुप्रीम कोर्ट के इस फ़ैसले के बाद ट्रंप ने कहा था कि अब यह मुद्दा खत्म हो चुका है। वे सुप्रीम कोर्ट के फ़ैसले को बदलने की कोशिश नहीं करेंगे। ट्रंप ने जिस माइक पेंस को उपराष्ट्रपति के लिए चुना है, उन्होंने भी समलैंगिक विवाह का विरोध किया है। अब यह देखना दिलचस्प होगा कि दोनो मिलकर कब तक इस मुद्दे को सुलझा पाते हैं।

कैलिफ़ॉर्निया के सैन बर्नार्दिनो की मास शूटिंग में 14 लोगों के मारे जाने के बाद ट्रंप ने एक प्रेस रिलीज जारी की थी। इसमें उन्होंने अमेरिका में दूसरे देशों से मुसलमानों की एंट्री पूरी तरह से बंद करने की बात कही थी। ट्रंप के इस बयान की दुनियाभर में आलोचना हुई। यह कोई नया विवाद नहीं है। अब वे इस मुद्दे को धीरे-धीरे कूटनीतिक तरीके से हल करने की कोशिश करेंगे वरना सरताज बनने का सुख उन्हें नहीं मिल सकता।

अमेरिका के सफल व्यवसायी के रूप में पहचान बनाने वाले डोनाल्ड ट्रंप ने दुनिया की सबसे ताकतवर शख्सियत बनकर पूरे विश्व को हैरान कर दिया। अपने बड़बोलेपन के लिए मशहूर ट्रंप का राष्ट्रपति बनने तक का सफर इतना आसान नहीं था क्योंकि उनके सामने पिछले आठ वर्षों से सत्तारुढ़ डेमोक्रेटिक पार्टी की उम्मीदवार हिलेरी क्लिंटन थीं। राजनीति में आने से पहले दुनियाभर में उनकी पहचान सफल व्यवसायी, टेलीविजन शख्सियत और लेखक के रूप में रही है। वह रियल एस्टेट तथा अन्य क्षेत्रों में काम करने वाले 'द ट्रंप ऑर्गनाइजेशन' के अध्यक्ष भी हैं।

ट्रंप अमेरिका के बड़े बिजनेस घराने का प्रतिनिधित्व करते हैं इसलिए वहां की राजनीतिक परंपरा के द ट्रंप ऑर्गनाइजेशन ने अमेरिका, यूरोप और एशिया के विभिन्न देशों में एक से बढ़कर एक परियोजना पर काम किया है। इनमें स्काईक्रैपर्स, होटल, कैसिनो, गोल्फ कोर्स और अन्य तरह के निर्माण शामिल हैं। फोर्ब्स मैगजीन में विश्व के शीर्ष 500 अरबपतियों में उनका नाम शामिल रहा है।

ट्रंप की राजनीतिक प्रतिबद्धता भी समय-समय पर बदलती रही है। हालांकि 1987 के पहले तक यह बहुत स्पष्ट नहीं थी। सत्तर के दशक के अंतिम दौर में वह रिपब्लिकन पार्टी से संबद्ध राष्ट्रपति रोनाल्ड रीगन के समर्थक रहे। 1987 में वह रिपब्लिकन पार्टी से आधिकारिक तौर पर जुड़ गए। इस प्रकार उनका पहला राजनीतिक चेहरा रिपब्लिकन के रूप में सामने आया। बारह वर्षों के बाद वर्ष 1999 में ट्रंप रिफॉर्म पार्टी में शामिल हो गए। तीन साल तक वह इस पार्टी से जुड़े रहे और वर्ष 2001 में उन्होंने रिफॉर्म पार्टी छोड़ दी। वर्ष 2001 में ट्रंप डेमोक्रेटिक पार्टी से जुड़ गए और अगले आठ साल यानी 2008 तक इसका हिस्सा रहे। वर्ष 2008 के राष्ट्रपति चुनाव में उन्होंने रिपब्लिकन उम्मीदवार जॉन मेंक्केन के अभियान में बड़े पैमाने पर राजनीतिक और आर्थिक मदद भी की।

हालांकि डेमोक्रेटिक पार्टी के उम्मीदवार बराक ओबामा के हाथों मेंक्केन को पराजय झेलनी पड़ी। साल 2009 में ट्रंप ने आधिकारिक रूप से रिपब्लिकन पार्टी की सदस्यता ग्रहण की। ट्रंप ने दिसंबर 2011 में एक बार फिर रिपब्लिकन पार्टी से नाता तोड़कर खुद को स्वतंत्र विचारधारा वाला घोषित कर दिया। तकरीबन पांच महीने तक ऐसा रहा। इसके बाद अगले साल फिर वह रिपब्लिकन पार्टी में लौट आए।

हार को जीत में बदलने का हुनर

> *"मेरा मतलब है, जहाँ कोई बहस नहीं है। वहाँ कोई कुछ भी नहीं है।" - डोनाल्ड ट्रंप*

ऐसा लग रहा था कि एक पुराने वीडियो में अश्लीलता से भरे विवादित वक्तव्य के सामने आने के बाद अमेरिकी राष्ट्रपति चुनाव में रिपब्लिकन पार्टी के उम्मीदवार डोनाल्ड ट्रंप का गेम पूरी तरह से खत्म हो जाएगा और वे चुनाव हार जाएंगे लेकिन हुआ इसके उलट और ट्रंप जीत गए।

सबको आजादी, सबको समान अधिकार, सबको समान अवसर देना अमेरिका के लोकतंत्र की बुनियाद है। डोनाल्ड ट्रंप के बारे में माना जाता है कि वे ऐसा अमेरिका नहीं बना सकते जिसका ख्वाब अमेरिका को गढ़ने वालों ने देखा था। दुनिया के सबसे सजग लोकतंत्र में एक ऐसा ब्रांड जो निडर है, बेबाक है और धनवान भी। एक ऐसा ब्रांड जो जनता की भावनाओं और सपनों से खेलता हो, नए-नए शिगूफे छोड़कर अमेरिकी जनता को चौंकाता हो, एक ऐसा ब्रांड जो समझता हो कि उसके सामने किसी की कोई हैसियत नहीं है। तब भी ट्रंप जीत जाता है क्यों?

डोनाल्ड ट्रंप अमेरिका को फिर से महान बनाने की बात करते हुए नारा देते हैं 'मेक अमेरिका ग्रेट अगेन।' उसके बाद ट्रंप ने कई चौंकाने वाले बयान दिए हैं। मसलन मुस्लिमों को अमेरिका से खदेड़ दूंगा, भगवान द्वारा बनाया गया सबसे ज्यादा नौकरियां देने वाला राष्ट्रपति बनूंगा, मैं अमेरिका को महान बना दूंगा आदि आदि।

हालांकि ट्रंप ने अपने पुराने वीडियो में अश्लील और विवादित बयान की सच्चाई को तुरंत कबूल कर लिया और माफी भी मांग ली, लेकिन अमेरिकी मतदाता और खासकर महिलाएं ट्रंप को कभी माफ नहीं करेंगी। करीब 70 प्रतिशत महिला वोटर डेमोक्रेटिक उम्मीदवार हिलेरी क्लिंटन की तरफ हैं। यह तादाद और बढ़े इसके लिए डेमोक्रेटिक पार्टी ट्रंप के इस नए खुलासे को

और उभारेगी। इस टेप की बातें हर अमेरिकी वोटर तक पहुंचेगी। इससे उन लोगों में ट्रंप से चिढ़ और बढ़ेगी जो अभी तक तय नहीं कर पा रहे थे कि किसे वोट दें। उनकी दुविधा इससे खत्म हो जाएगी। कम से कम अमेरिकी वोटरों से तो ऐसी उम्मीद की ही जा सकती है।

कहते हैं कि बेशुमार दौलत के मालिक ट्रंप का सिक्का अमेरिका ही नहीं, पूरी दुनिया के प्रॉपर्टी बाजार में चलता है। आसमान छूती इमारतों में ट्रंप टॉवर का नाम लगते ही उसका भाव आसमान छूने लगता है, लेकिन दुनिया के सबसे शक्तिशाली राष्ट्र अमेरिका का राष्ट्रपति बनने के लिए यह काबिलियत कोई मायने नहीं रखती थी। ट्रंप का विवादित बयान वाला एक पुराना वीडियो सामने आया था उसमें वे महिलाओं के बारे में भद्दी और आपत्तिजनक टिप्पणी करते दिख रहे हैं। वर्ष 2005 में ट्रंप ने एक सोप ओपेरा में यह टिप्पणी की थी। शायद उस समय ट्रंप को यह अंदाजा नहीं रहा होगा कि उसे एक दिन अमेरिका में राष्ट्रपति पद के चुनाव के लिए अमेरिकी जनमानस का सामना करना पड़ेगा।

इस वीडियो रिकॉर्डिंग के सामने आने के बाद अमेरिका में ट्रंप की जबरदस्त आलोचना हुई। ट्रंप ने तीसरी पत्नी मेलानिया से शादी करने के कुछ महीनों बाद ही यह आपत्तिजनक टिप्पणी की थी। ट्रंप रिकॉर्डिंग में बता रहे थे कि एक लड़की को उन्होंने सेक्स के लिए मनाने की कोशिश की। ट्रंप ने कहा कि मैंने उसके साथ सेक्स किया और वह महिला शादीशुदा थी। उसे कुछ फर्नीचर चाहिए था। मैं उसे फर्नीचर शॉपिंग के लिए ले गया। मैंने उससे कहा कि मैं उसे बताऊंगा कि अच्छा फर्नीचर कहां मिलता है। इसके बाद ट्रंप ने उसी शो में एक्ट्रेस एरियाना जकर को देखकर कहा कि उन्हें कुछ मिंट्स चाहिए। उन्होंने कहा, 'हो सकता है मैं उसे किस करने लग जाऊं क्योंकि मैं खूबसूरत लड़कियों को देखते ही उनकी तरफ आकर्षित हो जाता हूं। यह आकर्षण एक चुंबक की तरह है। मैं किस करने के लिए बिलकुल भी इंतजार नहीं कर पाऊंगा।' ट्रंप यहीं नहीं रुके, उन्होंने कहा कि अगर आप स्टार हैं तो वे आपको सब कुछ करने देती हैं, आप तब उनके साथ कुछ भी कर सकते हैं।

अमेरिका में राष्ट्रपति चुने जाने के लिए कराए जाने वाली प्रेसिडेंशियल बहस में भी डोनाल्ड ट्रंप लगातार कमजोर पड़ते दिख रहे थे। इसकी पुष्टि बहस के तुरंत बाद कराए गए सर्वेक्षणों से भी हुई थी। दूसरी बहस के तुरंत बाद कराए गए सर्वेक्षणों के अनुसार, डेमोकेट्रिक उम्मीदवार हिलेरी क्लिंटन 'स्पष्ट विजेता' बनकर उभरीं। सीएनएन सर्वेक्षण में कहा गया था कि हिलेरी इस बहस

की स्पष्ट विजेता रहीं क्योंकि सर्वेक्षण में शामिल 57 प्रतिशत लोगों ने हिलेरी के जीतने की बात कही जबकि 34 प्रतिशत ने ट्रंप का समर्थन किया। राष्ट्रपति चुनाव की तीन में से पहली बहस होने के बाद 27 सितंबर को सीएनएन ने सर्वेक्षण कराया था। तब भी लगभग 62 प्रतिशत मतदाताओं ने हिलेरी को स्पष्ट विजेता बताया था। ट्रंप को महज 27 प्रतिशत लोगों का समर्थन मिला था।

इस बीच अमेरिकी चैनल सीएनएन ने हांगकांग की फेंग सुई एक्सपर्ट प्रिसिला लैम से जब पूछा कि बराक ओबामा के बाद अमेरिका का राष्ट्रपति कौन बनेगा? तो उन्होंने डोनाल्ड ट्रंप का नाम लिया। लैम ने अपनी भविष्यवाणी के 80 फीसदी सही होने का दावा भी किया है। प्रिसिला लैम की भविष्यवाण ी के मुताबिक, 2016 डोनाल्ड ट्रंप का साल है। उनका साइन अर्थडॉग है और मौजूदा वर्ष में उनका सितारा बुलंद है। ट्रंप के जन्म की तारीख बताती है कि वह हिलेरी पर भारी पड़ेंगे। लैम के मुताबिक, ट्रंप बेहद महत्त्वाकांक्षी हैं। उनके चेहरे की बनावट वर्गाकार है और ऐसे चेहरे वाले लोग हालांकि व्यवसाय के क्षेत्र में नाम कमाते हैं, लेकिन नाक ऊंची है, इसलिए वह दूसरे क्षेत्रों मसलन राजनीति में भी सफल हो सकते हैं।

व्हाइट हाउस की रेस में डोनाल्ड ट्रंप वाइल्ड कार्ड की तरह आए। उनके बयानों और बेतरतीब अंदाज ने किसी को चौंकाया, तो किसी को डराया। ट्रंप ने दावा किया था कि वे अमेरिका को फिर से महान बना देंगे। लेकिन ट्रंप की सबसे बड़ी चिंता यह भी थी कि उन्होंने पूरी जिंदगी में मेहनत करके जो कुछ खड़ा किया है, अगर हार गए तो एक झटके में ढह जाएगा। करो या मरो के अंदाज में ट्रंप जनता से कह रहे हैं कि उनके सामने भी ऐसा ही ख़तरा खड़ा है, और इसीलिए उन्होंने अमेरिकी की जनता से अमेरिका को महान बनाने का वादा किया है। ठीक उसी तरह जिस तरह कभी हिटलर ने जर्मनी को महान बनाने का रोडमेप तैयार किया था। ट्रंप को यकीन है कि 'मेक अमेरिका ग्रेट अगेन' के फॉर्मूले ने उन्हें व्हाइट हाउस का ताज पहना दिया।

महान विचारक नोम चोमस्की का कहना है कि ट्रंप को वोट डालना टॉर्चर, ग्लोबल वॉर्मिंग और दुनिया में जंग पर मुहर लगाने जैसा होगा। लेकिन डोनाल्ड ट्रंप ने एक मजबूत अमेरिका का जो एजेंडा तैयार किया है उससे नहीं लगता कि वह कहीं से कमजोर हैं। ट्रंप अमेरिका को मुसलमानों से निजात दिलाने की बात कहते हैं। जॉर्ज बुश ने भी 'वॉर ऑन टेरर' कहा था। पहले मुसलमानों के ऊपर ही कहा था, बाद में उसे बदल दिया कि आतंकवादी मुसलमान अलग हैं। उनकी सरकार सिर्फ आतंकवादी मुसलमानों को ही टारगेट

करेगी, लेकिन ट्रंप सीधे तौर पर कह रहे हैं कि मुसलमान ही आतंकवादी हैं। इसलिए ट्रंप का नारा है- टारगेट ऑन मुस्लिम। ट्रंप ने इस्लामिक स्टेट के खतरे से नफरत की नई हवा तैयार की थी और ट्रंप ने इस हवा में अपना झंडा लहराया और अब वे भी आतंकवादी और मुस्लिम में अंतर कर रहे हैं।

अमेरिकी युवाओं के लिए रोजगार एक अहम मुद्दा है। ओबामा काल में अमेरिका में बेरोजगारी दर बढ़ी है। अमेरिका के अंदर और अमेरिका के बाहर दोनों ही मोर्चों पर अमरीकियों की नौकरी पर ग्रहण लगा है। विदेशी अमेरिका में ही अमरीकियों की नौकरी छीन रहे हैं। इसके अलावा आउटसोर्सिंग के जरिए सरहद पार भी अमरीकियों की नौकरी छिन रही है। डोनाल्ड ट्रंप ने चीन के खिलाफ भी अमरीकियों की नौकरी के लिए खुली लड़ाई का ऐलान कर दिया है। ट्रंप कहते हैं कि चीन से भी अमरीकियों की नौकरी वापस ले आएंगे। बहरहाल, ट्रंप युवाओं को चाहे जितना लुभा लें, आतंकवाद पर मतदाताओं को चाहें जितना भी लुभा लें, मेक अमेरिका ग्रेट अगेन जैसे स्लोगन चाहें जितना भी दे लें, लेकिन अमेरिकी मतदाता जब अपने सबसे अहम सांचे में चाल, चरित्र और चेहरा पर राष्ट्रपति पद के प्रत्याशियों को डालेंगे तो तय मानिए डोनाल्ड ट्रंप उसमें फिट नहीं बैठेंगे। दरअसल, अमेरिकी लोकतंत्र की अच्छाई कहिए या बुराई कि चाल, चरित्र और चेहरा के संदर्भ में अमेरिकन खुद के प्रति भले ही ईमानदार ना हों लेकिन देश के नेता (राष्ट्रपति) से ये जरूर उम्मीद करते हैं कि उसमें किसी तरह का खोट ना हो। और यहीं आकर हिलेरी के मुकाबले ट्रंप मात खा जाते हैं।

डोनाल्ड ट्रंप आज जिस मुकाम पर पहुंचे हैं, कोई शक नहीं कि उसको हासिल करने के लिए उन्होंने एक लंबा सफर तय किया है। ट्रंप दुनिया के एक कामयाब बिल्डर हैं। उनका दावा है कि जिस काम को भी उन्होंने हाथ में लिया वहां कामयाबी मिली। अमेरिका को भी वे अपने ट्रंप मॉडल से ऊपर ले जाने का दावा करते हैं। लेकिन अमेरिका का राष्ट्रपति बनना दुनिया का एक धनवान शख्स बनने से बिलकुल अलग कहानी होती है। सब कुछ आपके अनुकूल है लेकिन चाल, चरित्र और चेहरे के बनावटीपन को अगर मतदाताओं ने भांप लिया तो आप व्हाइट हाउस अपने दरवाबे बंद कर लेता है। उस शख्स के लिए और भी जो कहता हो कि 'मैं लोगों के सपनों से खेलता हूं, हाइपरबोल किसी काम को प्रमोट करने का सबसे प्रभावशाली तरीका है।'

ट्रंप की कामयाबी ही उनका नशा है

''कम करके आंका जाना हमेशा अच्छा होता है।'' - डोनाल्ड ट्रंप

अमेरिका के सफल व्यवसायी के रूप में पहचान बनाने वाले डोनाल्ड ट्रंप ने दुनिया की सबसे ताकतवर शख्सियत बनकर पूरे विश्व को हैरान कर दिया। अपने बड़बोलेपन के लिए मशहूर ट्रंप का राष्ट्रपति बनने तक का सफर इतना आसान नहीं था। उनके सामने पिछले आठ वर्षों से सत्तारुढ़ डेमोक्रेटिक पार्टी की उम्मीदवार हिलेरी क्लिंटन थीं। राजनीति के पहले दुनियाभर में उनकी पहचान सफल व्यवसायी, टेलीविजन शख्सियत और लेखक के रूप में रही है।

वह रियल एस्टेट तथा अन्य क्षेत्रों में काम करने वाले 'द ट्रंप ऑर्गनाइजेशन' के अध्यक्ष भी हैं। श्री ट्रंप की राजनीतिक प्रतिबद्धता भी समय-समय पर बदलती रही है। हालांकि 1987 के पहले तक यह बहुत स्पष्ट नहीं थी। सत्तर के दशक के अंतिम दौर में वह रिपब्लिकन पार्टी से संबद्ध राष्ट्रपति रोनाल्ड रीगन के समर्थक रहे। 1987 में वह रिपब्लिकन पार्टी से आधिकारिक तौर पर जुड़ गए। इस प्रकार उनका पहला राजनीतिक चेहरा रिपब्लिकन के रूप में सामने आया।

बारह वर्षों के बाद वर्ष 1999 में श्री ट्रंप रिफॉर्म पार्टी में शामिल हो गए। तीन साल तक वह इस पार्टी से जुड़े रहे और वर्ष 2001 में उन्होंने रिफॉर्म पार्टी छोड़ दी। वर्ष 2001 में ट्रंप डेमोक्रेटिक पार्टी से जुड़ गए और अगले आठ साल यानी 2008 तक इसका हिस्सा रहे। वर्ष 2008 के राष्ट्रपति चुनाव में उन्होंने रिपब्लिकन उम्मीदवार जॉन मेक्केन के अभियान में बड़े पैमाने पर राजनीतिक और आर्थिक मदद भी की। हालांकि डेमोक्रेटिक पार्टी के उम्मीदवार बराक ओबामा के हाथों मेंक्केन को पराजय झेलनी पड़ी। साल 2009 में ट्रंप ने आधिकारिक रूप से रिपब्लिकन पार्टी की सदस्यता ग्रहण की। श्री ट्रंप ने दिसंबर 2011 में एक बार फिर रिपब्लिकन पार्टी से नाता तोड़कर खुद को स्वतंत्र विचारधारा वाला घोषित कर दिया। तकरीबन पांच महीने तक ऐसा रहा।

इसके बाद अगले साल फिर वह रिपब्लिकन पार्टी में लौट आए। अगले चार वर्ष इन्होंने इस पार्टी के लिए काफी मेहनत की और उन्होंने 2015 में अमेरिकी राष्ट्रपति चुनाव के लिए, 2016 में होने वाले चुनावों के लिए पार्टी की उम्मीदवारी भी हासिल कर ली। ट्रंप अमेरिका के बड़े बिजनेस घराने का प्रतिनिधित्व करते हैं, इसलिए वहां की परंपरा के केन्द्र ट्रंप ऑर्गनाइजेशन ने अमेरिका, यूरोप और एशिया के विभिन्न देशों में एक से बढ़कर एक परियोजना पर काम किया है। इनमें स्काईक्रैपर्स, होटल, कैसिनो, गोल्फ कोर्स और अन्य तरह के निर्माण शामिल हैं।

फ्रेड भी न्यूयार्क सिटी के सबसे बड़े रियल डेवलपर के रूप में खुद को स्थापित करने में कामयाब रहे, जिनकी परंपरा को आगे बढ़ाते हुए ट्रंप ने दुनिया के कई देशों तक अपना विस्तार किया।

ट्रंप को उनके निक नेम डोनाल्ड के नाम से पुकारा जाता है। यह नाम उनकी पहली पत्नी इवाना ने दिया था। दरअसल 1989 में स्पाई मैगजीन में छपी कवर स्टोरी में उन्होंने ट्रंप के लिए इस संबोधन का प्रयोग किया था। वह अपने आचरण और बात-व्यवहार से दक्षिणपंथी विचारधारा के माने जाते हैं। प्रवासियों और बहुसंस्कृतिवाद के विरोध में उनके बयानों से यह पता भी चलता है। श्री ट्रंप खासतौर पर मुस्लिम समुदाय और इस समुदाय की बहुलता वाले देशों को लेकर नकारात्मक बयान देते रहे हैं। उनके विपक्षी और बुद्धिजीवी उनके इस व्यवहार की आलोचना भी करते रहे हैं, लेकिन वे ऐसे बयान देते रहे। अमेरिकी राष्ट्रपति चुनाव में ट्रंप ने अपनी प्रतिद्वंद्वी डेमोक्रेटिक पार्टी की उम्मीदवार हिलेरी क्लिंटन के खिलाफ कुछ निजी बयान भी दिये और ऐसा माना जा रहा था कि मधुर स्वभाव की श्रीमती क्लिंटन अगली अमेरिकी राष्ट्रपति बन सकती हैं लेकिन आखिकर विवादित बयान देने वाले ट्रंप ने यह चुनाव जीतकर पूरी दुनिया को चकित कर दिया।

बिजनेसमैन, टीवी एंकर का सफर तय कर नेता बने डोनाल्ड ट्रंप के इलेक्शन मैनेजमेंट ने 1972 से चले रहे ट्रेंड को क्रैक कर दिया है। वे 44 साल में राष्ट्रपति चुनाव जीतने वाले पहले शख्स हैं, जिन्होंने अपने प्रतिद्वंद्वी से कम फंड जुटाया और खर्च किया। इसी के साथ यह मिथक भी टूट गया कि जो ज्यादा खर्च करता है वहीं व्हाइट हाउस पहुंचता है। ट्रंप ने प्रतिद्वंद्वी हिलेरी क्लिंटन और निवर्तमान राष्ट्रपति बराक ओबामा की तुलना में महज सिर्फ एक तिहाई रकम खर्च की। उन्होंने जून, 2015 में उम्मीदवारी जीतने के बाद कुल 270 मिलियन डॉलर खर्च किए। जबकि हिलेरी ने 521 मिलियन डॉलर खर्च

किए। इस लिहाज से ट्रंप को एक वोट 5 डॉलर से कम का पड़ा। पिछले कुछ दशकों में यह सबसे सस्ता वोट है।

कोलबी कॉलेज में प्रोफेसर टोनी कोराडो कहते हैं कि ट्रंप का चुनाव कैंपेन बहुत प्रभावी रहा है। उन्होंने मीडिया पर पैसा बहाने की जगह सोशल मीडिया का बेहतर उपयोग किया। अपनी वाक्पटुता के दम पर लोगों को जोड़ा। उनका यह मॉडल आने वाले समय में भी प्रभावी होगा। उन्होंने मीडिया द्वारा की जा रही आलोचना को भी अपनी ताकत बनाया।

खुलकर अपनी बात रखी। लोगों में विश्वास जगाया कि वे दबाव में फैसले नहीं लेंगे। उन्हें कोई ब्लैकमेल भी नहीं कर सकेगा। ट्रंप को कुल करीब पांच करोड़ 89 लाख वोट मिले। उन्होंने कुल 1796 करोड़ रुपए (270 मिलियन डॉलर) खर्च किए। इस लिहाज से एक वोट पाँच डॉलर से सस्ता पड़ा। अमेरिका के जिन 10 राज्यों को सबसे अधिक संघर्ष वाला माना जाता है। उनमें से सात में ट्रंप को कामयाबी मिली। साथ ही, हिलेरी पांचवीं ऐसी अमेरिकी प्रत्याशी बन गई जो ज्यादा पॉपुलर वोट मिलने के बावजूद हार गईं। ट्रंप को उनसे अधिक इलेक्टोरल वोट मिले।

54 साल के रिटायर्ड एम. स्टीवन बैंकर, फिल्म प्रॉड्यूसर और फंडरेजर हैं। 2012 में भी उन्होंने रिपब्लिकन उम्मीदवार मिट रोमनी का समर्थन किया था। इस बार वे ट्रंप के चुनाव अभियान के फाइनेंस चेयरमैन रहे। ट्रंप ने इस अभियान में हिलेरी क्लिंटन के मुकाबले आधे से कम खर्च किया। लेकिन सिर्फ ट्रंप की चर्चा अधिक हुई बल्कि वे चुनाव भी जीते। इसमें बैंकर स्टीव की रणनीति को निर्णायक माना जा रहा है, जिनका सबसे ज्यादा जोर सोशल मीडिया पर था।

इस चुनाव में 11 महिलाओं ने ट्रंप पर जोर-जबरदस्ती के आरोप लगाए। ट्रंप का एक वीडियो भी पिछले दिनों सामने आया, जिसमें वे मशहूर और धनी लोगों की महिलाओं के साथ जबरदस्ती करने को जायज ठहरा रहे हैं। ट्रंप उस समय सुर्खियों में आए जब उन्होंने राष्ट्रपति बराक ओबामा के जन्म स्थान का मुद्दा उठाया। उन्होंने ओबामा के जन्म प्रमाण पत्र को फर्जी बताया था। उन्होंने दावा किया था कि 11 सितंबर, 2001 को हुए आतंकी हमले के बाद वर्ल्ड ट्रेंड सेंटर के ट्विन टॉवर गिरते समय न्यू जर्सी में हजारों मुसलमान जश्न मना रहे थे। परन्तु तथ्यों के आधार पर उनकी बात गलत साबित हो गई।

मुझे जिन्होंने वोट नहीं दिया है। उनका समर्थन चाहिए। ताकि देश को आगे बढ़ाया जा सके। में पूरे देश का राष्ट्रपति हूं। मैं दुनिया के साथ विवाद नहीं, बल्कि संवाद चाहता हूं। अमेरिका के हित सबसे अहम हैं। -डोनाल्ड ट्रंप

पत्रकार डेविड स्मिथ कहते हैं कि मैंने 30 राज्यों में 250 से ज्यादा रैलियाँ कवर की। यहां ट्रंप के समर्थकों ने उनके बारे में एक जैसी ही बातें कहीं। उनका कहना था कि ट्रंप गैर राजनीतिक व्यक्ति हैं। पॉलिटिकल सिस्टम में व्याप्त भ्रष्टाचार से दूर हैं।

ट्रंप की निडरता ने ही उन्हें व्हाइट हाउस पहुंचाया। मीडिया खिलाफ थी। अखबारों ने उन्हें वोट नहीं देने की अपील तक की। ट्रंप ने अकेले सबका सामना किया। स्पेस स्लॉट तक नहीं लिए। कहा भ्रष्ट मीडिया को पैसे क्यों दूं। संदेश गया कि ट्रंप नहीं झुकेंगे।

ट्रंप ने इस्लामिक आतंकवाद, आंतरिक सुरक्षा, इम्रिग्रेशन, हेल्थ केयर और गिरती अर्थव्यवस्था का मुद्दा उठाया। इसको लेकर देश में गुस्सा था। ट्रंप ने इसे ही भुनाया और बड़े वर्ग के नेता बनकर उभरे।

ट्रंप की जीवनी लिखने वाली ब्लेयर कहती हैं कि ट्रंप शराब नहीं पीते। उनका नशा कामयाबी है। उन्होंनं कभी हारना नहीं सीखा। कॉनल कहते हैं, 'वह गलतियों से भरे हुए उम्मीदवार थे लेकिन उनका संदेश गलतियों से लगभग पूरी तरह साफ था।'

ट्रंप का व्हाइट हाउस तक का सफर

"लोग मुझसे प्यार करते हैं। और क्या आप जानते हैं, मैं बहुत सफल रहा हूँ। हर कोई मुझसे प्यार करता है।" - डोनाल्ड ट्रंप

विवादों में रहे अरबपति व्यवसायी डोनाल्ड ट्रंप ने राष्ट्रपति चुनाव में खुद अपने प्रचार की कमान संभाली थी और कई बार राजनीतिक रूप से विवादास्पद बयान दिए। न्यूयॉर्क के रहने वाले 70 वर्षीय रियल एस्टेट व्यवसायी ने शासन के खिलाफ आम नागरिकों के भ्रम की स्थिति का फायदा उठाया और इसे आव्रजन विरोधी नारे में तब्दील किया जो उनके लिए काफी लाभप्रद साबित हुआ।

डेमोक्रेटिक उम्मीदवार हिलेरी क्लिंटन के विपरीत ट्रंप ने विवाद पैदा किया और मुस्लिमों, प्रवासियों, अर्थव्यवस्था तथा आतंकवाद पर उन्होंने कई ऐसी घोषणाएं कीं जो प्रतिकूल थीं। कई महिलाओं ने उन पर यौन उत्पीड़न के भी आरोप लगाए। उन्होंने कई सुझाव और अपनी बेटी सहित महिलाओं के खिलाफ अपमानजनक टिप्पणियां कर भी सुर्खियां बटोरीं और इन सब बातों से उनके प्रचार के पटरी से उतरने की आशंका पैदा हो गई।

इन विवादों में सबसे प्रमुख वह वीडियो रहा जो पांच वर्ष बाद सामने आया जिसमें ट्रंप यह कहते हुए सुनाई पड़ते हैं कि वह महिलाओं का यौन उत्पीडन् कर 'स्टार' की छवि होने के कारण बच निकले। ट्रंप ने 1987 से ही राष्ट्रपति चुनाव लड़ने का विचार किया था लेकिन कई लोगों का मानना है कि 2011 में व्हाइट हाउस संवाददाताओं के रात्रि भोज के दौरान उनका विचार और प्रबल हुआ। ट्रंप ने तब अमेरिका के राष्ट्रपति बराक ओबामा के अमेरिकी नागरिक होने पर ही सवाल खड़ा किया था।

डोनाल्ड ट्रंप वे शख्स हैं जिन्होंने अपने जीवन में कई उतार-चढ़ाव देखे हैं। उन्होंने खुद को अर्श से फर्श तक आते हुए देखा और फिर अपनी मेहनत से बुलंदियों तक पहुंचे। डोनाल्ड ट्रंप का किरदार अपने-आप में बेहद

दिलचस्प है। ट्रंप की कामयाबी से दुनिया को रश्क हो भी सकता है। चुनाव प्रचार के दौरान उनके बयानों से तो कई देश भी खौफ में हैं। ऐसे में सवाल उठता है कि आखिर डोनाल्ड ट्रंप हमेशा से ऐसे ही रहे हैं या दुनिया उन्हें ठीक से समझ नहीं पा रही है। डोनाल्ड ट्रंप एक कामयाब रियल एस्टेट कारोबारी हैं। उनके पास अरबों रुपए की संपत्ति है और मौजूदा वक्त में 100 से ज्यादा कंपनियों के मालिक हैं।

डोनाल्ड ट्रंप की ज़िंदगी का सफ़र बेहद दिलचस्प और उतार-चढ़ाव से भरा रहा है। ट्रंप का जन्म एक कारोबारी परिवार में हुआ और रियल एस्टेट का बिजनेस उन्हें विरासत में मिला था। डोनाल्ड ट्रंप ने पिता से मिले बिजनेस को अपनी काबिलियत से इतना बढ़ाया कि आज वे अमेरिका के बड़े कारोबारियों में से एक हैं। ट्रंप वे इंसान हैं जो हारी हुई बाजी को भी जीतने का मद्दा रखते हैं।

90 के दशक की मंदी के चलते डोनाल्ड ट्रंप के रियल एस्टेट के कारोबार को भारी नुक़सान हुआ। हालात ऐसे हो गए कि ट्रंप के होटल ताज महल ने खुद को दिवालिया घोषित कर दिया। यही हाल 1992 में ट्रंप प्लाज़ा का हुआ। कारोबारी के तौर पर 90 का दशक ट्रंप के लिए मुश्किलों भरा रहा, लेकिन साल 1997 आते-आते उन्होंने शानदार तरीके से वापसी की।

डोनाल्ड ट्रंप ने अपने एयरलाइंस बिजनेस को बेच दिया और फिर ट्रंप ने ग्लैमर इंडस्ट्री में पहला कदम रखा। इसके बाद ट्रंप ने पीछे मुड़कर कभी नहीं देखा। उनकी कंपनी ने मिस यूनिवर्स प्रतियोगिता और मिस यू.एस.ए. और मिस टीन यू.एस.ए. की फ्रैंचाइज़ी ख़रीद ली। इसके बाद 1999 में डोनाल्ड ट्रंप ने पहली बार राजनीति में हाथ आज़माया और रिफ़ॉर्म पार्टी बनाई। डोनाल्ड ट्रंप का सोचना था कि साल 2000 में रिफॉर्म पार्टी उन्हें राष्ट्रपति पद के लिए अपना उम्मीदवार बनाएगी, लेकिन ऐसा नहीं हुआ और इसके बाद ट्रंप ने रिफॉर्म पार्टी से खुद को अलग कर लिया।

2004 में दुनिया ने एक नए डोनाल्ड ट्रंप को देखा। इसी साल डोनाल्ड ट्रंप 'द अप्रेंटिस' नाम के शो में वो बतौर होस्ट नजर आए। शो बेहद कामयाब रहा जिसकी वजह से डोनाल्ड ट्रंप को हॉलीवुड के हॉल ऑफ फेम में भी जगह मिली। डोनाल्ड ट्रंप अपनी जिंदगी में कामयाबी की मिसाल हैं और इसी कामयाबी की अगली सीढ़ी में अब वो मिस्टर राष्ट्रपति हैं।

ट्रंप का विवादों से पुराना नाता रहा है। उनके दामन पर कुछ ऐसे दाग हैं जिन्हें वे आसानी से धो नहीं पाएंगे।

डोनाल्ड ट्रंप की पूरी जिंदगी मानों विवादित बयान देते हुए ही गुजारी है। करीब 70 साल के रियल एस्टेट कारोबारी डोनाल्ड ट्रंप अब अपनी कारोबारी सफलता अपने टीवी करियर या फिर 18 किताबें लिखने के लिए कम जाने जाते हैं। डोनाल्ड ट्रंप की पहचान एक ऐसे शख्स की हैं, जिसने अमेरिका के राष्ट्रपति चुनाव में मर्यादाओं की धज्जियां उड़ा दी, सियासी गरिमा को कई बार तार-तार कर दिया।

चुनावी प्रचार के दौरान इसके पहले किसी भी उम्मीदवार ने ऐसे बयान नहीं दिए थे। आपको जानकर हैरत होगी कि चुनाव प्रचार के दौरान कई महिलाओं ने डोनाल्ड ट्रंप पर छेड़खानी और अभद्र टिप्पणी करने के आरोप लगाएं, जिनमें एक पोर्न स्टार भी शामिल थी। बात सिर्फ आरोपों तक ही सीमित नहीं रहीं। डोनाल्ड ट्रंप की महिला विरोधी सोच, बेहूदा कमेंट करने की लत का सबूत एक वीडियो की शक्ल में सामने आया।

मॉडल्स से लेकर खुद की कंपनी की महिला कर्मचारी, लेखिका से लेकर पोर्न स्टार तक, डोनाल्ड ट्रंप पर छेड़खानी का आरोप लगाने वाली पीड़ितों की तादाद 11 रही, जो चुनाव प्रचार के दौरान सामने आई। डोनाल्ड ट्रंप के लिए ये सबसे मुश्किल दौर था, लेकिन ट्रंप टिके रहे। 2005 के वीडियो के सामने आने पर ट्रंप पहली बार बैकफुट पर नजर आए और डोनाल्ड ट्रंप को महिलाओं पर की गई टिप्पणी के लिए माफी मांगनी पड़ी।

ट्रंप ने भले ही माफी मांगी ली, लेकिन ट्रंप पर महिला विरोधी होने का ठप्पा लग चुका था। ट्रंप के खिलाफ सड़कों पर प्रदर्शन हुए, ऐसा अमेरिका में पहली बार देखने को मिला कि किसी राष्ट्रपति पद के उम्मीदवार के खिलाफ महिलाओं ने न्यूड प्रदर्शन किया हो।

डोनाल्ड ट्रंप ने अमेरिका में मुस्लिमों के आने पर बैन की बात की, विवाद बढ़ा लेकिन ट्रंप अपनी बात पर कायम रहे। ट्रंप ने खुलकर रेडिकल इस्लामिक सोच की आलोचना की। ट्रंप के मुस्लिम विरोधी बयान पर यूएन ने भी एतराज़ जताया। विरोधियों को ट्रंप की आलोचना का एक और मौका मिला, लेकिन ट्रंप की लोकप्रियता भी इस दौरान आसमान छूती गई।

बतौर एक कारोबारी भी ट्रंप पर कई आरोप लगे हैं, लेकिन सबसे अहम बात ये है कि इन आरोपों से ट्रंप कभी परेशान नहीं दिखे। यह ट्रंप की खासियत रही कि खुद के खिलाफ हो रहे निगेटिव कैंपेन को ट्रंप ने अपने हक में इस्तेमाल किया और अब नतीजों ने साबित भी कर दिया हैं कि विवादों से ट्रंप की दावेदारी को कोई फर्क नहीं पड़ा हैं और वे अमेरिका के राष्ट्रपति बन गये हैं।

जीत के बाद ट्रंप ने समर्थकों का स्वागत किया और साथी कैंपेनर्स का शुक्रिया अदा किया।

उन्होंने कहा, 'हिलेरी ने मुझे फोन किया। उन्होंने हमें बधाई दी। मैंने भी उन्हें शानदार कैंपेन चलाने के लिए बधाई दी। अब अमेरिका का समय आ गया है कि सब एक साथ खड़े हों।'

'मैने वादा किया है क्रि मै। पूरे अमेरिका का प्रेसिडेंट हूं और यह जरूरी है कि जिन्होंने मुझ पर विश्वास नहीं जताया और नहीं चुना, वो बहुत कम लोग होंगे। फिर भी मैं उन तक भी जाऊंगा और उनकी राय से नया अमेरिका बनाऊंगा।'

'नागरिक बनकर नागरिकों की सेवा करूंगा। साथ काम करके नई इमारत खड़ी करेंगे। मैंने बिजनेसमैन के रूप में जीवन शुरू किया। पूरी दुनिया के लोगों से जाना।' 'मैं अपने देश को जानता हूं कि हर अमेरिकी को उसकी काबिलियत का पता होना चाहिए। अब हमारे देश को कोई भुला नहीं पाएगा। हम अपने पूर्वजों की राह पर चलेंगे। हम अपनी वैल्यू का ध्यान रखेंगे।'

'हमारे पास एक बेहतर इकोनॉमिक प्लान है। अपनी ग्रोथ को दोगुना करेंगे। अमेरिका अब बेस्ट से कम में कोई समझौता नहीं करेगा। हम अपने देश का सुनहरा भविष्य दोबारा लौटाएंगे।'

'कोई भी सपना बड़ा नहीं होता है। मैं दुनिया से कहना चाहता हूं कि हम अमेरिका का हित पहले रखेंगे और पारदर्शिता से समझौता करेंगे।'

'हमारे पास बेहद टैलेंटेड लोगों का ग्रुप है, जो हमारे देश को नई दिशा देगा। मैं आपको निराश नहीं करूंगा और हम एक महान काम करेंगे। मैं शायद 8 साल तक काम करूंगा।' 'मैं जो करूंगा आप उस पर बेहद गर्व महसूस करूंगा। हमारा कैंपेन भले ही खत्म हो गया हो, लेकिन हमारा अभियान अभी शुरू हुआ है। मैं इस देश से प्यार करता हूं।'

पहल गैर-सियासी राष्ट्रपति

"मेरा पूरा जीवन जीतने के बारे में है। मैं अक्सर हारता नहीं हूँ। मैं लगभग कभी नहीं हारता।" - डोनाल्ड ट्रंप

अमेरिका राष्ट्रपति चुनाव में, राष्ट्रपति बने डोनाल्ड ट्रंप एक कामयाब अमरीकी कारोबारी हैं। उनके पास अरबों रुपए की संपत्ति है। न्यूयॉर्क के बेहद महंगे मैनहैटन इलाके में उनके पास अच्छी खासी प्रोपर्टी है। अमेरिका में उन्हें एक बड़े रईस के तौर पर जाना जाता है। अमरीकी मध्य वर्ग डोनाल्ड ट्रंप को बेहद पसंद करता है। ट्रंप की जिंदगी का सफर बेहद दिलचस्प और उतार-चढ़ाव से भरा है।

ट्रंप 14 जून, 1946 को न्यूयॉर्क के क्वींस इलाके में जन्मे थे। वे एक मध्यमवर्गीय लोगों के रहने वाला इलाका था। ट्रंप के पिता फ्रेड ट्रंप ने रियल एस्टेट में काफी कामयाबी हासिल की थी। उस दौर में वे शानदार गाड़ियों से चलते थे, जिन्हें चलाने के लिए फ्रेड ने ड्राइवर रखे हुए थे। ट्रंप की मां, स्कॉटलैंड से अमेरिका पहुंची थीं।

ट्रंप के घर में अनुशासन का माहौल था। वहां गाली देने पर सख्त पाबंदी थी। घर में अच्छे ख़ासे पैसे होने के बावजूद, फ्रेड ने अपने सभी बच्चों को अपने पैरों पर खड़ा होने की सीख दी थी। 1959 में जब ट्रंप 13 बरस के थे, उनके पिता को उनके कमरे में स्विचब्लेड नाम का हथियार मिला। बेटा बिगड़ न जाए इसलिए ट्रंप के माता-पिता ने बेटे को पढ़ने के लिए न्यूयॉर्क मिलिट्री स्कूल भेज दिया। वहां का माहौल और भी कड़ा था। जहां अनुशासन और तंदुरुस्ती पर काफी जोर दिया जाता था।

डोनाल्ड ट्रंप अपनी पढ़ाई पूरी करने के बाद न्यूयॉर्क के मैनहैटन में बस गए। न्यूयॉर्क के मिलिट्री स्कूल से पढ़कर ट्रंप 1964 में निकले। उसके बाद उन्होंने फोडर्म यूनिवर्सिटी में दाखिला लिया और फिर दो साल बाद अमेरिका के मशहूर वार्टन बिजनेस स्कूल में पढ़ने के लिए गए। कॉलेज की पढ़ाई पूरी करने के तीन साल बाद, डोनाल्ड ट्रंप न्यूयॉर्क के मैनहैटन इलाके में बस गए।

सत्तर के दशक में ही अपने पिता से पैसे लेकर ट्रंप ने भारी नुकसान में चल रहे कमोडोर होटल को सात करोड़ डॉलर में खरीदा। उन्होंने होटल की इमारत की मरम्मत कराई और 1980 में होटल को 'द ग्रैंड हयात' के नाम से फिर से शुरू किया। ट्रंप का यह दांव बेहद कामयाब रहा। वे रातों-रात करोड़पति बन गए थे। 1982 में डोनाल्ड ट्रंप ने न्यूयॉर्क में ट्रंप टॉवर बनवाया। ये न्यूयॉर्क की मशहूर इमारतों में से एक है।

अस्सी के दशक की कामयाबी के बाद नब्बे का दशक डोनाल्ड ट्रंप के लिए झटकों वाला रहा। शुरुआत निजी जिंदगी में उथल-पुथल से हुई। उनकी पत्नी इवाना को ट्रंप के मार्ला मैपल्स नाम की महिला से अफेयर की जानकारी हो गई थी, जिसके बाद इवाना ने ट्रंप से तलाक ले लिया। इसमें डोनाल्ड ट्रंप को भारी नुकसान उठाना पड़ा।

90 के दशक की मंदी के चलते, डोनाल्ड ट्रंप के रियल एस्टेट के कारोबार को भारी नुकसान हुआ। उनके होटल 'ताजमहल इन अटलांटिक सिटी' ने खुद को दिवालिया घोषित कर दिया। यही हाल 1992 में ट्रंप प्लाजा का हुआ। इससे एक कामयाब कारोबारी की उनकी छवि को बहुत बड़ा धक्का लगा।

1997 में डोनाल्ड ट्रंप ने शानदार तरीके से वापसी की। उन्होंने अपनी शानदार नाव और ट्रंप एयरलाइंस बेच दी। इसके बाद उन्होंने मिस यूनिवर्स प्रतियोगिता और मिस यूएसए और मिस टीन यूएसए की फ्रैंचाइजी खरीद ली। मनोरंजन की दुनिया में डोनाल्ड का यह पहला कदम था।

1999 में डोनाल्ड ट्रंप ने राजनीति में भी हाथ आजमाया और रिफॉर्म पार्टी बनाई। डोनाल्ड का इरादा था कि साल 2000 में रिफॉर्म पार्टी उन्हें राष्ट्रपति पद के लिए अपना उम्मीदवार बनाए। डोनाल्ड ने कहा कि वो ओप्रा विन्फ्रे को अपने साथ उप-राष्ट्रपति पद का उम्मीदवार बनाएंगे। लेकिन, रिफॉर्म पार्टी के अंदरूनी झगड़ों से तंग आकर उन्होंने फ़रवरी 2000 में खुद को चुनाव से अलग कर लिया।

वोटरों को प्रभावित करने में सफल

"मैं भूत से सीखने की कोशिश करता हूँ, लेकिन मैं सिर्फ वर्तमान पर ध्यान केन्द्रित कर भविष्य की योजना बनाता हूँ। यही तो है जहाँ असली मजा है।" - डोनाल्ड ट्रंप

उस समय रात के तीन बज रहे थे जब अमेरिका के निर्वाचित राष्ट्रपति मंच पर आए। उनका नीला सूट, सफेद शर्ट और लाल टाई उनके पीछे लगे झंडों की कतार से मेल खा रही थी। जनमत सर्वेक्षणों, विशेषज्ञों ने भविष्यवाणी की थी कि इतिहास में पहली बार महिला राष्ट्रपति बनेगी। राजनीतिक नौसिखिए, डींग हांकने और भड़काने वाले डोनाल्ड जॉन ट्रंप अमेरिकी इतिहास की सबसे असाधारण और अप्रत्याशित गतिविधियों के बीच अमेरिका के 45 वें राष्ट्रपति बन गये।

अपने पहले भाषण में उन्होंने कहा, अमेरिका सर्वश्रेष्ठ से कम किसी अन्य चीज पर समझौता नहीं करेगा। वे सरकार के लिए अत्यंत तिरस्कार के वातावरण में देश के घाव भरने की कोशिश करेंगे। ट्रंप ने ओबामा से लेकर रीगन, संसद, अदालतों, फौजी जनरलों और राजनयिकों को जमकर खरी-खोटी सुनाई है। वे बार-बार कहते रहे यह सिस्टम ध्वस्त हो चुका है।

ट्रंप की जीत को रस्ट बेल्ट का 'बदला' कहा जा रहा है। किसी समय औद्योगिक दृष्टि से संपन्न ये राज्य अब बेरोजगारी और अन्य समस्याओं से ग्रस्त हैं। 1980 के दशक में आर्थिक और रंगभेदी तनाव ने इन राज्यों को रोनाल्ड रीगन की झोली में डाल दिया था। उन दिनों नौकरियां छीनने वाले लोग जापान में थे और अब चीन, मैक्सिको में हैं। रीगन डेमोक्रेट्स के बच्चे अब ट्रंप के रिपब्लिकन हैं। यह तथ्य डेमोक्रेट प्रत्याशी हिलेरी क्लिंटन के लिए घातक साबित हुआ है।

डोनाल्ड ट्रंप के चुनाव की इतिहास में कोई मिसाल नहीं है। वे कभी सरकार या सेना में नहीं रहे। वे वकील नहीं हैं। अमेरिका के 44 में से 26

राष्ट्रपति वकील थे। बिल्डर के रूप में ट्रंप की कुछ समानता इंजीनियर हर्बर्ट हूवर और आर्किटेक्ट थॉमस जेफरसन से है। किन्तु कैसिनो चलाने, अंतरराष्ट्रीय सौंदर्य प्रतियोगिताओं के आयोजक और रियलिटी टीवी स्टार के रूप में भी ट्रंप की पहचान कई सवाल उठाती है। ऐसे व्यक्ति का चुनाव राष्ट्रपति पद के लिए अमेरिकी जनता के सम्मान में कमी को दर्शाता है। लेकिन, क्या यह आश्चर्य की बात होनी चाहिए। पिछले 25 वर्ष में चुने गए राष्ट्रपतियों पर नजर डालिए। बिल क्लिंटन भले ही बहुत कुछ अच्छा कर रहे थे पर व्हाइट हाउस की एक महिला कर्मचारी से उनके संबंध चर्चित रहे। उनके बाद आए राष्ट्रपति जॉर्ज बुश देश को एक विदेशी युद्ध में उलझा गए और अर्थव्यवस्था को गंभीर आर्थिक संकट में फंसा गए। उनके बाद बने राष्ट्रपति (ओबामा) की लोकप्रियता अभी हाल में बढ़ी है पर जब उन्होंने पद संभाला था तब उन्हें कोई नहीं जानता था।

तीनों राष्ट्रपति अमेरिका की मैन्युफैक्चरिंग से जुड़ी नौकरियों को बचाने की बात करते रहे पर बेरोजगारी बढ़ती रही। उन्होंने गरीब बच्चों की हालत सुध. ारने की बात की लेकिन कुछ नहीं हुआ। उन्होंने जनता के बीच गहरे विभाजन को पाटने का वायदा किया था किन्तु ध्रुवीकरण और अधिक हो गया। उन्होंने आतंकवादियों का सफाया करने की शपथ ली पर आतंकवादियों ने मध्य-पूर्व में अराजकता के बीज बोए, यूरोप को संकट में फंसाया और अमेरिका में दहशत फैलाई है।

यह भी सच है कि तीन राष्ट्रपतियों के दो-दो कार्यकालों के दौरान अमेरिकी अर्थव्यवस्था 9.5 खरब डॉलर से 16 खरब डॉलर तक पहुंच गई। डि. जिटल टेक्नोलॉजी के उदय में अमेरिकी वैज्ञानिकों, आविष्कारकों का प्रभुत्व रहा और प्रमुख शक्तियों के बीच कोई युद्ध नहीं हुआ। इराक युद्ध और मंदी के बाद लाखों अमेरिका वासियों की आपबीती और राष्ट्रीय सुरक्षा एजेन्सी की फाइलों के लीक होने का घटनाक्रम ज्यादतियों, नपुंसकता और गिरावट के संकेत देता था। इस पृष्ठभूमि के बिना ट्रंप नहीं जीत सकते थे।

एक और गहरी धारा ट्रंप की ओर बह रही थी। कोई नहीं जानता कि विश्व में चल रही तकनीकी क्रांति से कैसे निपटा जाए। उसके सामाजिक और राजनीतिक प्रभाव अत्यंत जबर्दस्त हैं और सरकारों की प्रतिक्रिया और समझ से अधिक तेजी से सामने आ रहे हैं। ट्रंप के लिए यह महत्त्वपूर्ण था क्योंकि उन्होंने ग्लोबलाइजेशन के साथ टेक्नोलॉजी के कारण पैदा हो रही समस्याओं को पहचान लिया था। मैन्युफैक्चरिंग की नौकरियां चीन, मैक्सिको ने ही नहीं बल्कि रोबोट ने भी छीन लीं। पर्यावरण की चिंता के साथ बिजली पैदा करने और उसके उपयोग

में अधिक सक्षमता आने से कोयला खदानों के जॉब चले गए। कंप्यूटर की ताकत ने बीमारियों के इलाज को अचूक बनाया है। लोगों की आयु बढ़ी है। रिटायरमेंट और स्वास्थ्य सेवाओं के क्षेत्र में अपेक्षाएं बढ़ गई हैं। ट्रंप ने इस दर्द को समझा और सरकारों को दोषी ठहरा दिया। दिमाग को झकझोरने वाले इन प्रश्नों को सुलझाने में अमेरिकी नेताओं की विफलता ने ट्रंप की विजय में सहायता की है।

टेक्नोलॉजी क्रांति ने ट्रंप को लोगों से संवाद बनाने में सहायता की। जिस तरह अमेजॉन ने रिटेल की बड़ी कंपनियों को पीछे धकेल दिया और फेसबुक मीडिया को हड़पने जा रही है, वैसे ही ट्रंप ने राजनीति में मध्यस्थों – रिपोर्टर, एडिटोरियल बोर्ड, राजनीतिक पार्टी, घर-घर दस्तक देने वाली विशाल सेना और फोन से संपर्क बनाने वालों की भूमिका खत्म करने के लिए टेक्नोलॉजी का उपयोग किया।

वोटर परिवर्तन के पक्ष में थे फिर भी हिलेरी क्लिंटन चुनाव मेंदान में उतरीं। जनमत सर्वेक्षणों में आ रहा था कि अमेरिंकी न उन्हें पसंद करते हैं और न ही उन पर विश्वास करते हैं। उन्होंने ई-मेंल और संपत्ति के संबंध में उठते सवालों के बीच भी चुनाव लड़ा। उनके स्वास्थ्य और स्टेमिना पर संदेह उठते रहे। हिलेरी का चुनाव अभियान भी उत्साहित करने वाला नहीं था।

अमेरिकी राजनीति पर दशकों से नजर रखने वाले एक विशेषज्ञ के मस्तिष्क में प्रश्न उठा, वह कौन-सा कारण है जिसने ट्रंप को चुनाव जिताया है। ट्रंप इतिहास के मुखौटे के नीचे सक्रिय भूकंपीय शक्तियों की विजय का प्रतिनिधित्व करते हैं। ये शक्तियां बर्लिन और बीजिंग, पेरिस और मोसुल को हिला चुकी हैं। ट्रंप लक्षण हैं, कारण नहीं लेकिन वे ऐसे लक्षण हैं जिसकी उपेक्षा नहीं की जा सकती है।

ट्रंप ने माना है कि वे अतिशयोक्तिपूर्ण बयान करते हैं क्योंकि अगर आपको मुखर होने का डर नहीं हैं, तभी मीडिया आपके बारे में लिख सकती है वरना आपको अपने शो पर आने के लिए भीख माँगना पड़ेगा।

डोनाल्ड ट्रंप ऐसी शख़्सियत हैं जिनसे व्यक्तिगत तौर पर भी बहुत कुछ सीखा जा सकता है और व्यावसायिक तौर पर तो उन्होंने दुनिया में मिसाल कायम की है। विश्व में प्रॉपर्टी मुगल के नाम से मशहूर ट्रंप और आर्थिक सलाहकार के तौर पर दुनिया में अपना दबदबा कायम करने वाले रॉबर्ट टी.कियोसाकी की बेजोड़ कृति है 'हम आपको अमीर क्यों बनाना चाहते हैं।' इस पुस्तक के 29 अध्याय सिर्फ आप पर हैं। जी हां, सिर्फ आप पर। क्योंकि सीधे तौर पर ट्रंप और कियोसाकी ने पुस्तक में उन मुद्दों पर खुलकर चर्चा की

है, जिनसे आप अमीरों की श्रेणी में आ सकते हैं।

जीतने के लिए निवेश करना, अपना युद्ध और युद्ध का मैदान चुनना, मस्तिष्क की रचनात्मकता का अमीरी में योगदान और बिना जोखिम अमीरी का रुख करना, सरीखे गंभीर विषयों पर दोनों दिग्गजों ने ध्यान खींचा है। दोनों ही लेखक न्यूयॉर्क टाइम्स के श्रेष्ठ पुस्तकों के लेखक के तौर पर भी पहचाने जाते हैं। लेकिन अमरीकन राष्ट्रपति की दावेदारी जताने वाले व्यक्तित्व के स्तर पर ट्रंप का पुस्तक के जरिए अमीरी के रहस्यों को दुनिया के साथ बांटना, अमीरी के रास्ते पर ट्रंप के अनुभवों का लाभ लेने जैसा है।

पुस्तक में दोनों लेखकों ने अमीरी के रास्ते पर निकले, जुनून से आगे बढ़ रहे लोगों को ध्यान में रखते हुए, उन्हें भी सटीक सलाह दी है, जो पहले से अमीर हैं। अमीरियत को बनाए रखते हुए और अमीर कैसे बना जाए, यह पुस्तक बखूबी बताती है। दोनों ही लेखकों का मानना है कि दुनियाभर में अमीर लोग और अमीर होते जा रहे हैं, लेकिन क्या आप अमीर बन रहे हैं? हमारा मध्यम वर्ग खत्म हो रहा है और गरीब और अमीर के बीच बड़ी खाई बनती चली जा रही है। इस बड़ी समस्या से निपटने के लिए अमीरी का रास्ता बाकी दूसरी मुश्किलों से कहीं ज्यादा आसान है। इसी रास्ते के बारे में डोनाल्ड ट्रंप और रॉबर्ट कियोसाकी ने इस अद्‌भुत पुस्तक को लिखा है।

ट्रंप की विदेश नीति

" अगर आप काम और सुख में बैलेंस बनाने में रूचि रखते हैं तो उन्हें बैलेंस करने का प्रयास छोड़ दीजिये। बजाये इसके, अपने काम को और सुखद बनाइये।।" - डोनाल्ड ट्रंप

ट्रंप की विदेश नीति भी उनके विवादित बयानों की तरह ही विवादित दिखाई देती है। न्यूयॉर्क टाइम्स के मुताबिक, ट्रंप ने अपने कैम्पेन की शुरुआत में ही पाकिस्तान को सबसे खतरनाक देश बताकर अपनी मंशा जाहिर कर दी थी। यह भी कहा है- 'पाक ने 9/11 के बाद कई बार धोखा दिया है। प्रेसिडेंट बनने पर हर गलती के लिए उसे सजा दूंगा।'

इससे यह माना जा रहा है कि वह पाक के मामले में लीक से हटकर कुछ फैसला कर सकते हैं। न्यूजवीक के मुताबिक, भारत में अपने बिजनेस को सिक्योर करने के लिए भी ट्रंप पाक के खिलाफ सख्त हो सकते हैं। पाकिस्तान को अमेरिका से मिल रही आर्थिक मदद में कटौती हो सकती है।

मीडिया रिपोर्ट्स के मुताबिक, यह जाहिर हो चुका है कि ट्रंप रूस को लेकर नरम रवैया रखते हैं। रूसी मीडिया भी ट्रंप को सपोर्ट कर रहा है। प्रेसिडेंशियल कैम्पेन के दौरान भी रूस ट्रंप सपोर्टर के रूप में सामने आया था।

रूस, भारत का भी दोस्त है, इस लिहाज से ऐसा माना जा रहा है कि ट्रंप चीन के खिलाफ भारत के नैचुरल फ्रेंड हो सकते हैं। वहीं, ट्रंप ने चीन के खिलाफ ट्रेड वॉर छेड़ने की चेतावनी दी है।

ट्रंप चीन के तेजी से बढ़ते व्यापार, सिक्युरिटी और प्रभाव को लेकर चिंता जता चुके हैं। चीनियों के नौकरियां हथियाने पर भी ट्रंप नाराजगी जता चुके हैं।

ट्रंप एक नॉन पॉलिटिकल और कारोबारी शख्सियत रहे हैं। 2016 के प्रेसिडेंशियल इलेक्शन से ही उनकी पहचान बनी। हालांकि, ज्यादातर इंडियन लीडर्स के लिए अब भी वे एक अनजान शख्स हैं।

कश्मीर मुद्दे को लेकर पूछे गए सवालों पर वे ज्यादातर चुप नजर आए थे। माना जा रहा है कि इस मसले को वे फिलहाल समझ रहे हैं।

एशिया में वे रूस और भारत के पक्ष में दिखाई दे रहे हैं। पश्चिम एशिया, अरब और दक्षिण-पूर्व एशिया पर भी उन्होंने फिलहाल रुख साफ नहीं किया है।

डोनाल्ड ट्रंप की इस जीत के भारत की अर्थव्यवस्था के लिए क्या मायने हैं। विशेषज्ञ मानते हैं कि ट्रंप की जीत के बाद भारत और अमेरिका के डिफेंस और व्यापारिक समझौते बेहतर हो सकते हैं। साथ ही चीन और पाकिस्तान जैसे देशों के लिए दिक्कत हो सकती है। ऐसा इसलिए क्योंकि ट्रंप ने अपने चुनावी भाषणों के दौरान पाकिस्तान को आतंकवादियों के लिए 'सुरक्षित स्वर्ग' और चीन को करंसी मैनयुपलेटर घोषित करने की बात कही थी।

मिंट डायरेक्ट के रिसर्च हेड अविनाश गोरक्षकर का मानना है कि ट्रंप का राजनीतिक करियर कैसा रहेगा यह इस पर काफी कुछ निर्भर करेगा कि ट्रंप की विदेश नीति और व्यापार नीति कैसी रहती है। भारत अमेरिका समेत दुनिया के तमाम देशों के लिए एक बड़ा बाजार है। ऐसे में ट्रंप निश्चित तौर पर भारत के साथ संबंध मजबूत करने का प्रयास करेंगे, लेकिन इसका एक दूसरा पहलू यह भी है कि सरंक्षणवादी नीतियों के चलते अमेरिकियों को वरीयता देने में भारत को नुकसान हो सकता है।

चुनावी इतिहास पर नजर डालें तो यह पता चलता है कि देश के लिए डेमोक्रैटिक राष्ट्रपति की तुलना में रिपब्लिकन राष्ट्रपति ज्यादा बेहतर साबित हुए हैं। हालिया इतिहास के अनुसार भारत और अमेरिकी संबंध डेमोक्रेटिक पार्टी के बिल क्लिंटन से शुरू हुए फिर रिपब्लिकन पार्टी के जॉर्ज बुश ने पद संभाला और फिर इसके बाद डेमोक्रेटिक पार्टी के बराक ओबामा राष्ट्रपति बने।

भारत सहित दुनियाभर के बाजार ट्रंप के जीत की उम्मीद नहीं कर रहे थे। यह नामुमकिन लग रहा है। ऐसे में ट्रंप के जीतने से देश और दुनिया को तगड़ा झटका लग सकता है। ट्रंप की अमेरिका फर्स्ट की नीति और सभी विदेशी ट्रेड समझौतों पर दोबारा विचार करने जैसी तमाम चीजें अमेरिका और भारत के व्यापार समझौतों पर निश्चित तौर पर असर डालेगा।

ट्रंप के मुताबिक एच1बी वीजा प्रोग्राम अनुचित है और वह इसे खत्म करना चाहते हैं। भारतीय आईटी कंपनियों के स्टॉक्स और कंपनियां जैसे कि टीसीएस और इंफोसिस को सबसे ज्यादा मार झेलनी पड़ सकती है।

ट्रंप का भारत को लेकर हमेशा से ही दोहरा रुख देखा गया है। एक ओर वे यह कहते दिखते हैं कि भारत काफी अच्छा प्रदर्शन कर रहा है और दूसरी ओर वे यह कहते हैं कि वे भारतीयों से अमेरिकी नौकरियां वापस लेंगे।

अमेरिका की नौकरी देश के बाहर न जाने देने के रवैये का सीधा-सा मतलब यह है कि अब उन भारतीयों के लिए मुश्किलें बढ़ जाएंगी जो वहां नियमित तौर पर आते-जाते रहते हैं या वहां से अपना बिजनेस संचालित कर रहे हैं।

ट्रंप यूएस के कॉरपोरेट टैक्स को 35 फीसदी से घटाकर 15 फीसदी पर लाने की तैयारी में है। इससे फोर्ड, जनरल मोटर्स और माइक्रोसॉफ्ट जैसी कंपनियां वापस यूएस पर अपना ध्यान केंद्रित कर देंगी। इससे मोदी के 'मेक इन इंडिया' को झटका मिल सकता है।

जहां एक ओर ट्रंप कड़े अप्रवासन नियमों की वकालत कर रहे हैं, वहीं दूसरी ओर वे भारतीय उद्यमियों और विद्यार्थियों को यूएस की ओर आकर्षित करना चाहते हैं।

अपने पूरे कैपेंन के दौरान ट्रंप ने चीन की आलोचना की और उसे देश का सबसे बड़ा विरोधी बताया। इससे भारत को लाभ मिल सकता है। उन्होंने यह भी कहा कि जीतने के बाद वे चीन को मुद्रा में छेड़छाड़ करने वाला देश घोषित कर देंगे। यहीं नहीं अगर चीन अपने एग्रीमेंट में बदलाव नहीं करता है तो वे देश पर भारी टैरिफ थोप देंगे।

उन्होंने पाकिस्तान को आतंकवादियों का शरण स्थान बताया। आतंकवाद के खिलाफ डोनाल्ड ट्रंप का यह कड़ा रुख भारत और अमेरिकी की रक्षात्मक और रणनीतिक साझेदारी को और मजबूती दे सकता है। साथ ही इससे दोनों देशों के बीच व्यापारिक करार को भी मजबूत बल मिल सकता है।

अब न केवल प्रौद्योगिकी के क्षेत्र में भारत-अमरीकी सहयोग तेज़ी से बढ़ रहा है, बल्कि सैन्य-राजनीतिक क्षेत्र में भी दोनों देश आपस में सहयोग कर रहे हैं।

पिछले साल जनवरी में अमेरिका के राष्ट्रपति बराक ओबामा ने नई दिल्ली की ऐतिहासिक यात्रा की। कुछ विश्लेषकों के अनुसार उनकी इस यात्रा के बाद दो देशों के बीच दशकों से बना चला आ रहा अजनबीपन ख़त्म हो गया। इस यात्रा का मुख्य परिणाम यह रहा कि अमेरिका ने भारत को अमरीकी परमाणु प्रौद्योगिकी की आपूर्ति का सवाल तय कर लिया। अब अमेरिका को यह आशा है कि वह भारत से रूसी कम्पनी 'रोसएटम' का सफ़ाया कर देगा।

भारत में हुई सारी वार्ताओं में अमेरिका का मुख्य ध्यान इसी बात की ओर लगा हुआ था कि कैसे भारत के हथियारों के बाज़ार में घुसा जाए और रूसी रक्षा उद्योग के साथ भारत के परम्परागत रूप से चले आ रहे सम्पर्कों को तोड़ा जाए। बराक ओबामा के पीछे-पीछे जून 2015 में अमेरिका के रक्षामन्त्री एशटन कार्टन ने भारत की यात्रा की और भारत के साथ सैन्य-तकनीकी क्षेत्र में सहयोग करने का एक दस-वर्षीय प्रारम्भिक समझौता किया।

पिछले आठ साल से चीन के विरोध के कारण ये सैन्याभ्यास नहीं किए जा रहे थे, लेकिन अब अमेरिका के नेतृत्व में क्षेत्रीय ताक़तें चीन की नाराज़गी मोल लेने के लिए तैयार हैं। विशेषज्ञों के अनुसार, दक्षिणी-पूर्वी एशिया में तनाव बढ़ने का कारण यह है कि चीन की क्षेत्रीय महत्त्वाकांक्षाएँ बढ़ती जा रही हैं और वह विस्तारवादी नीति चला रहा है। पिछले समय में भारत और चीन के बीच भी दक्षिणी चीन सागर पर नियन्त्रण करने के लिए आपसी प्रतियोगिता बढ़ती जा रही है। हालाँकि औपचारिक रूप से देखा जाए तो इस इलाके को लेकर पेइचिंग और वाशिंगटन के बीच जो खींचातानी हो रही है, उससे भारत को कोई लेना-देना नहीं है। भारत का इस इलाके से बस, इतना ही रिश्ता है कि उसका 50 प्रतिशत व्यापार दक्षिणी चीन सागर के रास्ते होता है। इसके अलावा भारत के राजनेता यह सोचते हैं कि अपनी विस्तारवादी नीति पर अमल करते हुए चीन सिर्फ़ दक्षिणी चीन सागर तक ही सीमित नहीं रहेगा, बल्कि भविष्य में वह हिन्द महासागर में भी अपने पैर फैलाने की कोशिश करेगा।

चीन के साथ इन तनावपूर्ण रिश्तों की वजह से ही भारत अमेरिका की गोद में बैठने लगा है और यहाँ तक हुआ है कि मास्को के साथ उसके रिश्ते भी ठण्डे पड़ गए हैं। इसका कारण यह है कि चीन के ख़िलाफ़ रूस भारत का सहयोगी नहीं बन सकता है।

रूस की विज्ञान अकादमी के प्राच्य अध्ययन संस्थान के विशेषज्ञ व्लदीमिर सोतनिकफ़ का कहना है कि भारत और अमेरिका की निकटता से रूस-भारत रिश्तों के लिए कोई बड़ा ख़तरा नहीं है। भारत पिछली सदी के सातवें दशक की तरह गुटनिरपेक्षता की अपनी नीति पर कायम रहते हुए बहुध्रुवीय सम्बन्ध बना सकता है।

उन्होंने कहा यह नहीं मानना चाहिए कि यदि भारत-अमेरिका से निकटता बढ़ाने की नीति चलाएगा तो इसका यह मतलब है कि वह रूस से या ब्रिक्स-दल से दूर जा रहा है। प्रधानमन्त्री मोदी का उद्देश्य सभी महाशक्तियों के साथ एक जैसे रिश्ते बनाए रखना भी हो सकता है। भारत के साथ हमारा रणनीतिक सहयोग जारी है। भारत द्वारा अमेरिका के साथ गहरे रिश्ते बनाने से मास्को और दिल्ली के बीच आपसी सहयोग पर कोई असर नहीं पड़ा है। व्लदीमिर सोतनिकफ़ ने कहा कि भारतीय राजनेता अच्छी तरह से यह बात समझते हैं कि चीन के प्रभाव को बढ़ने से रोकने के साथ-साथ व्हाइट हाउस का एक उद्देश्य रूसी-भारतीय रिश्तों को नुकसान पहुँचाना भी है। लेकिन भारत इस टकराव से दूर रहना चाहता है।

अब सवाल यह उठता है कि क्या भारत रूस, अमेरिका और चीन जैसी महाशक्तियों के साथ अपने रिश्ते बनाते हुए इनके बीच सन्तुलन को

सुरक्षित रख पाएगा क्योंकि ये सभी महाशक्तियाँ भारत को अपनी-अपनी तरफ़ खींचने की कोशिश करेंगी। कुछ विशषज्ञों के अनुसार, वाशिंगटन इस बात की भरपूर कोशिश करेगा कि भारत-रूसी सहयोग को भंग कर दिया जाए। अब तो यही आशा की जा सकती है कि भारतीय नेता ठण्डे दिमाग से काम लेंगे और अमेरिका के साथ ज़रूरी दूरी को बनाए रखते हुए पश्चिम और रूस के बीच चल रहे टकराव की बिसात पर भारत को मोहरा नहीं बनने देंगे।

जिनेवा में रूस के विदेशमन्त्री सिर्गेय लवरोफ़ और अमेरिका के विदेशमन्त्री जॉन कैरी के बीच 14 घण्टे तक चली लम्बी बातचीत के बाद दोनों पक्षों ने यह ऐलान किया कि रूस और अमेरिका के बीच सीरियाई समस्या के सवाल पर आपसी सहमति हो गई है।

सिर्गेय लवरोफ़ और जॉन कैरी ने यह घोषणा की कि 12 सितम्बर से सीरिया में युद्धविराम लागू कर दिया जाएगा, जो आतंकवादी गिरोहों के अलावा बाक़ी सभी पर लागू होगा। इसके अलावा रूस और अमेरिका आतंकवादियों और संयमित विपक्ष की अलग-अलग पहचान करने से जुड़े सवालों को हल करने के लिए संयुक्त रूप से एक केन्द्र बनाएंगे, सीरियावासियों को राहत-सामग्री और मानवीय सहायता पहुँचाने के लिए आपस में सहयोग करेंगे और आतंकवादियों पर मिलकर चोट करेंगे।

सीरिया में चल रहे इस गृह-युद्ध में रूस, सीरिया की सरकार और सीरिया के राष्ट्रपति का समर्थन कर रहा है, जबकि अमेरिका सीरिया में सत्तारूढ़ सरकार को बदलना चाहता है। इतना भिन्न नज़रिया रखने वाले रूस और अमेरिका का किसी सहमति पर पहुँचना कोई आसान काम नहीं था। जिन. वा में रूस के विदेशमन्त्री सिर्गेय लवरोफ़ और अमेरिका के विदेशमन्त्री जॉन कैरी के बीच पिछली 2016 की गर्मियों से अब तक यह पाँचवी मुलाकात थी और हर मुलाकात में दोनों विदेश मन्त्री सिर्फ़ सीरिया से जुड़े सवालों पर ही विचार करते रहे। अब दोनों देश जिस समझौते और सहमति पर पहुँचे हैं, उसे दुनिया का मीडिया उसे एक सफल समझौता बता रहा है।

रूस के हायर स्कूल ऑफ़ इकॉनोमिक्स के विश्व राजनीति और विश्व अर्थव्यवस्था संकाय के अध्यक्ष सिर्गेय करगानफ़ का मानना है कि रूस और अमेरिका के बीच हुआ यह समझौता सीरियाई संकट में एक नए युग की शुरूआत करेगा। सिर्गेय करगानफ़ ने कहा रूस ने न जाने कितनी बार अमेरिका के सामने सीरिया में आपसी सहयोग करने का प्रस्ताव रखा, लेकिन अमेरिका हमेशा उस प्रस्ताव को मानने से इंकार करता रहा। अमेरिका तो सीरिया सम्बन्धी कोई सूचना भी रूस को नहीं देता था। अब पहली बार दो देशों के बीच सैन्य सम्बन्धी सहयोग सहित मिलकर गहरा सहयोग करने की बात तय हो गई है।

रूस और अमेरिका के बीच हुए इस समझौते का मतलब यह नहीं है कि सीरियाई गृह-युद्ध में युद्ध-विराम हो ही जाएगा, इसकी गारण्टी मिल गई है क्योंकि सीरियाई युद्ध में भिन्न-भिन्न किस्म के विभिन्न पक्ष शामिल हैं। उसमें रूस और अमेरिका के अलावा तुर्की, ईरान, सऊदी अरब इत्यादि देश और कुर्द सेना भी हिस्सा ले रही है। रूस की विज्ञान अकादमी के एशिया अध्ययन संस्थान के अरब देशों सम्बन्धी विशेषज्ञ व्लादीमिर अहमेंदफ़ ने कहा अभी तक एक-दूसरे के विरुद्ध लड़ रहे विभिन्न पक्षों के बीच कोई ऐसा समझौता नहीं हुआ है, जिसमें युद्धरत पक्षों ने इस बात की गारण्टी दी हो कि वे भी उन सब शर्तों को मान लेंगे, जिन शर्तों पर रूस और अमेरिका के बीच समझौता हुआ है।

अरब देशों सम्बन्धी रूसी विशेषज्ञ व्लादीमिर अहमेंदफ़ का मानना है कि संयुक्त राष्ट्र सुरक्षा परिषद को रूस और अमेरिका के बीच हुए इस समझौते का समर्थन करके उसे मजबूत बनाना चाहिए। सीरियाई संकट से जुड़े पश्चिमी एशिया के दूसरे देशों को भी इस समझौते का समर्थन करना चाहिए। व्लादीमिर अहमेंदफ़ ने कहा अगर सिर्फ़ रूस और अमेरिका ही इस दिशा में कोशिश करते रहेंगे तो सीरिया में लड़ाई रोकने की यह प्रक्रिया बहुत लम्बी खिंच सकती है। व्लदीमिर अहमेंदफ़ का कहना है कि यह मानकर चलना एक बहुत बड़ी ग़लती होगी कि बिना क्षेत्रीय ताकतों के सहयोग के रूस और अमेरिका ही सीरियाई समस्या का समाधान कर सकते हैं।

सीरियाई संकट पर एक और बात का भी काफ़ी असर पड़ेगा। वह यह कि अमेरिका में होने वाले चुनावों के बाद राष्ट्रपति ओबामा की जगह कौन लेगा। सिर्गेय करगानफ़ ने कहा अमेरिका में पहली बार इक्कीसवीं सदी में नई सरकार ऐसे चुनाव अभियान के बाद चुनकर आएगी, जो पूरी तरह से रूस के विरोध पर आधारित है। अगर इस चुनाव में हिलेरी क्लिंटन की विजय होती है, तो सीरियाई सवाल पर रूस और अमेरिका के बीच बातचीत मुश्किल भी हो सकती है। ऐसा भी हो सकता है कि अमेरिका की नई सरकार की नीतियाँ रूस विरोधी होने के कारण सीरियाई संकट का सवाल भी उनसे प्रभावित हो जाए।

ट्रंप का भारत में व्यवसाय विस्तार

> *" भारत बहुत अच्छा कर रहा है। कोई इस बारे में बात नहीं करता। हम एक जबरदस्त शक्ति जिसका पूरा विश्व सम्मान करती थी से कुछ-कुछ एक हंसी के पात्र में तब्दील हो गए हैं और अचानक से लोग चाइना और इंडिया और अन्य जगहों के बारे में बात कर रहे हैं।" - डोनाल्ड ट्रंप*

भारत निवेश के लिहाज से कितनी अच्छी जगह है, यह बात अमेरिकी राष्ट्रपति डोनाल्ड ट्रंप भी बखूबी जानते हैं। इसी के चलते उन्होंने खुद भी दुनियाभर में तेजी से अपनी धाक जमाते भारत के रियल एस्टेट सेक्टर में निवेश किया हुआ है।

यह बात शायद कम ही लोग जानते होंगे कि अमेरिकी राष्ट्रपति डोनाल्ड महाराष्ट्र के पुणे और हरियाणा के गुड़गांव में फ्लैट भी बना रहे है।

अमेरिकी मैगजीन न्यूजवीक के मुताबिक, डोनाल्ड ट्रंप ने पुणे और गुड़गांव के रियल एस्टेट बाजार में उतरने के लिए ट्रंप ने साल 2011 में रोहन लाइफस्केप्स नाम की एक भारतीय रियल स्टेट डेवलपर के साथ एमओयू पर साइन किए थे, जो 65 मंजिला इमारत बनाना चाहती थी।

बाद में इसी कंपनी के डायरेक्टर कल्पेश मेहता भारत में ट्रंप के बिजनेस प्रतिनिधि बन गए।

मैगजीन के मुताबिक, डोनाल्ड ट्रंप के पुणे और गुड़गांव के रियल एस्टेट बाजार में ट्रंप द्वारा निवेश करने के चलते भाजपा और कांग्रेस सहित कई पार्टियों के नेताओं ने ट्रंप के परिवार से घनिष्ठ संबंध बना लिए हैं।

मैगजीन की कवर स्टोरी में कहा गया कि पिछले महीने ट्रंप टॉवर्स पुणे नामक इस प्रोजेक्ट को लेकर एक मामला उस वक्त खड़ा हो गया था जब महाराष्ट्र सरकार और पुणे पुलिस ने भूमि रिकॉर्ड में खामियों की जांच शुरू कर दी। पता चला कि जिस जमीन पर इमारत बनी है कि उसे पंचशील

द्वारा कानूनी ढंग से नहीं लिया गया है। भारतीय कंपनी का कहना है कि कोई कानून नहीं तोड़ा गया है।

न्यूजवीक के अनुसार, हालांकि जल्द ही सरकारी रेगुलेट्री अर्थॉरिटी ने ट्रंप और भारतीय कंपनी के इस प्रोजेक्ट पर रोक लगा दी थी। तब डोनाल्ड ट्रंप जूनियर भारत आए और महाराष्ट्र के तत्कालीन मुख्यमंत्री पृथ्वीराज चव्हाण से ये रुकावटें खत्म करने का आग्रह किया है

यूएस-इंडिया पॉलिटिकल एक्शन कमेंटी (यूएसआईएनपीएसी) ने कहा है कि अर्थव्यवस्था को गति देने, आव्रजन कानून लागू करने और एशिया में आतंकवाद के मुद्दे से निपटने के लिए डोनाल्ड ट्रंप को कार्य शुरू करना चाहिए और यह विश्वास जाहिर किया कि ट्रंप के राष्ट्रपति कार्यकाल में भारत के साथ अमेरिका के 'वृहद रिश्ते' होंगे।

2016 अमेरिकी राष्ट्रपति चुनाव जीतने पर यूएसआईएनपीएसी ने ट्रंप को बधाई देते हुए ऐसे सभी भारतीय-अमेरिकी समर्थकों की सराहना की जिन्होंने इस सफल अभियान के लिए प्रचार और धन जुटाया था।

यूएसआईएनपीएसी इंडियाना चेयर और चेयर फॉर एशियंस फॉर ट्रंप-पेंस कैम्पेन के राजू चिंताला ने ट्रंप की चुनावी जीत को अमेरिका के इतिहास में ''ऐतिहासिक' बताते हुए कहा, 'उन्होंने अमेरिकी राजनीतिक प्रणाली में व्यापक बदलाव किए हैं। वह एक महान राष्ट्रपति होंगे और भारत के साथ वृहद संबंध निर्मित करेंगे।'

ट्रंप प्रशासन को भारतीय-अमेरिकी समुदाय के लोगों का समर्थन जताते हुए यूएसआईएनपीएसी के अनुसार ट्रंप को 'निश्चित रूप से अर्थव्यवस्था को गति देने, आईएसआईएस और एशिया में आतंकवाद से निपटने के लिए कार्य करना चाहिएण ऐसी निर्णायक जीत के लिए भारतीय-अमेरिकी समुदाय उन्हें बधाई देता है और नए प्रशासन के साथ काम करने का संकल्प जताता है।' कैलिफोर्निया से आरएनसी नेशनल कमिटी वुमन हरमीत कौर ढिल्लन ने कहा कि ट्रंप की 'शानदार' जीत सभी अमेरिकीयों के लिए 'अवसर एवं वादों के नए युग का उद्घोष' है जो स्वाभाविक रूप से भारतीय-अमेरिकी लोगों को लाभ पहुंचाएगा।

सर्वश्रेष्ठ प्रतिभा लेने की ट्रंप की प्रवृत्ति का जिक्र करते हुए ढिल्लन ने विश्वास जताया कि वह कई जाने माने भारतीय-अमेरिकीयों को अपने नए प्रशासन में जगह देंगे।

अमेरिकी राष्ट्रपति डोनाल्ड ट्रंप के शीर्ष सैन्य सलाहकार ने कहा है कि ट्रंप के शासन में रक्षा और आतंकवाद-निरोध, भारत-अमेरिका सामरिक

संबंध के दो प्रमुख स्तंभ होंगे और ट्रंप की विदेश नीति के लिए भारत ''बेहद अहम' होगा।

वरिष्ठ सैन्य सलाहकार और ट्रंप की कई महत्त्वाकांक्षी रक्षा नीतियां तय करने वाले अलेक्जैंडर ग्रे ने भारत के बारे में कहा, ''यह देश है जो हमारे मूल्यों को साझा करता है, यह एक देश है जो ढेर सारे भू-राजनीतिक हितों को साझा करता है और मैं समझता हूं, उनका काम बुश प्रशासन की परंपरा को आगे बढ़ाना होने जा रहा है जिसने इस संबंध में बहुत प्रगति की।'

ग्रे ने संभावित ट्रंप प्रशासन की भारत के प्रति नीति के बारे में कहा, ''हम (ट्रंप प्रशासन) न सिर्फ सांस्कृतिक और आर्थिक पहलुओं को सुदृढ़ करने की बाट जोह रहे हैं, बल्कि रक्षा क्षेत्र में भी भारत के साथ बहुत समान चीजें हैं। एक ऐसे वक्त में, जब भारत की विदेश नीति चीन और पाकिस्तान के वजह से, इस्लामी आतंकवाद के वजह से बदल रही है, हमें खुली बांहों से उनका अभिवादन करने की जरूरत है। मैं समझता हूं कि ट्रंप प्रशासन उसे करने के लिए तैयार है।'

ट्रंप राष्ट्रपति पद के एकमात्र उम्मीदवार हैं जिन्होंने भारतीय मूल के अमेरिकी नागरिकों को संबोधित किया और भारत के साथ अमेरिका के मजबूत रिश्तों के बारे में सीधे बात की। ग्रे 'ट्रंप कैंपेन' की रक्षा एवं सैन्य नीतियों के विकास में मुख्य भूमिका निभाने वाले के रूप में उभरे हैं और उनका कहना है कि ट्रंप की विदेश नीति में भारत ''बेहद अहम' होगा।

अमेरिकी विदेश विभाग के प्रवक्ता जॉन किर्बी के अनुसार अमेरिका ने हाल में संपन्न हुए ब्रिक्स शिखर सम्मेलन का स्वागत करते हुए कहा कि भारत के साथ संबंध मजबूत और विविध हैं।

किर्बी ने कहा, 'हमने किगाली में भारत के साथ शानदार वार्ता की और हमने बहुत अच्छा संशोधन किया है और उन वार्ताओं में भारत के साथ सक्रिय भागीदारी के साथ हम वास्तव में यह संशोधन कर पाए।'

किर्बी ने एक प्रश्न के उत्तर में कहा कि गोवा में हाल में हुए आठवें ब्रिक्स शिखर सम्मेलन का स्वागत किया। उन्होंने कहा, 'हम आतंकवाद विरोधी प्रभावशाली प्रक्रियाओं, रणनीतियों, नीतियों एवं संसाधनों की खपत के बारे में ब्रिक्स सम्मेलन में हुई द्विपक्षीय एवं बहुपक्षीय वार्ता का स्वागत करते है। हम बहुपक्षीय वार्ता का स्वागत करते हैं'

भारत को एक 'अहम रणनीतिक सहयोगी' बताते हुए राष्ट्रपति डोनाल्ड ट्रंप ने वादा किया है कि यदि वह सत्ता में आते हैं तो भारत और अमेरिका 'पक्के दोस्त' बन जाएंगे और उनका एक साथ 'अभूतपूर्व भविष्य' होगा।

ट्रंप ने रिपब्लिकन हिंदू कोएलिशन द्वारा आयोजित एक चैरिटी समारोह में भारतीय-अमेरिकियों को अपने संबोधन में कहा, 'भारत दुनिया का सबसे बड़ा लोकतंत्र है और अमेरिका का सहयोगी है। ट्रंप प्रशासन के तहत हम और भी बेहतर मित्र बनने जा रहे हैं। असल में हम रिश्ते को बेहतर बनाएंगे और हम पक्के दोस्त होंगे।' उन्होंने कहा, 'हम मुक्त व्यापार के पक्षधर हैं। दूसरे देशों के साथ हमारे अच्छे व्यापारिक सौदे होंगे। हम भारत के साथ बहुत व्यापार करेंगे। हमारा एक साथ एक अभूतपूर्व भविष्य होने वाला है।'

ट्रंप ने आर्थिक सुधारों और नौकरशाही में सुधारों के साथ भारत को तेज विकास के मार्ग पर ले जाने के लिए प्रधानमंत्री नरेन्द्र मोदी की प्रशंसा की और कहा कि ऐसा अमेरिका में भी जरूरी है। ट्रंप ने कहा, 'मैं प्रधानमंत्री नरेन्द्र मोदी के साथ काम करने का इंतजार कर रहा हूं। वह अर्थव्यवस्था और नौकरशाही को सुधारने में बेहद ऊर्जावान रहे हैं एवं एक शानदार व्यक्ति हैं। में उनकी सराहना करता हूं।' ट्रंप ने नरेंद्र मोदी के नारे 'अबकी बार, मोदी सरकार' कीं तर्ज पर 'अबकी बार, ट्रंप सरकार' का नारा दिया। यह पहली बार था जब ट्रंप ने इस चुनावी मौसम में भारतीय-अमेंरिकियों के समारोह में शिरकत की।

कश्मीरी पंडितों और आतंकवाद से पीड़ित बांग्लादेशी हिंदुओं द्वारा आयोजित समारोह में ट्रंप ने कहा, 'मैं हिंदू और भारत का एक बड़ा प्रशंसक हूं। अगर मैं चुना जाता हूं तो भारतीय और हिंदू समुदाय को व्हाइट हाउस में एक सच्चा दोस्त मिल जाएगा।' ट्रंप ने कहा कि भारत में उन्हें यकीन हैं। उन्होंने भारत और उसकी जनता को अद्‌भुत बताते हुए कहा कि मैं 19 महीने पहले भारत गया था और कई बार वहां जाना चाहता हूं।

ट्रंप ने आतंकवाद के खिलाफ लड़ाई में भारत की भूमिका की सराहना की। उन्होंने 'इस्लामी आतंकवाद' शब्द का इस्तेमाल न करने को लेकर अपनी प्रतिद्वंद्वी हिलेरी क्लिंटन की आलोचना करते हुए कहा, 'हम इस बात की सराहना करते हैं कि हमारा अच्छा दोस्त भारत चरमपंथी इस्लामी आतंकवाद के खिलाफ लड़ाई में अमेरिका के साथ रहा है' ट्रंप ने कहा कि भारत ने 'आतं. कवाद की निर्ममता' को प्रत्यक्ष रूप से झेला है। इसमें 'मुंबई में मचा उत्पात भी शामिल है।' वह एक ऐसी जगह है, जिसे मैं प्यार करता हूं और समझता हूं।'

ट्रंप ने कहा कि मुंबई में हुआ आतंकी हमला और भारतीय संसद पर हुआ हमला 'बेहद घृणित' और भयावह है। भारत को एक अहम रणनीतिक

सहयोगी बताते हुए ट्रंप ने कहा कि वह कूटनीतिक और सैन्य सहयोग को गहरा करना चाहते हैं। ऐसा करना दोनों देशों के हित में है।

ट्रंप ने कहा, 'आपके महान प्रधानमंत्री भारत के लिए विकास समर्थक नेता रहे हैं। उन्होंने कर व्यवस्था को आसान बनाया है, करों में कटौती की है और अर्थव्यवस्था प्रति वर्ष सात प्रतिशत की दर से बढ़ रही है। यह शानदार है। अमेरिका में हमारी अर्थव्यवस्था व्यवहारिक तौर पर बिलकुल नहीं बढ़ रही। यह बिलकुल शून्य है। भारत के साथ हमारा एक बढ़िया रिश्ता रहेगा।'

भारतीय समुदाय की मेहनत और उद्यमिता की तारीफ करते हुए ट्रंप ने कहा, 'हिंदुओं और भारतीय-अमेरिकियों की पीढ़ियों ने हमारे देश को मजबूत किया है।' उद्यमिता की सर्वोच्च दर के लिए भारतीय समुदाय को मुबारकबाद देते हुए उन्होंने कहा, 'यह बेहद प्रभावशाली है।' उन्होंने कहा कि वह अमेरिका में भी नौकरशाही में थोड़ी 'गंभीर' कटौती करने के बारे में सोच रहे हैं।' उन्होंने कहा कि उन्हें लगता है यह बहुत जरूरी है।'

ट्रंप ने चीन और मैक्सिको के साथ अच्छे संबंध रखने की बात तो कही, लेकिन साथ ही चीन के उद्योग संबंधी तौर-तरीकों को लेकर निशाना भी साधा। उन्होंने खासतौर पर बौद्धिक संपत्ति की चोरी को लेकर चीन की आलोचना की।

ट्रंप के स्वागत संबोधन में रिपब्लिकन हिंदू कोएलिशन के संस्थापक एवं अध्यक्ष ने कहा कि इतिहास में यह पहली बार है कि राष्ट्रपति पद के एक बड़े उम्मीदवार ने चुनाव से महज तीन सप्ताह पहले हिंदू-अमेरिकियों को संबोधित किया है। उन्होंने हिंदुओं से अपील की कि वे आगामी चुनाव में ट्रंप को वोट दें और आतंकवाद से लड़ने में मदद करें।

ट्रंप ने कहा, 'हम चरमपंथी इस्लामी आतंकवाद को हराएंगे। हम इस लड़ाई में कंधे से कंधा मिलाकर खड़े रहेंगे। आईएसआईएस के इस दौर में यह बेहद अहम है।'

पत्रिका 'न्यूजवीक' ने विदेशों में प्रापर्टी के क्षेत्र में निवेश पर कवर स्टोरी प्रकाशित की है। इसमें कहा गया है कि जुलाई महीने में जब रिपब्लिकन पार्टी का नेशनल कन्वेंशन चल रहा था तो उस समय 'ट्रंप ऑर्गनाइजेशन' ने एलान किया था कि वह भारत में बड़े पैमाने पर निवेश की योजना बना रहा है।

साप्ताहिक ने कहा, 'यह इस बात का स्पष्ट उदाहरण है कि ट्रंप के राष्ट्रपति बनने की स्थिति में हितों का टकराव हो सकता है।' उसने सवाल किया, 'अगर वह भारत के साथ सख़्ती से पेश आते हैं तो क्या सरकार यह

समझेगी कि उसे परियोजनाओं को हरी झंडी देनी है और पुणे में ट्रंप के साझेदारों से संबंधित जांच को खत्म करना है? और अगर ट्रंप पाकिस्तान को लेकर कड़ा रूख अख्तियार करते हैं तो क्या यह अमेरिका के रणनीतिक हितों के लिए होगा या फिर भारत सरकार के उन अधिकारियों को खुश करने के लिए होगा जो ट्रंप टॉवर पुणे से होने वाले उनके लाभ को नुकसान पहुंचा सकते हैं?'

भारत के साथ व्यापार संबंधों में मजबूती से उत्साहित अमेरिका ने कहा है कि दोनों देशों के बीच द्विपक्षीय व्यापार 109 अरब डॉलर तक पहुंच गया है और जीएसटी सहित अन्य नए सुधारों के चलते यह आगे और बढ़ेगा।

अमेरिका ने इसके साथ ही अमेरिकी कंपनियों की भारत में कारोबार माहौल से जुड़ी चिंताओं को भी रेखांकित किया है। अमेरिका की वाणिज्य मंत्री पेन्नी प्रित्जकर ने कहा कि पर्यटन-यात्रा और प्रांतीय स्तर पर जुड़ाव दो नए क्षेत्र हैं, जो 2017 में दोनों देशों के बीच वाणिज्यिक सहयोग को मजबूत बनाने में अग्रणी भूमिका निभाएंगे।

उन्होंने कहा कि ओबामा सरकार ने इस रिश्ते की संभावनाओं के समुचित दोहन की दिशा में बीते साढ़े सात साल में उल्लेखनीय प्रगति की है। यह दुनिया में सबसे बड़ी वाणिज्यिक भागीदारी में से एक हो सकती है। अमेरिकी मंत्री ने कहा, 'हमारे दोनों देशों के बीच अच्छे व्यापारिक और निवेश संबंध हैं। भारत और अमेरिका के बीच द्विपक्षीय व्यापार 2015 में 109 अरब डॉलर रहा है, जो 2005 में मात्र 37 अरब डॉलर था।

पेन्नी ने कहा, 'अमेरिकी और भारतीय कंपनियां दोनों देशों की अर्थव्यवस्था में रिकॉर्ड स्तर पर निवेश कर रही हैं। वर्ष 2015 में भारत में अमेरिकी निवेश 28 अरब डॉलर से अधिक रहा, जबकि अमेरिका में भारतीय निवेश 11 अरब डॉलर से अधिक के स्तर पर पहुंच गया है। यहां तक कि भारतीयों के स्वामित्व वाली कंपनियां अमेरिका में 52,000 लोगों को नौकरी मुहैया कराती हैं।'

उन्होंने कहा कि भारत की तेजी से बढ़ती अर्थव्यवस्था और वस्तु एवं सेवा कर (जीएसटी) राष्ट्रीय दिवाला एवं शोधन कानून, प्रत्यक्ष विदेशी नियमों में ढील समेंत मोदी सरकार के महत्त्वाकांक्षी सुधार एजेंडे से आने वाले सालों में आर्थिक संबंध और मजबूत होंगे।

ट्रंप के व्यावसायिक हित और भारत

" अनुभव ने मुझे कुछ चीजें सिखायीं। एक है कि अपने अन्दर की आवाज़ सुनना, चाहे कोई चीज पेपर पर कितनी ही अच्छी क्यों न दिख रही हो। दूसरी है कि आमतौर पर आप जो जानते हैं उसी के साथ जुड़े रहना अच्छा रहता है। और तीसरी ये कि कभी-कभी आपके सबसे अच्छे निवेश वो होते हैं जो आप नहीं करते।" - डोनाल्ड ट्रंप

डोनाल्ड ट्रंप ने जीतकर अमेरिका और भारतीय अमेरिकियों के बीच अपनी लोकप्रतिया साबित की है। डोनाल्ड ट्रंप के पक्ष में पड़े वोट लोगों में सत्ता विरोधी लहर की ओर संकेत करते हैं, जो वास्तव में बदलाव के मूड में थे। जीत के बाद ट्रंप ने अपने समर्थकों को आभार जताया। हमारे प्रधानमंत्री नरेन्द्र मोदी ने भी डोनाल्ड ट्रंप को अमेरिका का राष्ट्रपति चुने जाने पर बधाई दी है। प्रधानमंत्री नरेन्द्र मोदी ने अपने बयान में कहा, 'अपने प्रचार अभियान के दौरान आपने भारत के प्रति जो मित्रता जताई वह सराहनीय है।' मोदी ने गर्मजोशी दिखाते हुए कहा कि भारत-अमेरिका द्विपक्षीय संबंधों को एक नई ऊँचाई पर ले जाने को आपके साथ काम करने लिए हम तत्पर हैं। इससे लगता है कि आने वाले समय में अमेरिका के साथ भारत के सम्बन्ध नए आयाम स्थापित करेंगे।

डोनाल्ड ट्रंप ने भी अपने चुनाव अभियान के समय भारतीय मूल के मतदाताओं को लुभाने की कोई कोर कसर नहीं छोड़ी थी। इसका लाभ चुनावों में डोनाल्ड ट्रंप को पूर्ण रूप से मिला है। डोनाल्ड ट्रंप ने अपने चुनाव अभियान में अपने आप को हिंदुओं का बड़ा फैन बताया इससे अधिकतर भारतीयों का रुझान डोनाल्ड ट्रंप की तरफ था। और नतीजों में यह देखने को भी मिला। डोनाल्ड ट्रंप ने कहा था अगर वे राष्ट्रपति बने तो भारतीय समुदाय के व्हाइट हाउस में सच्चे दोस्त होंगे। इससे भारतीय समुदाय में डोनाल्ड ट्रंप की लोक. प्रियता बढ़ी है। डोनाल्ड ट्रंप ने भारत के प्रधानमंत्री के बारे में भी कहा था कि

वह प्रधानमंत्री मोदी के साथ काम करने के लिए तैयार हैं। उन्होंने प्रधानमंत्री नरेन्द्र मोदी को लोकप्रिय और महान शख्स बताया था और मोदी की नीतियों की तारीफ़ भी की थी। अब आने वाले समय में यह देखने वाली बात होगी कि मोदी के नेतृत्व में भारत के साथ डोनाल्ड ट्रंप के सम्बन्ध किन ऊंचाइयों पर पहुँचते हैं।

डोनाल्ड ट्रंप ने भारतीय मूल के मतदाताओं का दिल जीतने के लिए प्रधानमंत्री नरेन्द्र मोदी के मशहूर नारे 'अबकी बार, मोदी सरकार' की तर्ज पर अपना नारा बनाया, 'अबकी बार, ट्रंप सरकार' क्योंकि डोनाल्ड ट्रंप को भी पता था कि नरेन्द्र मोदी भारतीय अप्रवासियों के बीच बेहद लोकप्रिय हैं। डोनाल्ड ट्रंप ने भारतीयों के बारे में कहा था कि दुनिया और अमेरिका की संस्कृति के विकास में भारतीय समुदाय का उल्लेखनीय योगदान रहा है। इससे पूरे विश्व के भारतीयों के बीच डोनाल्ड ट्रंप की लोकप्रियता बढ़ी है। इसका असर अमेरिका में भी देखने को मिला।

डोनाल्ड ट्रंप ने कहा था कि भारत को दुनिया का सबसे बड़ा लोकतंत्र और अमेरिका का सबसे बड़ा सहयोगी बताया था। उन्होंने कहा था कि ट्रंप सरकार के तहत अमेरिका और भारत बेहतर मित्र बनने जा रहे हैं और आने वाले समय में अमेरिंका और भारत पक्के दोस्त होंगे। उन्होंने अपने आप को मुक्त व्यापार का पक्षधर बताया था। उन्होंने भारत के साथ अपने अभूतपूर्व भविष्य की कामना करते हुए कहा था कि हम भारत के साथ बहुत व्यापार करेंगे। इससे अमेरिका के साथ भारत के व्यापार के क्षेत्र में भी संभावनाएं प्रबल होंगी। इससे लगता है कि ट्रंप भारत को, चीन के खिलाफ अपना अहम साझेदार बनाएंगे।

डोनाल्ड ट्रंप रूस के साथ भी अमेरिका के सम्बन्ध सुधारेंगे और इसका पूरा-पूरा फायदा विश्व स्तर पर भारत को मिलेगा। क्योंकि रूस चुनाव अभियान के समय से ही डोनाल्ड ट्रंप की तारीफ और समर्थन करता रहा है। ट्रंप ने चुनाव प्रचार के समय आर्थिक सुधारों और नौकरशाही में सुधारों के साथ भारत को तेज विकास के मार्ग पर ले जाने के लिए प्रधानमंत्री मोदी की प्रशंसा की थी और कहा था कि ऐसा अमेरिका के लिए भी जरूरी है।

ट्रंप का चीन के प्रति सख्त रुख भी भारत के पक्ष में जाएगा। ट्रंप ने अपनी चुनावी सभाओं में कहा था कि वह चीन को अपने पर्यावरण और मजदूरी स्तर को सुधारने के लिए मजबूर करेंगे। चीन को नतीजे भुगतने होंगे। चीन हमेशा से एनएसजी समेत तमाम मसलों पर बार-बार भारत पर दबाव

बनाता रहता है। ट्रंप का राष्ट्रपति चुना जाना एशिया में अपना दबदबा बनाने की कोशिश में जुटे चीन पर शिकंजा कसने के लिहाज से भारत के लिए अच्छा होगा क्योंकि ट्रंप चीन को रोकने के लिए भारत के हर रुख का समर्थन करेंगे। वैसे भी ट्रंप को चीन का धुर विरोधी कहा जाता है।

डोनाल्ड ट्रंप ने अपने प्रचार अभियान के दौरान पाकिस्तान के प्रति भी अपना कड़ा रुख दिखाया था। उन्होंने पाकिस्तान के परमाणु हथियारों को लेकर चिंता जाहिर करते हुए कहा था कि पाकिस्तान एक अस्थिर देश है और वहां मौजूद परमाणु हथियारों से पूरी दुनिया खतरे में है। ट्रंप ने कहा था कि पाकिस्तान ने 9/11 के बाद अमेरिका को कई बार धोखा दिया है। उन्होंने अपने राष्ट्रपति बनने पर पाकिस्तान को हर गलती के लिए सजा देने की बात भी कही थी। इससे लगता है कि पाकिस्तान की तुलना में भारत के प्रति अमेरिका का रुख सकारात्मक रहेगा। और इसमें पाकिस्तान से निपटने के लिए भारत-अमे. रिका का अहम साझीदार बन सकता है। ट्रंप के रुख को देखकर यही लगता है कि पाकिस्तान को सबक सिखाने के लिए हमेशा उनका भारत को समर्थन रहेगा। डोनाल्ड ट्रंप आने वाले समय में अमेरिका की तरफ से पाकिस्तान को मिलने वाले अनुदान में भी भारी कटौती कर सकते हैं।

डोनाल्ड ट्रंप ने आतंकवाद के विरुद्ध अपने चुनाव अभियान के दौरान भारत की मुहिम का भी समर्थन किया था। उन्होंने इस्लामी आतंकवाद शब्द का इस्तेमाल न करने को लेकर अपनी प्रतिद्वंद्वी हिलेरी क्लिंटन की आलोचना करते हुए कहा था कि, 'हम इस बात की सराहना करते हैं कि हमारा अच्छा दोस्त भारत चरमपंथी इस्लामी आतंकवाद के खिलाफ लड़ाई में अमेरिका के साथ रहा है। भारत मुंबई धमाकों समेत आतंकवाद की क्रूरता देख चुका है'। उन्होंने कहा था कि, 'वह एक ऐसी जगह है, जिसे मैं प्यार करता हूं और समझता हूं'। डोनाल्ड ट्रंप ने अपने चुनाव अभियान के दौरान आईएसआईएस जैसे क्रूर आतंकवादी संगठन पर भी हमला बोला था। इससे लगता है कि डोनाल्ड ट्रंप की नीतियों में आतंकवाद पहले पायदान पर रहेगा। ट्रंप आतंकवादी संगठन आईएसआईएस के खात्मे के लिए भी अहम कदम उठा सकते हैं। अगर ऐसा होता है तो आतंकवाद के प्रति भारत की लड़ाई और मजबूत होगी। और इससे पाकिस्तान प्रायोजित आतंकवाद के खात्मे के भी आसार बढ़ेंगे। जोकि पूरे विश्व में शान्ति स्थापित करने के लिए अहम होगा।

डोनाल्ड ट्रंप का व्यक्तित्व बेहद मुखर है। वे किसी भी मसले पर अपनी बेबाक राय रखते हैं और दुश्मन के सामने डटकर खड़ा रहना उनकी

खासियत है। एशिया में चीन और पाकिस्तान की तुलना में डोनाल्ड ट्रंप और उनकी नीतियां भारत के ज्यादा नजदीक रह सकती हैं। आने वाले समय में अमेरिका का एशिया में क्षेत्रीय सुरक्षा पर कड़ा रुख रह सकता है। इसका पूरा फायदा भारत को मिलेगा। चीन को रोकने के लिए डोनाल्ड ट्रंप संयुक्त राष्ट्र सुरक्षा परिषद् में भारत को स्थायी सदस्यता दिलाने की भरपूर कोशिश करेंगे और एनएसजी पर भी उनका ओबामा की तरह पूरा समर्थन रहेगा। कुल मिलाकर कहा जाए तो भारत के प्रति डोनाल्ड ट्रंप का रुख सकारात्मक और मित्रवत रहने की सम्भावना है क्योंकि अमेरिका का हित भी इसी में है।

अमेरिका में दक्षिण एशिया मुद्दों पर एक प्रसिद्ध विशेषज्ञ ने कहा कि डोनाल्ड ट्रंप का प्रशासन भारत-अमेरिका संबंधों में हुई प्रगति पर निर्मित होगा और यह आतंकवाद पर पाकिस्तान की दोहरी नीतियों को लेकर कम उदार होगा, लेकिन एच-1बी वीजाओं का मुद्दा भारत के साथ टकराव का एक संभावित क्षेत्र हो सकता है।

शीर्ष अमेरिकी थिंक टैंक 'हेरिटेज फाउंडेशन' की लिजा कर्टिस ने कहा, 'ऐसा प्रतीत होता है कि ट्रंप प्रशासन, भारत-अमेरिका संबंधों में हुई उल्लेखनीय प्रगति पर निर्मित होगा।' उन्होंने कहा कि अमेरिका में यह द्विदलीय मान्यता है कि एशिया प्रशांत, नियम आधारित अंतरराष्ट्रीय आदेश और मुक्त एवं खुला समुद्री पारगमन सुनिश्चित करने में अमेरिकी उद्देश्यों की प्राप्ति में भारत की भूमिका अहम है।

हेरिटेज में अमेरिकी राष्ट्रीय सुरक्षा मुद्दों एवं क्षेत्रीय भू-राजनीति पर केंद्रित लिजा ने कहा, 'नवनिर्वाचित राष्ट्रपति ने अपने चुनावी प्रचार के दौरान भारत के बारे में कई सकारात्मक टिप्पणियां की हैं जिससे इस सहभागिता में उनका समर्थन झलकता प्रतीत होता है।' उन्होंने कहा कि आतंकवाद के मुद्दे पर ट्रंप का बहुत सख्त रवैया है और पाकिस्तान स्थित आतंकवादी समूहों के हमलों से चौकन्ने भारतीयों के बीच उन्हें समर्थन मिलेगा।

उन्होंने कहा कि बहरहाल, एच-1बी वीजा दोनों देशों के बीच टकराव का क्षेत्र हो सकता है। उन्होंने कहा, 'एच-1बी वीजा का मुद्दा संभावित टकराव का क्षेत्र हो सकता है। यह अब तक स्पष्ट नहीं है कि अमेरिकी कामगारों को सुरक्षा देने के लिए कैसे ट्रंप के वैश्विक कारोबार की पृष्ठभूमि उनकी प्रतिबद्धताओं पर प्रभाव डालेगी।'

डोनाल्ड ट्रंप के अमेरिकी राष्ट्रपति बनने से भारत को फायदा होग. ा। एक पूर्व अमेरिकी राजनयिक विलियम एच.आवरी का ऐसा मानना है।

इकनॉमिक्स टाइम्स में प्रकाशित लेख में विलियम ने ट्रंप के भारत, पाकिस्तान और चीन को लेकर दिए गए बयानों का हवाला दिया है। उनका मानना है कि वह चीन और पाकिस्तान को अमेरिका की ओर से मिलने वाली आर्थिक सहायता में कटौती करेंगे। अमेरिका में मैन्युफैक्चरिंग जॉब लाने के अपने वादे को ट्रंप पूरा करने की कोशिश करेंगे जिससे चीन का नुकसान होगा और चीन का नुकसान भारत के लिए फायदा होगा।

अमेरिका के राष्ट्रपति ट्रंप के विचारों से भारत की स्थिति का अंदाजा इससे लगाया जा सकता है कि उन्होंने भारत के बारे में क्या बोला और अपने पड़ोसियों के बारे में क्या बोला। अब तक उनके बयान से ऐसा लगता है कि वह भारत-अमेरिका संबंध को एक निश्चित दायरे से बाहर निकालेंगे। वह भारत के साथ बहुत अच्छा संबंध बनाएंगे और जैसा कि वह कहते हैं, भारत के साथ आश्चर्यजनक संबंध बनाएंगे।

उनके मुताबिक, भारतीय नागरिक इस पर सवाल उठा सकते हैं कि एक ऐसे उम्मीदवार से आश्चर्यजनक संबंध की उम्मीद कैसे कर सकते हैं जिन्होंने अपने एक अभियान के दौरान भारतीय कॉल सेंटर वर्करों का मजाक उड़ाया? एक ऐसे उम्मीदवार जिन्होंने आउटसोर्सिंग को लेकर विरोधी विचार प्रकट किए हैं? इन सवालों का जवाब चीन की स्थिति पर अध्ययन करने के बाद मिल सकता है।

विलियम आगे लिखते हैं, राष्ट्रपति बनने के बाद ट्रंप भारत का समर्थन करके एशिया में शक्ति के संतुलन को बदल सकते हैं। चीन और पाकिस्तान दशकों से अमेरिका को नकदी देने वाली गाय के तौर पर इस्तेमाल करते रहे हैं। चीन ने ट्रेड सरप्लस की मदद से तो पाकिस्तान डबल गेम खेलकर चरमपंथी इस्लामी ताकतों से लड़ने की आड़ में अमेरिका से आर्थिक मदद लेता रहा है।

अब तक के संकेत को देखते हुए लगता है कि ट्रंप जीतने के बाद इन दोनों देशों को दी जाने वाली आर्थिक सहायता में कटौती करेंगे। अमेरिका में पिछले 15 सालों के अंदर 50 लाख नौकरियां खत्म हुई हैं जबकि इस अवधि में चीन के मैन्युफैक्चरिंग सेक्टर में भारी ग्रोथ देखी गई है। ट्रंप अपने चुनावी वादे को पुराने करने के लिए अमेरिका में मैन्युफैक्चरिंग जॉब वापस लाने की कोशिश करेंगे। ऐसा वह तभी कर सकेंगे जब एशिया (खासकर) चीन के मैन्युफैक्चरिंग में लेबर कॉस्ट फायदे में टैरिफ और गैर टैरिफ बैरियर्स की मदद से सेंध लगाएं।

2017 के शुरू में ऐसा अगर होता है तो चीन के लिए संभावित सबसे बुरा समय होगा। चीन के मैन्युफैक्चरिंग सेक्टर पर असर पड़ने से उसकी ग्रोथ में काफी गिरावट होगी और राजनीतिक बेचैनी पैदा हो सकती है। अगर चीन का नुकसान होता है तो इससे भारत को फायदा पहुंचेगा।

पाकिस्तान की बात करे तो डोनाल्ड के राष्ट्रपति बनने के बाद पाकिस्तान का बड़ा नुकसान होगा। ट्रंप ने पाकिस्तान को सबसे खतरनाक देश कहा है। उन्होंने कहा है कि आपको भारत को साथ लेकर चलना होगा। पाकिस्तान पर अंकुश लगाने के लिए भारत का साथ जरूरी है। उनका यह बयान भारत-पाकिस्तान संबंध की दिशा में काफी मायने रखता है। ट्रंप पाकिस्तान को दी जाने वाली सहायता में कटौती करके पाकिस्तान के प्रति पॉलिसी को प्रभावित कर सकते हैं।

डोनाल्ड ट्रंप के तहत अमेरिकी राष्ट्रपति कार्यालय के भारत-अमेरिका रणनीतिक संबंधों के सबसे ज्यादा मजबूत होने की संभावना है जिसमें रक्षा संबंधों और आतंकवाद रोधी सहयोग पर विशेष जोर होगा।

ट्रंप भारत और प्रधानमंत्री नरेन्द्र मोदी का बड़ा प्रशंसक होने की बात कह चुके हैं। ट्रंप ने हाल में भारत को 'एक महत्त्वपूर्ण और प्रमुख रणनीतिक सहयोगी' करार दिया था तथा कहा था कि वह कूटनीतिक एवं सैन्य सहयोग को गहरा करने को लेकर आशान्वित हैं जो दोनों देशों के साझा हित में है। मोदी की आर्थिक नीतियों की तारीफ कर चुके अरबपति व्यवसायी ने कहा था कि वह भारत के प्रधानमंत्री के साथ मिलकर काम करना चाहते हैं।

ट्रंप ने न्यूजर्सी में एक कार्यक्रम में भारतीय-अमेरिकी समुदाय से वायदा किया था कि उनके रूप में भारत को व्हाइट हाउस में एक सच्चा मित्र मिलेगा। उन्होंने हिन्दू रिपब्लिकन कोअलिशन द्वारा आयोजित एक कार्यक्रम में कहा था, 'मैं हिन्दुओं और भारत का बडा प्रशंसक हूं। यदि मैं राष्ट्रपति चुना जाता हूं तो भारतीय और हिन्दू समुदाय को व्हाइट हाउस में एक सच्चा मित्र मिलेगा।' ट्रंप ने कहा था कि वह कट्टरपंथी इस्लामी आतंकवाद के खिलाफ लड़ाई में महान मित्र भारत के साथ हैं। उन्होंने कहा कि भारत ने मुंबई में आतंक सहित आतंकवाद की बर्बरता को झेला है। उन्होंने 2008 में हुए मुंबई हमले तथा 2001 में भारत की संसद पर हुए हमले को 'अत्यंत घृणित' एवं भयावह करार दिया था।

बीते कुछ दशकों में अमेरिका और भारत के बीच संबंध प्रगाढ़ हुए हैं। ओबामा के कार्यकाल में भारत के अमेरिका के साथ अच्छे संबंधों के बारे

में सभी जानते हैं। अब अमेरिका की सत्ता डोनाल्ड ट्रंप के हाथ में है।

राष्ट्रपति ट्रंप के बारे में लोगों में यह जानने की भी उत्सुकता बढ़ गई है कि डोनाल्ड ट्रंप से भारत को अधिक फायदा होगा या नहीं। बुधवार को आने वाले अमेरिकी चुनाव के नतीजों का भारत पर ही नहीं बल्कि पूरी दुनिया पर प्रभाव पड़ेगा। यही वजह है की दुनिया के सभी देश इस अहम चुनाव पर नजरें गड़ाए हुए हैं।

ट्रंप ने भारत में पाकिस्तान द्वारा जारी आतंकवादी गतिविधियों के चलते पाकिस्तान को खतरनाक देश कहा जिससे अनुमान है कि ट्रंप सरकार में पाकिस्तान की हरकतों पर कड़ा रुख अपनाया जा सकता है। वहीं दूसरी ओर हिलेरी क्लिंटन प्रशासन सामान्यत ओबामा की नीति पर ही चलेगा, जिसमें भारत के साथ संबंध मजबूत करने के साथ दक्षिण एशिया में स्थिरता के लिए पाकिस्तान को साथ लेने की रणनीति शामिल है।

दोनों ही नेताओं ने वैश्विक स्तर पर आतंकवाद से निपटने के लिए भारत का समर्थन करने की बात कही है। वहीं कश्मीर मुद्दे पर दोनों ही नेता कुछ भी कहने से बचते रहे।

डोनाल्ड ट्रंप आधी-अधूरी बातें कहने के लिए जाने जाते हैं पर इनके आधार पर अनुमान लगाया जा सकता हैं कि उनके राष्ट्रपति बनने के भारत और दुनिया के लिए क्या मायने हैं।

डोनाल्ड ट्रंप के अमेरिका का राष्ट्रपति बनने की संभावना को कुछ समय पहले प्रतिशित पत्रिका 'द इकॉनॉमिस्ट' ने 10 वैश्विक 'खतरों' में शामिल किया था। इसे चीन की मंदी और कच्चे तेल की कीमतों में भारी गिरावट जैसे खतरों के बीच स्थान मिला था। सूची में आतंकवाद के खतरे के तुरंत बाद ट्रंप के अमेरिका का राष्ट्रपति बनने की संभावना थी। अब जब अमेरिका ने उन्हें अपना राष्ट्रपति चुन लिया है तो स्वाभाविक ही सवाल उठता है कि दुनिया पर इसका क्या असर होने वाला है?

ट्रंप अंतर्राष्ट्रीय सुरक्षा के मसलों में कम से कम हस्तक्षेप की नीति अपना सकते हैं। लेकिन अमेरिका की इस नीति का मतलब होगा कि भारत जैसे देशों को तब कुछ मामलों में आगे बढ़कर जिम्मेदारी निभानी पड़े।

डोनाल्ड ट्रंप अपने भाषणों में जो बातें कहते रहे हैं उनमें से बहुत से लोगों का यह मानना है कि अमेरिका, चीन और यूरोप द्वारा चतुराई से फैलाए गए अंतर्राष्ट्रीय व्यापार के जाल में फंस गया है। उन्होंने यह जताने में भी कोई कोर-कसर नहीं छोड़ी है कि अमेरिका के पूर्व के राष्ट्रपतियों द्वारा अपनाई गई ढुलमुल अप्रवासी नीति का शिकार बन चुका है। उनकी टिप्पणियां या कहें कि

गुस्से में कही गई बातें अस्पष्ट होती हैं, तथ्यों से उनका वास्ता अक्सर नहीं होता और ये उनके मूड के हिसाब से बदलती रहती हैं।

उदाहरण के लिए इसी मार्च में एक न्यूज चैनल पर जब उनसे पूछा गया कि उनके सलाहकार कौन हैं तो ट्रंप का कहना था, 'पहली बात तो यह है कि में सबकुछ खुद से ही बोलता हूं। मेरा दिमाग बहुत बढ़िया चलता हैं।। मेरा पहला सलाहकार मैं खुद हूं।' ठीक दो दिन बाद वे वाशिंगटन पोस्ट अखबार के संपादकीय मंडल के साथ बैठे थे जहां उन्होंने विदेश मामलों पर अपने सलाहकारों के बारे में खुलासा कर दिया। ये पांच कम जाने-पहचाने नाम थे जो अभी तक वाशिंगटन के सत्ता प्रतिष्ठानों में कुछ खास हलचल पैदा नहीं कर पाए थे।

इसलिए ऐसी अस्पष्टताओं और विरोधाभासों को देखते हुए यह पक्के तौर पर नहीं कहा जा सकता कि डोनाल्ड ट्रंप के राष्ट्रपति बनने का भारत समेत बाकी दुनिया पर क्या असर पड़ने वाला है। हां, कुछ अनुमान जरूर लगाए जा सकते हैं।

वाशिंगटन पोस्ट के साथ बातचीत में ट्रंप का कहना था, 'मुझे पता है कि एक दुनिया बाहर भी है लेकिन, आप आखिर यह बात कब कहेंगे कि हमें अपना भी ख्याल रखना है।' ट्रंप अंतर्राष्ट्रीय सुरक्षा के मसलों में कम से कम हस्तक्षेप की नीति अपना सकते हैं। अमेरिका की इस नीति का मतलब होगा कि भारत जैसे देशों को तब कुछ मामलों में आगे बढ़कर जिम्मेदारी निभानी पड़ेगी।

यदि अमेरिका मध्य-पूर्व एशिया या अफगानिस्तान-पाकिस्तान से पूरी तरह अपने हाथ खींचेगा तो यहां आतंकवाद का असर बढ़ने की आशंका पैदा होगी और भारत इसकी उपेक्षा नहीं कर सकता। हालांकि इसके साथ ट्रंप यह भी कह चुके हैं कि पाकिस्तान के पास परमाणु बम हैं इसलिए अमेरिकी बलों का अफगानिस्तान में रुकना जरूरी है।

इस समय अमेरिका और चीन दक्षिण-चीन सागर जैसे कई मसलों पर एक-दूसरे को असहज करते रहते हैं। ट्रंप के राष्ट्रपति बनने के बाद दोनों देशों के बीच रिश्ते तेजी से बिगड़ सकते हैं। हो सकता है दोनों के बीच व्यापार युद्ध छिड़ जाए। ट्रंप कई बार अपने भाषणों में चीन, जापान, मैक्सिको और यहां तक कि भारत पर भी अमेरिकी रोजगार छीनने का आरोप लगा चुके हैं। वे चीनी माल पर तगड़ा सीमा शुल्क (45 फीसदी तक) लगाना चाहते हैं और चीन के साथ व्यापार की शर्तों पर फिर से बातचीत करना चाहते हैं। इस कदम से अमेरिका की अर्थव्यवस्था और साथ ही वैश्विक अर्थव्यवस्था पर बड़ा असर पड़ेगा। विकासशील देशों में सबसे तेज गति से बढ़ रही भारतीय अर्थव्यवस्था

को भी इस चुनौती का सामना करना पड़ेगा।

वहीं दक्षिण-चीन सागर मामले पर यदि अमेरिका और चीन के बीच सैन्य तनाव बढ़ता है तो इससे एशिया-प्रशांत क्षेत्र के देशों सहित भारत भी अछूता नहीं रहेगा।

ट्रिबेका डेवलपर्स भारत में ट्रंप का कारोबार देखते हैं। इस फर्म के मुताबिक ट्रंप और उनके बेटे कारोबार के लिहाज से भारत में काफी संभावनाएं देखते हैं और दूसरे शहरों में भी परियोजनाएं शुरू करना चाहते हैं।

पिछले साल ट्रंप ने दक्षिण एशिया की नीति तय करने वाले प्रतिष्ठानों में यह कहकर हलचल मचा दी थी कि परमाणु हथियारों की वजह से पाकिस्तान संभवत: दुनिया का सबसे खतरनाक देश है। ट्रंप का कहना था, 'यदि पाकिस्तान अस्थिर होता है तो आपको भारत को साथ लेना पड़ेगा। पाकिस्तान पर लगाम रखने का काम भारत कर सकता है। उनके पास भी परमाणु हथियार हैं और काफी ताकतवर सेना है।'

भारत में कुछ लोगों को ये बातें अच्छी लग सकती हैं लेकिन ये बेहद गैरजिम्मेदाराना बयान थे। हालांकि पाकिस्तान को लेकर ट्रंप ने खुलकर जो कहा, ओबामा की राय भी उससे इतर नहीं थी।

अति कुशल कामगारों को अमेरिका में रहने के लिए एच-1बी वीजा से जुड़ी ट्रंप की सोच काफी उलझी हुई लगती है। उनकी वेबसाइट कहती है कि वे वीजा के खिलाफ हैं लेकिन, ट्रंप भाषणों में कहते हैं, 'मैं इस मसले पर अपनी स्थिति में थोड़ा लचीलापन ला रहा हूं क्योंकि हमें देश में प्रतिभावान लोगों की जरूरत होगी ही।'

हो सकता है ट्रंप की सोच में इस लचीलेपन के पीछे भारतीय-अमेरिकी समुदाय का वोटबैंक भी अप्रत्यक्ष रूप से काम कर रहा हो लेकिन, उनकी विदेशनीति के मुख्य सलाहकार सीनेटर जेफ सेंजियंस एच-1बी वीजा के सख्त खिलाफ हैं। सीनेट में आव्रजन पर बनी उपसमिति का अध्यक्ष रहते हुए उन्होंने एच-1बी वीजा कार्यक्रम पर सवाल उठाए थे। यानी ट्रंप के राष्ट्रपति बनने का मतलब है कि भारतीय सॉफ्टवेयर कंपनियों की तकलीफ बढ़ सकती है क्योंकि वे ही सबसे ज्यादा एच-1बी वीजा के आवेदन देती हैं।

डोनाल्ड ट्रंप रियल एस्टेट कारोबारी हैं। भारत में उनके दो 'सुपर लग्जरी' प्रोजेक्ट चल रहे हैं। इनमें पहला पुणे में पंचशील रियल्टी के साथ और दूसरा मुंबई में लोढ़ा ग्रुप के साथ चल रहा है। ट्रंप अगर राष्ट्रपति नहीं भी बनते तो भी भारत में उनका कारोबार बढ़ने की ही संभावना थी। ट्रिबेका

डेवलपर्स भारत में ट्रंप का कारोबार देखते हैं। इस फर्म के मुताबिक ट्रंप और उनके बेटे कारोबार के लिहाज से भारत में काफी संभावनाएं देखते हैं और वे दूसरे शहरों में भी परियोजनाएं शुरू करना चाहते हैं।

बहुत से लोग मानते हैं कि अमेरिका में प्रवासियों के विरोध का माहौल अब गहरा सकता है। उनके समर्थकों का एक बड़ा तबका तुलनात्मक रूप से कम पढ़ा-लिखा है, अमेरिकी अर्थव्यवस्था कमजोर स्थिति में है और शायद इस वजह से प्रवासियों का कट्टर विरोधी है।

अमेरिका के एक थिंक टैंक 'रैंड' के अध्ययन के मुताबिक ट्रंप समर्थकों का मानना है कि प्रवासी, अमेरिकी परंपराओं और मूल्यों के लिए खतरा हैं। लोगों में इस तरह के डर और गैरकानूनी प्रवासियों को वापस उनके देश भेजने के वादों को ट्रंप ने भुनाया भी है। अमेरिका में गैर-श्वेतों के लिए असहिष्णुता बढ़ रही है। इसलिए बहुत से लोग मानते हैं कि ट्रंप के राष्ट्रपति बनने के बाद गैर अमेरिकी मूल के लोगों और गैर-श्वेतों के व्यापारिक प्रतिष्ठानों पर हमले बढ़ सकते हैं। ट्रंप की रैलियों में भी इस तरह की हिंसा देखी गई है और यह इस बात का संकेत है कि यह चलन आगे बढ़ सकता है।

हालांकि जीत तय होने के बाद डोनाल्ड ट्रंप ने जो भाषण दिया उसे देखते हुए जरूरी नहीं कि ऐसा हो। देश से एकजुटता की अपील करते हुए ट्रंप का कहना था, 'मैं सभी अमेरिकियों का राष्ट्रपति हूं।'

इस पोस्ट के बाद ट्रंप की आलोचना शुरू हो गई है। अमरीकी मीडिया का कहना है कि इस बात के प्रमाण नहीं हैं कि महात्मा गांधी ने कभी इन शब्दों का प्रयोग किया था। इससे पहले ट्रंप मुसलमानों के अमेरिका में प्रवेश पर पाबंदी लगाने की मांग को लेकर आलोचकों के निशाने पर थे। केवल इतना ही नहीं उन्होंने अमेरिका में मस्जिदों को बंद करने की बात भी कही थी।

डोनाल्ड ट्रंप और पूर्वी एशिया

" जापान के साथ जो हमारी संधि है वो बड़ी रोचक है। क्योंकि अगर कोई हम पर अटैक करता है तो जापान को हमारी मदद नहीं करनी है। लेकिन अगर जापान पर कोई हमला करता है तो हमें जापान की मदद करनी है।" - डोनाल्ड ट्रंप

अमरीकी राष्ट्रपति पद पर डोनाल्ड ट्रंप के जीतने से चीन और पूर्वी एशिया में रणनीतिक बदलाव आना तय है। चुनाव प्रचार के दौरान ही ट्रंप ने कहीं खुलकर तो कहीं इशारों में इसके संकेत दे दिए थे। ट्रंप का जीतना निश्चित तौर पर भारत के लिए अच्छी खबर साबित होगी, जबकि पड़ोसी देश पाकिस्तान और चीन के लिए मुश्किलें बढ़ेंगी। इसकी वजह है विश्व में फैला मुस्लिम आतंकवाद और चीन का अंतर्राष्ट्रीय संस्थाओं और बिरादरी का सम्मान नहीं करना। ट्रंप ने प्रचार के दौरान मुस्लिमों की तगड़ी खिलाफत की थी।

दरअसल ट्रंप और उनके चुनावी रणनीतिकारों को इस बात का एहसास था कि पूरी दुनिया मुस्लिम आतंकवाद से त्रस्त है। अमेरिका को इनसे निपटने की भारी कीमत अदा करनी पड़ रही है। अमेरिका में मुस्लिम मतदाताओं की संख्या भी चुनाव पर असर डालने लायक नहीं है। मुस्लिमों की खिलाफत से भारतवंशी करीब 13 लाख से अधिक मतदाताओं के मत बटोरे जा सकते हैं। हालांकि शुरू में ट्रंप भारत के विरोधी रहे। उन्होंने भारतीयों पर अमेरिका में नौकरी हड़पने का आरोप लगाया।

आर्थिक और सामरिक महत्त्व के मद्देनजर पूर्वी एशिया के बाकी देशों के लिए भारत 'बिग ब्रदर' की भूमिका में रहा है। भारत उनके घरेलू मसलों में हस्तक्षेप करने के खिलाफ रहा है। इसके विपरीत बंगलादेश और श्रीलंका जैसे देश पाकिस्तान को नापसंद करते रहे हैं। दरअसल ये देश भी किसी न किसी रूप में आतंकवाद से त्रस्त रहे हैं। 'सार्क' समिट में भारत के बहिष्कार का समर्थन करना इसी नापसंदगी को जाहिर करता है। भारत से अमेरिका के अब तक रहे दोस्ताना रिश्ते और भारतीय मतदाताओं की ताकतवर मौजूदगी से ट्रंप

खेमें ने चुनावी रणनीति में बदलाव कर लिया। इस बदलाव का परिणाम यह रहा कि उन्होंने दोबारा भारत विरोधी बयान नहीं दिया, जबकि मुस्लिमों और आतंकवाद के मामले में कोई नरमी नहीं दिखाई। भारत के प्रति बदली सोच तो सदाशयता तक जा पहुंची। ट्रंप के परिवार ने मंदिर में जाकर पूजा-अर्चना तक की, जबकि मुस्लिमों से दूरियां बनाए रखीं। ट्रंप की जीत से चीन और पाकिस्तान में निश्चित तौर पर घबराहट फैलेगी। इन दोनों देशों में बुनियादी अंतर होने के बावजूद दोस्ती की वजह भारत और अमेरिका विरोध रहा है।

चीन को कभी यह पसंद नहीं आया कि अमेरिका अकेला ही पाकिस्तान को अपने चंगुल में फंसाए रखे। चीन ने सैन्य और गैर-सैन्य सहयोग करके पाकिस्तान में अपनी तगड़ी उपस्थिति दर्ज करा रखी है। पाकिस्तान के लिए यह इसलिए मुफीद है कि चीन के सहयोग का इस्तेमाल भारत के खिलाफ आतंकी कार्रवाई में किया जा सके। इसके विपरीत अमेरिका की पाकिस्तान को सहयोग करने के पीछे मंशा अफगानिस्तान के आतंकियों से लड़ना रही है। अमेरिका ने यदि पाकिस्तान की मदद भी की है तो यही सोच कर कि उसका इस्तेमाल किया है तो बदले में कुछ न कुछ तो देना ही पड़ेगा। ट्रंप पाकिस्तान की इस तरह की मदद करने के खिलाफ भी बयान दे चुके हैं।

अमेरिका का नया प्रशासन आतंकवादियों को किसी भी तरह की मदद के खिलाफ होगा। किसी भी देश के मुस्लिमों का अब अमेरिका में प्रवेश भी आसान नहीं रह जाएगा। ऐसे में पाकिस्तान जैसे बदनाम देश के लोगों की दुश्वारियां तो और ज्यादा बढ़ेंगी। पाकिस्तान से साझेदारी भले ही रणनीतिक महत्त्व का हिस्सा रही हो पर अमेरिका के चीन से ताल्लुकात खटास भरे रहे हैं। दक्षिण चीन सागर विवाद में अंतर्राष्ट्रीय पंचाट के फैसले को नहीं मानने से यह खटास और बढ़ गई। ट्रंप का रूस की तरफ झुकाव भी चीन की परेशानियों में बढ़ोतरी करेगा। ट्रंप ने खुलकर रूस से सहयोग की वकालत की है।

ओबामा प्रशासन के दौरान सीमा संबंधी और दूसरे विवादों के बावजूद रूस ने चीन की तरफ दोस्ताना पहल की है। अब इसके सिमटने का वक्त आ गया है। अमेरिका यह कभी नहीं चाहेगा कि रूस के रिश्ते भी चीन से मजबूत रहें। इससे भी पाकिस्तान को नुकसान उठाना पड़ेगा। भारत की अमेरिका से बढ़ती नजदीकियों को लेकर रूस खुश नहीं था। यही वजह रही कि उड़ी सैक्टर में हमले के बावजूद रूस ने पाकिस्तान के साथ संयुक्त सैन्य अभ्यास तक को नहीं टाला। अब अंतर्राष्ट्रीय समीकरणों में आए बदलाव से पाकिस्तान को रूस से मिलने वाले सहयोग की उम्मीदें भी हवाई साबित होंगी। चूंकि रूस और अमेरिका के नजदीक आने की पूरी संभावना है, इसलिए भारत को अब रूस से होने वाली मुश्किलों से निजात मिलेगी।

मोदी और ट्रंप में समानताएं

" कभी-कभी समाधान निकलने के लिए आपको टकराव की ज़रुरत पड़ती है। कमजोरी से, ज्यादातर, आप सही तरह से समझौता नहीं कर पाते हैं, इसलिए मैं आक्रामक हूँ, लेकिन मैं चीजों को पूरा करवाना जानता हूँ, और अंत में सब मुझे पसंद करते हैं।" - डोनाल्ड ट्रंप

मोदी और ट्रंप में कुछ समानताएं देखने को मिलती है। दोनों ही दक्षिणपंथी राजीनीति का नेतृत्व करते हैं। दोनों ने अपने-अपने देश में बड़े पैमाने पर जनसमर्थन हासिल कर विजय प्राप्त करी है, जिसकी आशा विपक्ष समेत कई लोगों को नहीं थी। अमेरिका में डोनाल्ड ट्रंप की फ़तह पर भले दुनिया चौंक रही हो, लेकिन लगता है अकेले दम पर सियासत के दिग्गजों को चुनौती देने वाले को जनता इन दिनों जीत से नवाज़ रही है।

ओपिनियन पोल और जानकारों के अंदाज़ पूरी तरह ग़लत साबित होने लगे हैं। और ग़ैर-पारंपरिक तौर-तरीक़ों से जीत सुनिश्चित होने लगी है।

भारत में भी नरेन्द्र मोदी ने पहले अपनी पार्टी के दावेदारों को दरकिनार किया और फिर दिल्ली में अपने विरोधियों को किनारे लगाया।

ट्रंप ने भी कुछ ऐसा ही कर दिखाया। पहले टेड क्रूज़ और मार्को रुबियो को हराकर राष्ट्रपति पद की उम्मीदवारी जीती, फिर सियासत में खुद से कहीं ज्यादा अनुभवी हिलेरी क्लिंटन को शिकस्त दी।

गुजरात से दिल्ली पहुंचने की जुगत लगा रहे नरेन्द्र मोदी को अपनी ही पार्टी में विरोध का सामना करना पड़ा था। लालकृष्ण आडवाणी और मुरली मनोहर जोशी जैसे वरिष्ठ नेताओं और उनके शुभचिंतकों ने मुश्किलें पैदा करने की कोशिश की, लेकिन मोदी आगे बढ़ते चले गए।

डोनाल्ड ट्रंप का सफ़र भी ऐसा ही रहा। उन्हें चुनौती देने वालों में मार्को रुबियो, टेड क्रूज़, क्रिस क्रिस्टी और बेन कार्सन जैसे नाम शामिल थे। निर्णायक लड़ाई में वे आखरिकार टेड क्रूज़ से भिड़े और जीते।

दोनों का चुनावी अभियान, आक्रामक अंदाज़ की वजह से शुरुआत से विवादों में रहा है। चुनावी अभियान के दौरान मोदी हमले बोलने में ज़रा नहीं हिचकते थे। उन्होंने कांग्रेस पर हमला बोलने के लिए 'मां-बेटे की सरकार' का नारा मशहूर किया और ट्रंप ने अपनी विरोधी को 'क्रूक्ड हिलेरी' का नाम दिया। दोनों नेताओं ने डोर टू डोर अभियान के बजाय विशाल रैलियों को तरजीह दी और कामयाब रहे।

लोकसभा चुनाव के दौरान जब नरेन्द्र मोदी विरोधियों पर हमला बोल रहे थे तब विपक्ष अतीत की घटनाओं को लेकर उन्हें निशाना बना रहा था। गुजरात दंगों के आरोपों को लेकर उन्हें निशाना बनाया गया। साथ ही विरोधियों ने एक महिला की जासूसी का मुद्दा भी उछाला।

ट्रंप पर भी अतीत को लेकर खूब हमले हुए। कई महिलाओं ने उन पर आरोप लगाए। हिलेरी ने भी उनपर कई तीर चलाए।

भारत और अमेरिका के इतिहास में शायद पहली बार ऐसा हुआ कि एक नेता ने अकेले दम पर सभी को ढेर कर दिया। भाषण देने का तरीक़ा हो या हर मोर्चे पर जीत को लेकर रणनीति बनाना, नरेन्द्र मोदी और डोनाल्ड ट्रंप ने मंझे हुए खिलाड़ियों को चकमा दिया। विरोधी घेरने में लगे रहे, लेकिन ट्रंप ने अपने दम पर ना केवल अपनी पार्टी के साथियों को हराया, बल्कि अभियान में हिलेरी से कम ख़र्च करने के बावजूद जीते।

लोकसभा चुनावों में नरेन्द्र मोदी और अमरीकी चुनावों में डोनाल्ड ट्रंप, दोनों के भाषणों ने ख़ूब सुर्ख़ियां बटोरीं तथा चटख़ारे लेते हुए आरोप लगाए और अपने वोटर तक पहुंचने की कोशिश की और कामयाब रहे।

दोनों ने मीडिया पर भी आरोप लगाए। बोलने के अंदाज़ में तंज़ भी दिखा और चटख़ारे भी। और दोनों ने जीतकर जब बयान दिया, तो संतुलन और संयम नज़र आया।

अमेरिका में राष्ट्रपति पद के चुनाव में रिपब्लिकन पार्टी का उम्मीदवार बनने के शीर्ष दावेदार डोनाल्ड ट्रंप ने महात्मा गांधी को उद्धृत करते हुए सोशल नेटवर्किंग साइट इंस्टाग्राम पर एक पोस्ट डाला, लेकिन अमेरिकी मीडिया ने कहा कि इसका कोई सबूत नहीं कि भारतीय नेता ने कभी भी इन शब्दों का इस्तेमाल किया। ट्रंप ने समर्थक जुटाने के अपने प्रयास के तहत इंस्टाग्राम पर लिखा, 'पहले उन्होंने आपको नजरंदाज किया। उसके बाद वे आप पर हंसे, उसके बाद उन्होंने आपसे संघर्ष किया, उसके बाद आप जीत गए, महात्मा गांधी।'

ट्रंप और भारत का इंटनेशनल रोल

" पैसा मेरे लिए कभी बड़ी मोटिवेशन नहीं रहा है, सिवाय हिसाब बराबर रखने के। असली एक्साईटमेंट गेम खेलने में है।" - डोनाल्ड ट्रंप

अमेरिकी चुनाव में जीत दर्ज करने वाले डोनाल्ड ट्रंप जल्द ही भारत में निवेश करने जा रहे हैं। बता दें अपने सभी विरोधियों को करारा जवाब देते हुए डोनाल्ड ट्रंप ने अमेरिकी राष्ट्रपति चुनाव में ऐतिहासिक जीत दर्ज की। ट्रंप राष्ट्रपति चुने जाने से पहले एक सफल कारोबारी भी रहे हैं और जल्द ही पुणे के बाद अब मुंबई और दिल्ली एनसीआर में भी उनके नाम वाली गगनचुंबी इमारतें दिखाई देंगी। भारत में उनका पहला रियल एस्टेट प्रोजेक्ट 'ट्रंप टावर्स' पुणे के कल्याणी नगर में बनकर तैयार हो गया है और इसमें रणबीर कपूर जैसी बॉलीवुड सेलिब्रिटी ने फ्लैट्स खरीदे हैं।

बता दें कि ट्रंप की रियल स्टेट कंपनी जॉइंट वेंचर में पुणे के बाद बिल्डिंग्स और सोसायटी बना रही है। ट्रंप के साथ मुंबई में इमारत बना रहे मुंबई बेस्ड लोढा ग्रुप के मैनेजिंग डायरेक्टर अभिषेक लोढा कहते हैं कि ट्रंप बेहद ही प्रभावशाली और समझदार व्यक्ति हैं जो बिजनेस में दिमाग का इस्तेमाल करना जानते हैं। लोढा ग्रुप ही ट्रंप की रियल एस्टेट कंपनी के साथ मिलकर मुंबई में Uber Luxe नाम की एक 75 मंजिला इमारत का निर्माण कर रहा है। वर्ली में जारी इस प्रोजेक्ट का उद्घाटन करने के लिए साल 2014 में ट्रंप मुंबई भी आए थे।

फिलहाल, लोढा ग्रुप के अनुसार मुंबई में मौजूद इस इमारत के करीब 40 फ्लोर बनकर तैयार हो गए हैं और करीब 60 प्रतिशत फ्लैट बेचे भी जा चुके हैं। लोढा ने बताया कि ट्रंप की रियल एस्टेट कंपनी भारत में जल्द से जल्द अपना कारोबार बढ़ाने में काफी इंटरेस्ट ले रही है। लोढा ग्रुप के वाइस प्रेजिडेंट कल्पेश मेहता बताते हैं कि पुणे वाला प्रोजेक्ट पूरा होने के बाद ट्रंप की

कंपनी भारत में पाँच नए प्रोजेक्ट्स पर काम कर रही है। इन सभी का टार्गेट फिलहाल भारत की टियर 1 सिटीज हैं और इनमें ट्रंप ने करीब 115 बिलियन डॉलर का नवेश किया है। इनमें से दो दिल्ली एनसीआर में होंगे।

डोनाल्ड ट्रंप से हिलेरी क्लिंटन का मुकाबला हालिया वर्षों में हुए अमेरिका के राष्ट्रपति चुनावों में सबसे कड़े मुकाबलों में से एक था। ट्रंप ने न केवल हिलेरी को हराकर धमाकेदार अंदाज में व्हाइट हाउस पर दावेदारी साबित की बल्कि रिपब्लिकंस को अगले चार साल तक सत्ता में ला दिया। पूरी दुनिया की ही तरह, भारत में हम भी अमेरिकी चुनावों पर करीबी नजर बनाए हुए थे। ट्रंप के राष्ट्रपति बनने का हमारे देश के लिए क्या संदेश हैं,

डोनाल्ड ट्रंप ने चुनाव प्रचार के दौरान अपने एक भाषण में कहा था- 'भारतीय और हिंदू समुदाय को व्हाइट हाउस में एक सच्चा दोस्त मिल जाएगा। ट्रंप जैसा व्यक्ति जो लगातार स्पॉटलाइट में है, वह यदि इस तरह साफ-साफ शब्दों का इस्तेमाल करे तो इससे अच्छा क्या होगा! यह हमें, स्वीकारना होगा कि सभी भारतीय हिंदू नहीं हैं लेकिन जब बात भारत-अमेरिका नीति की आएगी, तो ऐसा लगता है कि हमें एक अच्छा दोस्त मिल गया है।

यदि ट्रंप के चुनाव अभियान में किए वादे पर भरोसा किया जाए तो अमेरिका आतंकवाद और लश्कर-ए-तैयबा व आईएसआईएस जैसे आतंकी संगठनों के खिलाफ कड़े फैसले लेगा। पठानकोट और उरी हमलों के बाद भारत के एजेंडे से यह मेल खाता है।

ट्रंप ने एक और वादा किया था, जो और भी ज्यादा प्रभावी है। उन्होंने कहा था कि वे रूस के साथ बेहतर संबंध बनाने की दिशा में काम करेंगे। यह अमेरिका की परंपरागत नीति से अलग होगा। यह भारत के लिए भी अच्छा है क्योंकि हम रूस को एक करीबी मित्र का दर्जा देते हैं।

ओवल ऑफिस और प्रशासन में एक दोस्ताना चेहरा होगा, जो वैश्विक आतंकवाद को रोकने के लिए प्रयत्नशील है। यह भारत की आतंकवाद के मुद्दे पर अपने पश्चिमी पड़ोसी से आयात होने वाले आतंकवाद से लड़ने की प्रार्थनाओं का जवाब होगा। ट्रंप निश्चित तौर पर पाकिस्तान को दी जाने वाली आर्थिक मदद रोकेंगे और इससे आतंकी गतिविधियों के लिए वित्तीय मदद में कमी आएगी।

वैश्विक फोरम पर चीन कई मोर्चों पर भारत का विरोध कर रहा है। ऐसे में इन बाधाओं के बावजूद ट्रंप की मौजूदगी से भारत-अमेरिका के रिश्तों को मजबूती देने में कोई परेशानी नहीं आएगी। फिर बात चाहे यूएन

सुरक्षा परिषद की स्थायी सदस्यता की हो या मसूद अजहर और उसके संगठन जैश-ए-मोहम्मद को यूएन की ओर से आतंकी संगठन घोषित करने का मुद्दा, अमेरिका का समर्थन स्वागत-योग्य होगा।

भारतीय तेल कंपनियों को सबसे ज्यादा फायदा होने की उम्मीद है क्योंकि ट्रंप ने अपने चुनावी प्रचार अभियान के दौरान वादा किया था कि वे अमेरिकी तेल सेक्टर को खोलने वाले हैं। ट्रंप ने यह भी वादा किया था कि ऊर्जा के क्षेत्र में अमेरिका को आत्मनिर्भर बनाया जाएगा। यदि अमेरिका अंतरराष्ट्रीय मार्केट में तेल की कीमतों में स्थिरता लाता है तो ओएनजीसी के ग्लोबल ऑपरेशन को बढ़ाने में उसके ब्रांड 'ओएनजीसी विदेश' को एक अच्छा मौका मिल जाएगा।

ट्रंप का एक और महत्त्वपूर्ण वादा यह था कि वे अमेरिका में मैन्यूफैक्चरिंग जॉब्स वापस लाएंगे। यह ऐसी नौकरियां हैं जो चीन जैसे देशों में चली गई हैं। ट्रंप इसके साथ ही एशियाई देशों में आउटसोर्स होने वाले कामों में भी कमी लाने की कोशिश करेंगे, इसका भारत पर भी असर होगा। लेकिन विविधतापूर्ण कारोबारी रिश्ते होने की वजह से यह काफी कम रहेगा। इसका फायदा एशिया में चीन के मुकाबले आर्थिक और राजनीतिक प्रभुत्व बढ़ाने में भारत को मिलेगा।

डोनाल्ड ट्रंप की जीत के बाद दुनिया के बाकी देशों के साथ अमेरिका के रिश्तों की चर्चा चल रही है। ट्रंप के राष्ट्रपति बनने से किन देशों पर क्या और कितना असर पड़ेगा? एक्सपर्ट ध्रुव जयशंकर फेलो, ब्रूकिंग्स इंडिया की मानें तो भारत के लिए यह इंटरनेशनल लेवल पर बड़ा रोल प्ले करने का मौका होगा। इस जीत से कितनी बदलेगी दुनिया।

इकोनॉमिक और सोशल फ्रंट पर तो बदलेगी। मस्जिदों पर निगरानी, आईएस जैसे टेररिस्ट ग्रुप पर एक्शन, अवैध अप्रवासियों को रोकने के लिए अमेरिका-मैक्सिको के बीच दीवार ट्रंप का एजेंडा रहा है।

ट्रंप मुस्लिम देशों और चीन के खिलाफ सख्त रुख अपना सकते हैं। अपनी हार्डलाइनर इमेज के चलते ट्रंप दुनिया को एक बार फिर कोल्ड वार पीरियड में ले जा सकते हैं।

कमजोर दिख रहे अमेरिका में बूम आ सकता है। ट्रंप के कुछ सख्त फैसले कर इकोनॉमी, इन्फ्रास्ट्रक्चर, टूरिज्म और बाजार को गति दे सकते हैं।

ट्रंप खुद एक बिजनेसमैन हैं, इसलिए इकोनॉमी को लेकर वे इनोवेटिव तरीके अपना सकते हैं। स्ट्रैटजी के मामले में भारत को फायदा होगा। ट्रंप

आतंकवाद, पाक और चीन के खिलाफ काफी बोल चुके हैं।

ट्रेड एग्रीमेंट के रूल्स रिवाइज करते हुए चीन पर भारी टैरिफ थोप सकते हैं। पाक स्पॉन्सर्ड टेररिज्म के खिलाफ भारत और अमेरिकी आर्मी प्ला. निंग कर ज्वाइंट ऑपरेशन चला सकती हैं।

ट्रंप आउटसोर्सिंग के खिलाफ हैं। एच1वीजा को गलत बता चुके हैं। भारतीय आईटी कंपनियों को नुकसान उठाना पड़ सकता है। अमेरिका फर्स्ट नीति से भारतीय प्रोफेशनल्स को दिक्कतें आ सकती हैं।

उन्होंने अमेरिका में कॉरपोरेट टैक्स 35 से 15% तक काटनें की बात कही है। ऐसे में फोर्ड, जीएम और माइक्रोसॉफ्ट जैसी कंपनियां अमेरिका की ओर भाग सकती हैं, यानी विदेशों में कारोबार कम कर सकती हैं। अमेरिका में कॉरपोरेट टैक्स की कटौती से 'मेक इन इंडिया' को खतरा होगा।

चीन ने अमेरिका से ट्रेड सरप्लस के चलते 2015 में 366 बिलियन डॉलर कमाए। पाक कट्टरपंथियों से लड़ाई के लिए अमेरिका से मदद के नाम पर 2002 के बाद से अब तक 30 बिलियन डॉलर ले चुका है। ट्रंप इससे खासा नाराज थे।

एक भारतीय ने ऐसे बदला गेम

> *"मैं अपनी सारी ज़िन्दगी नेताओं से डील करता रहा हूँ। अपनी सारी ज़िन्दगी। और हमेशा मैंने उनसे वो कराया है जो मैं कराना चाहता था।" - डोनाल्ड ट्रंप*

यूएस प्रेसिडेंशियल इलेक्शन में डोनाल्ड ट्रंप जीत गए। लखनऊ के आई.आई.एम. से पढ़े 30 साल के अविनाश इरागावारापू उनकी इस जीत के स्ट्रैटजिस्ट माने जा रहे हैं। वे ट्रंप की इलेक्शन टीम में स्टेट चीफ कैंपेनर थे। साथ ही कोर टीम में आईटी स्ट्रैटजी और डाटा क्रंचिंग देख रहे थे। बतौर अविनाश, इस साल 21 सितंबर से पहले तक ट्रंप हार रहे थे। हिलेरी का जीतना तय था। मुख्य चुनाव में सिर्फ 45 दिन बचे थे। 22 सितंबर को एक बड़ी मीटिंग हुई। इस मीटिंग ने ट्रंप को जीत का जैकपॉट दे दिया।

अविनाश ने बताया कि इस मीटिंग में रिपब्लिकन ट्रंप सहित इलेक्शन टीम के सभी अहम लोग मौजूद थे। उस दिन बनी नई स्ट्रैटजी और फिर रोज 19 से 23 घंटे तक हुए काम ने 70 साल के ट्रंप को अमेरिका के राष्ट्रपति की रेस में जितवा दिया।

एक अन्य सदस्य शलभ की ओर से ट्रंप को दिया गया 'मोदी मंत्र' यानी 'अबकी बार ट्रंप सरकार' भी इसी स्ट्रैटजी का हिस्सा था। 12 हजार लोगों की टीम सुबह 5-6 बजे से रात 3-4 बजे तक काम करती थी।

अविनाश अमेरिकन स्टेट एरिजोना में ट्रंप की पार्टी के चीफ कैंपेनर और कोर टीम के स्ट्रैटजिस्ट हैं। अविनाश ने बताया, 'नई स्ट्रैटजी में टीम का पूरा फोकस चेंज हो गया था।'

'पहले हम ट्रंप की क्वालिटी और उनके प्रेसिडेंट बनने से अमेरिका को होने वाले फायदे को सेल कर रहे थे। सितंबर में बनी नई स्ट्रैटजी में हिलेरी के प्रेसिडेंट बनने से होने वाले नुकसान और उनकी कमियों को वोटर्स के सामने रखने का प्लान बनाया गया।' 'इस प्लान पर सुबह 6 बजे से रात 3 बजे तक 20 से 22 घंटे काम किया।'

अविनाश ने बताया, 'नई स्ट्रैटजी में वोटर्स के जेंडर, एजुकेशन, इनकम ग्रुप और नागरिकता के आधार पर एंटी हिलेरी मैसेज फ्लोट किया जाने लगा।'

'जैसे महिलाओं को मेसेज भेजा गया तो उसमें हिलेरी की ओर से एंटी वुमन स्टेटमेंट या एक्ट लिखा। हाई इनकम ग्रुप वालों को भेजने पर उससे जुड़ा एंटी स्टेटमेंट सेंड किया।'

'लोग ट्रंप को लेकर शुरुआती पॉजिटिव कैंपेन से हिलेरी की तुलना करने लगे। इसके बाद हिलेरी को लेकर अमेरिका में नेगेटिव माहौल जनरेट हो सका।'

'मोदी मंत्र' से तीन दिन के अंदर फेवर में आ गए इंडियन्स अमेरिकन। अविनाश के मुताबिक, 'नई स्ट्रैटजी की प्लानिंग के दौरान ट्रंप को उनकी पार्टी के हिंदू संघ प्रेसिडेंट शलभ से 'मोदी मंत्र' का आइडिया मिला।'

'इसमें 'अबकी बार मोदी सरकार' की तर्ज पर हिंदी में 'अबकी बार ट्रंप सरकार' का नारा ट्रंप से हिंदी में बोलने को कहा गया।' 'इस वीडियो के आने के तीन दिन के अंदर हिंदुओं और अमेरिकी भारतीयों में ट्रंप को लेकर फेवर काफी बढ़ा।'

यह ट्रंप ग्रुप का इंडिया में पहला प्रोजेक्ट है। रिपब्लिकन पार्टी के डोनाल्ड ट्रंप अमेरिका के नए राष्ट्रपति होंगे। वैसे, ट्रंप का भारत से भी नाता है। उनका पहला रियल एस्टेट प्रोजेक्ट 'ट्रंप टावर्स' कुछ दिनों पहले पुणे के कल्याणी नगर में बनकर तैयार हुआ है। रणबीर कपूर जैसे मशहूर बॉलीवुड सेलिब्रिटीज ने भी यहां फ्लैट खरीदा। यही नहीं, कैम्पेनिंग के दौरान ट्रंप ने हिंदुओं की काफी तारीफ की थी। ट्रंप की बहू ने इस बार मंदिर में जाकर दिवाली मनाई थी। ये है खास इस प्रोजेक्ट में:-

23 मंजिला टावर्स का बाहरी हिस्सा पूरी तरह से कांच से बना हुआ है। हर मंजिल पर 6100 स्क्वेयर फीट का एक फ्लैट है। इनमें मॉडर्न फिटनेस सेंटर भी हैं।

हर फ्लैट में आउटडोर स्विमिंग पूल है। फ्लैट में सिर्फ बायोमेट्रिक कार्ड से एंट्री होगी। यहां वर्ल्ड क्लास स्पा भी है। साथ ही, सोसाइटी में 13,500 स्क्वेयर फीट की आर्ट गैलरी है।

टावर्स में वर्ल्ड क्लास सिक्युरिटी सिस्टम लगाया गया है। ट्रंप का भारत में यह पहला प्रोजेक्ट है। टावर्स के 46 अपार्टमेंट्स में से करीब आधे बिक चुके हैं। ट्रंप ऑर्गनाइजेशन ने पुणे टावर्स के लिए पंचशील ग्रुप से करार किया है।

टावर्स के लिए डोनाल्ड ट्रंप का ब्रांड नाम फायदेमंद साबित हुआ। इसकी वजह से वह अपार्टमेंट्स के लिए प्रीमियम प्राइस चार्ज कर रहे हैं। अपार्टमेंट्स 375 डॉलर (25000 रुपए) प्रति स्क्वेयर फुट के हिसाब से बिक रहे हैं। यह कीमत बाकी लग्जरी अपार्टमेंट्स के लिहाज से 10 हजार रुपए ज्यादा है।

मुंबई में 2013 में ट्रंप टावर बनाने का एलान हुआ था। यहां 400 अपार्टमेंट्स में से 226 अपार्टमेंट्स बिक चुके हैं। ट्रंप ऑर्गनाइजेशन ने कुछ भारतीय बिल्डरों को भी अपना नाम इस्तेमाल करने का लाइसेंस दिया है जो लग्जरी अपार्टमेंट्स बना रहे हैं।

ये अपार्टमेंट्स मुंबई और पुणे में बन रहे हैं। ऐसी भी खबरें हैं कि 2017 में ट्रंप के नाम वाले और ज्यादा प्रोजेक्ट्स की शुरुआत हो सकती है।

ऋषि कपूर और रणबीर कपूर ने पुणे के कल्याणी नगर के ट्रंप टावर्स में दो फ्लैट खरीदे हैं। ऋतिक रोशन की एक्स-वाइफ और इंटीरियर डेकोरेटर सुजैन खान ने तकरीबन 16 करोड़ रुपए का पेंटहाउस खरीदा है।

ट्रंप की बहू लारा ने हाल ही में एक मंदिर में दिवाली सेलिब्रेट की। लारा ट्रंप के दूसरे बेटे एरिक की वाइफ हैं। लारा ने कहा था, 'अगर उनके ससुर प्रेसिडेंट बने तो भारत-अमेरिका के रिश्ते और मजबूत होंगे। वे भारत और वहां के लोगों को बहुत प्यार करते हैं।' 'मुझे भी हिंदू कल्चर काफी पसंद है। में उसका काफी सम्मान करती हूं।'

अमेरिकी राष्ट्रपति डोनाल्ड ट्रंप के पक्ष में अब कुछ हिंदू, मुसलमान और सिख आकर उनकी मुसलमान विरोधी छवि को चुनौती देने को आगे आए हैं। मुसलमान विरोधी और सिर्फ़ गोरे लोगों का प्रतिनिधित्व करने वाले उम्मीदवार के तौर पर ट्रंप की छवि को इस तरह निखारा जा रहा है।

ट्रंप को योग की मुद्रा में कमल के फूल पर बैठा दिखाया है जिस पर 'ओम' का निशान बना हुआ है। उनके फ़ेसबुक पन्ने पर ट्रंप से 'नफ़रत करनेवालों' के लिए एक पैगाम भी है जिसमें कहा गया है: 'ट्रंप अमेरिका को फिर से महान बनाने का वादा कर रहे हैं।'

इसका मतलब है और नौकरियां, युद्ध की कम बातें, मज़बूत अर्थव्यवस्था, सुरक्षित सीमाएं और क़ानूनी रूप से यहां आए लोगों के लिए बेहतर ज़िंदगी वो जीतने जा रहे हैं और आप इतिहास के ग़लत पक्ष के साथ खड़े हैं।' अमेरिका में भारतीयों के अधिकारों के लिए काम करने वाली संस्था का कहना है कि एक ग़ैर-सरकारी संस्था होने के नाते वो किसी उम्मीदवार का

समर्थन नहीं करते, ट्रंप को एक हिंदू देवता की तरह दिखाए जाने के खिलाफ उनके पास कई शिकायतें आई थी। संस्था के एक प्रवक्ता जय कंसारा ने बताया, 'हम लोगों ने इस संगठन को उनके ट्विटर हैंडल पर अपनी चिंताओं से वाकिफ़ करवाया है लेकिन उनका कोई जवाब नहीं मिला है।'

गौरतलब है कि अमेरिका में हिंदुओं की आबादी बीस से पच्चीस लाख तक है और न्यू जर्सी में रहने वाले भारतीय मूल के कुछ अमरीकी भी ट्रंप के समर्थन में आए हैं लेकिन वो उसे एक हिंदू गुट नहीं बल्कि भारतीय मूल के अमरीकी गुट की तरह पेश कर रहे हैं।

'इंडियन अमेरिकंस फ़ॉर ट्रंप 2016' (Indian Americans For trump 2016) नामक इस गुट के एक सदस्य सुधीर पारिख का कहना है कि वो ट्रंप का समर्थन इसलिए कर रहे हैं क्योंकि उनमें रिपब्लिकंस और डेमौक्रेट्स दोनों ही के साथ काम करने की क़ाबिलियत है।

सुधीर पारिख एक कामयाब डॉक्टर हैं और पारिख वर्ल्ड मीडिया, जो कई छोटे-छोटे अख़बार निकालता है, के मालिक भी हैं, कहते हैं, 'अब ट्रंप को रोकना मुश्किल है।'

हमारे समुदाय में से ज्यादातर लोग हिलेरी क्लिंटन का साथ दे रहे हैं और ऐसे में ज़रूरी है कि कोई दूसरे पक्ष के साथ भी खड़ा हो जिससे हमारे हितों की रक्षा हो सके और वाशिंगटन तक हमारी पहुंच बनी रहे।'

भारतीय उपमहाद्वीप से यहां आकर बसे ज्यादातर लोग डेमोक्रैट्स के साथ रहे हैं लेकिन अक्सर वे पार्टी से हटकर उम्मीदवार की तरफ़ झुके हैं।

मिसाल के तौर पर जॉर्ज डब्ल्यू बुश भारतीयों के बीच काफ़ी लोकप्रिय थे क्योंकि उन्होंने भारत के साथ परमाणु समझौते की एक तरह से नींव रखी थी। सुधीर पारिख कहते हैं कि उनका गुट हिंदुओं का प्रतिनिधित्व नहीं कर रहा लेकिन कई हिंदू संगठनों का उन्हें साथ मिल रहा है। पारिख कहते हैं, 'हो सकता है कि ट्रंप ने मुसलमानों के खिलाफ जो बयान दिया है वे उन्हें पसंद आए हो लेकिन वह एकमात्र कारण हो ऐसा नहीं है।'

पाकिस्तानी मूल के अमरीकी साजिद तरार खुद को अमेरिकन मुस्लिम्स फ़ॉर ट्रंप (American Muslims for ट्रंप) कहने वाले इस गुट के संस्थापक हैं। उनका कहना है कि ट्रंप सीरिया जैसे देशों से अमेरिका आने की कोशिश कर रहे शरणार्थियों के लिए जिस तरह की सख्त जांच प्रक्रिया की बात कर रहे हैं, वो पूरी तरह से उसके हक़ में हैं।

ट्रंप की सर्वश्रेष्ठ पुस्तकें

'' विजेता होने का एक हिस्सा ये जानना है कि कब हद हो चुकी है। कभी-कभी आपको लड़ाई छोड़ कर जाना पड़ता है, और कुछ ऐसा करना होता है जो अधिक प्रोडक्टिव हो।'' - डोनाल्ड ट्रंप

ट्रंप एक विश्व प्रसिद्ध लेखक के रूप में भी अपनी पहचान बना चुके हैं उनकी लिखित पुस्तके विश्व की सर्वोधिक बिकने वाली पुस्तकें हैं 'अपंग अमेरिका' नामक पुस्तक में ट्रंप ने अमेरिका को महान बनाने के लिए फिर से एक किताब लिखी है। यह पुस्तक ट्रंप के 2016 पद के राष्ट्रपति पद के अभियान और उसके औचित्य को समझने के उद्देश्य के बहुत ज्यादा महत्त्वपूर्ण थी। ट्रंप ने इस पुस्तक में अवैध आव्रजन पर अपनी स्थिति स्पष्ट करते हुए कहा कि विशाल बहुमत उनके भविष्य और अपने बच्चों के भविष्य को बेहतर बनाने के लिए हैं। उन्होंने यह भी लिखा कि डेमोक्रेटिक पार्टी के लिए अपने अतीत संबद्धता के बावजूद, उन्होंने हमेशा रूढ़िवादी मूल्यों को आयोजित किया है। ट्रंप लिखते हैं कि मैंने इराक युद्ध का विरोध किया था, एक संभावित अस्थिर बल के रूप में देखा, और एक अंतिम उपाय के रूप में सैन्य हस्तक्षेप देखा है।

डोनाल्ड ट्रंप, ऐसी शख़्सियत हैं जिनसे व्यक्तिगत तौर पर भी बहुत कुछ सीखा जा सकता है और व्यावसायिक तौर पर तो उन्होंने दुनिया में मिसाल कायम की है। विश्व में प्रॉपर्टी मुगल के नाम से मशहूर ट्रंप और आ. र्थिक सलाहकार के तौर पर दुनिया में अपना दबदबा कायम करने वाले रॉबर्ट टी.कियोसाकी की बेजोड़ कृति है 'हम आपको अमीर क्यों बनाना चाहते हैं।' इस पुस्तक के 29 अध्याय सिर्फ आप पर हैं। जी हां, सिर्फ आप पर। क्योंकि सीधे तौर पर ट्रंप और कियोसाकी ने पुस्तक में उन मुद्दों पर खुलकर चर्चा की है, जिनसे आप अमीरों की श्रेणी में आ सकते हैं।

जीतने के लिए निवेश करना, अपना युद्ध और युद्ध का मैदान चुनना,

मस्तिष्क की रचनात्मकता का अमीरी में योगदान और बिना जोखिम अमीरी का रुख करना सरीखे गंभीर विषयों पर दोनों दिग्गजों ने ध्यान खींचा है। दोनों ही लेखक न्यूयॉर्क टाइम्स के श्रेष्ठ पुस्तकों के लेखक के तौर पर भी पहचाने जाते हैं। ट्रंप का पुस्तक के जरिए अमीरी के रहस्यों को दुनिया के साथ बांटना, अमीरी के रास्ते पर ट्रंप के अनुभवों का लाभ लेने जैसा है।

पुस्तक में दोनों लेखकों ने अमीरी के रास्ते पर निकले, जुनून से आगे बढ़ रहे लोगों को ध्यान में रखते हुए, उन्हें भी सटीक सलाह दी है, जो पहले से अमीर हैं। अमीरीयत को बनाए रखते हुए और अमीर कैसे बना जाए, यह पुस्तक बखूबी बताती है। दोनों ही लेखकों का मानना है कि दुनियाभर में अमीर लोग और अमीर होते जा रहे हैं, लेकिन क्या आप अमीर बन रहे हैं? हमारा मध्यम वर्ग खत्म हो रहा है और गरीब और अमीर के बीच बड़ी खाई बनती चली जा रही है। इस बड़ी समस्या से निपटने के लिए अमीरी का रास्ता बाकी दूसरी मुश्किलों से कहीं ज्यादा आसान है। इसी रास्ते के बारे में डोनाल्ड ट्रंप और रॉबर्ट कियोसाकी ने इस अद्‌भुत पुस्तक को लिखा है।

आज भले ही मीडिया भावी अमरीकी राष्ट्रपति डोनाल्ड ट्रंप को एक बिगड़े अमीरजादे के रूप में दिखा रहा हो पर मीडिया यह नहीं बताता कि ट्रंप ने अमेरिका की सबसे बड़ी भू-निर्माण कंपनी खड़ी करने पर उन्होंने और उनके परिवार ने जीवन के कितने अनुभव लिए। ट्रंप एक बुद्धिजीवी भी है जो मीडिया नहीं बताता। उन्हें आज भी नाना प्रकार की पुस्तकें पढ़ने का शौक है। ट्रम को इतिहास का ज्ञान भी विशाल है और वह वर्तमान समस्याओं को ऐतिहासिक रूप में देखते हैं। बहुत से लोगों को उनकी इस्लाम पर की टिप्पणियां पसंद नहीं आई परंतु यह एक सत्य है कि इस्लाम के आने के बाद ईसाई मिशनरियों के अच्छे कार्यों पर रोक लगी और यूरोप से लेकर भारत तक विशव का इस्लामीकरण करने के लिए जो जंगें छेड़ी गई वे आज भी जारी हैं। इस्लाम के इस फैलाव और ईसाई धर्म के पतन के बारे में डॉ. भीमराव आंबेडकर ने अपने लेख 'एसेस ऑन अनटचेबिलिटी' में भी लिखा है। समस्या यह है कि ट्रंप उन खूबसूरत मुहावरों से लोगों को रिझाना या बेवकूफ बनाना नहीं जानते जैसा कि चालाक नेता ओबामा या हिलेरी क्लिंटन करना जानते हैं। ट्रंप साफ़ बात करते हैं क्योंकि वह समस्या का समाधान करने में रूचि रखते हैं। उन्हें पैसे की भूख नहीं है जैसी कि उन नेताओं को होती है जो कि मध्यम वर्ग से आते हैं। कुछ ही दिनों पहले फ्रांस के एक टीवी चैनल पर दिखाया गया कि ओबामा अश्वेत होते हुए भी अश्वेतों का भला नहीं कर पाए हैं। पिछले तीस वर्षों से अमेरिका में भारत जैसे ऐसे नेताओं का राज चल रहा था जो

सिर्फ जुमलें कहना जानते हैं और लोग उनके जुमलों और मीठी-मीठी बातों में विश्वास करने लगे। पर वह सिर्फ अपना भला चाहते थे। बुश, क्लिंटन और ओबामा ऐसे ही नेता थे जिन्होंने केवल अपना ही भला किया। बुश ने अपने पुत्र को राष्ट्रपति बनवाया, क्लिंटन अपनी बीवी को बनवाना चाहते थे और ओबामा अपनी पत्नी को राष्ट्रपति बनाने की तैयारी ही कर रहे थे। अमरीकी जनता इन परिवार-तंत्रों से सत्ता को दूर रखना चाहती थी। वह बदलाव चाहती थी और ट्रंप में उन्हें एक बदलाव नजर आया। ट्रंप सत्तर की उम्र में भी अध्यन्न करते हैं, उन्हें बड़े व्यापार चलाने का अनुभव है, इतिहास को समझते हैं और वर्तमान की सोचते है। इन सबसे यही कहा जा सकता है कि वह अमेरिका को उसका गौरव प्राप्त करवा पाएंगे। हम लोगों में व्यवसाय और निवेश की शिक्षा देने के लिए सात पुस्तकें पिछले तीन वर्षों से बेच रहे है और उनमें से एक पुस्तक के सह-लेखक स्वयं डोनाल्ड ट्रंप भी हैं।

रिच डैड पूर डैड : यह पुस्तक बताती है कि एक सफल व्यवसायी किस प्रकार सोचता है और किस प्रकार अपने बच्चों को व्यवसाय के लिए तैयार करता है।

इक्कीसवी सदी का व्यवसाय : यह पुस्तक आज के समय में मार्केटिंग के तरीके बताती है जिससे कि आप अपने व्यवसाय को आगे बढ़ा पाएं।

धनी बने, खुश रहें : यह पुस्तक आपको बताती है कि किन कमियों के कारण लोग निर्धन (गरीब) रह जाते हैं। साथ में यह बताती है कि आपको वित् और व्यवसाय की शिक्षा की जरुरत क्यों है।

रिटायर यंग रिटायर रिच (युवा रिटायर हों अमीर रिटायर हों) : यह पुस्तक आपको बताती है कि आप किस प्रकार कम उम्र में धन के अलग-अलग स्त्रोत पैदा कर सकते हैं जिनसे कि आप कम उम्र में रिटायर हो कर निरंतर धन प्राप्त करते रहें और अधिक धन बना पाएं।

कैशफ्लो कवाडरेंट : यह पुस्तक आपको बताती है कि किस प्रकार आप एक नौकरीपेशा से छोटे व्यापारी और फिर छोटे व्यापारी से बड़े व्यापारी और फिर निवेशक बन सकते हैं।

हम आपको अमीर क्यों बनाना चाहते हैं : यह पुस्तक अमेरिका के दो बड़े व्यवसायिओं के अनुभव बताती है कि वे किस प्रकार अपना धन बचाते है और फिर उसे आगे लगाते हैं जिससे कि उनके व्यापार में वृद्धि होती है। सधे हुए लेखक डोनाल्ड ट्रंप, ऐसी शख़्सियत हैं जिनसे व्यक्तिगत तौर पर भी बहुत कुछ सीखा जा सकता है और व्यावसायिक तौर पर तो उन्होंने दुनिया में मिसाल कायम की है। विश्व में प्रॉपर्टी मुगल के नाम से मशहूर ट्रंप और

आर्थिक सलाहकार के तौर पर दुनिया में अपना दबदबा कायम करने वाले रॉबर्ट टी.कयोसाकी की बेजोड कृति है हम आपको अमीर क्यों बनाना चाहते हैं। इस पुस्तक के 29 अध्याय सिर्फ आप पर हैं। जी हां, सिर्फ आप पर। क्योंकि सीधे तौर पर ट्रंप और कियोसाकी ने पुस्तक में उन मुद्दों पर खुलकर चर्चा की है, जिनसे आप अमीरों की श्रेणी में आ सकते हैं।

पुस्तक में दोनों लेखकों ने अमीरी के रास्ते पर निकले, जुनून से आगे बढ़ रहे लोगों को ध्यान में रखते हुए, उन्हें भी सटीक सलाह दी है, जो पहले से अमीर हैं। हमारा मध्यम वर्ग खत्म हो रहा है और गरीब और अमीर के बीच बड़ी खाई बनती चली जा रही है। इस बड़ी समस्या से निपटने के लिए अमीरी का रास्ता बाकी दूसरी मुश्किलों से कहीं ज्यादा आसान है। इसी रास्ते के बारे में डोनाल्ड ट्रंप और रॉबर्ट कियोसाकी ने इस अद्भुत पुस्तक को लिखा है

बिज़नेस स्कूल : यह पुस्तक आपको बताती है कि भले ही आप एम बी ए करने के लिए किसी बिज़नेस स्कूल में नहीं गए हों पर फिर अभी ऐसी बहुत सी बातें हैं जिन्हें आप समझ लें तो आप भी किसी एम बी ए से काम नहीं हैं।

अन्य पुस्तके -

'नेवर गिवअप', 'थिंक बिग एंड किक एस इन', 'बिजनेस एंड लाइफ', 'ट्रंप 101: द वे टू सक्सेस, व्हाई वी वांट यू टू बी रिच' और 'थिंक लाइक ए बिलेनियर' भी उनकी बुक्स हैं।

ट्रंप से जुड़ी रोचक बातें

" अमेरिका बाकी सब की समस्याओं के लिए एक डंपिंग ग्राउंड बन गया है।" - डोनाल्ड ट्रंप

डोनाल्ड जॉन ट्रंप धनी परिवार से ताल्लूक रखते हैं। उन्होंने करियर की शुरुआत पिता की रियल इस्टेट कंपनी से की थी। आज से इन कंपनी के सर्वेसर्वा हैं। उनकी कुल सम्पत्ति 400 करोड़ डॉलर है। आज उनकी पहचान एक अमेरिकी बिजनेसमैन, टीवी पर्सनालिटी, राजनेता, लेखक और राष्ट्रपति के रूप में है।

ट्रंप ताजमहल: ट्रंप ने अपने नाम से कई कैसिनो, गोल्फ कोर्स, होटल बनवाए हैं। ऐसी ही एक बिल्डिंग है ट्रंप ताज महल। यह न्यूजर्सी स्थित एक कैसिनो है। 2004 से 2015 तक उन्होंने एबीसी रियल्टी शो भी होस्ट किया था।

1990 में ट्रंप दिवालिया होने की कगार पर पहुंच गए थे। हालांकि अगले चार साल में उन्होंने 90 करोड़ रुपए का कर्ज चुका दिया। इसके लिए उन्हें अपनी कई सम्पत्तियां बेचनी पड़ी।

ट्रंप को फुटबॉल का भी काफी शौक है 1962 में अपनी यूनिवर्सिटी की टीम से खेल भी चुके हैं, यही कारण है कि उन्होंने 1984 में अमेरिकी फुटबॉल लीग में न्यूजर्सी टीम को खरीदा था।

90 मंजिला ट्रंप टॉवर दुनिया की सबसे ऊंची रिहाइशी इमारत है। 18 बैडरूम वाला ट्रंप पैलेस अमेरिका की सबसे महंगी प्रॉपर्टी है।

ट्रंप ने कभी शराब और सिगरेट नहीं पी है। वहीं उनका बड़ा भाई फ्रेड अत्यधिक शराब पीने के कारण असमय दुनिया छोड़ गया। ट्रंप भले ही नहीं पीते हों, लेकिन 2006 में उन्हें अपने नाम के ब्रांड वाली वोदका लांच की थी।

ट्रंप जब सोकर उठते हैं तो वैसे बिल्कुल नहीं लगते, जैसे हम तस्वीरों में उन्हें देखते हैं। वे अपने बालों को हेयरड्रायर की मदद से आगे लाते हैं और फिर पीछे ले जाते हैं।

ट्रंप अमेरिका के राष्ट्रपति बराक ओबामा के कट्टर विरोधी हैं। ओबामा के जन्म प्रमाणपत्र के खिलाफ अभियान में छेड़ने में उनका बड़ा हाथ था। हाल ही में उन्होंने ऑफर दिया है कि ओबामा राष्ट्रपति पद से इस्तीफा देते हैं तो वे उनके किसी भी गोल्फ कोर्स पर खेलने के लिए आमंत्रित हैं।

ट्रंप को हाथ मिलाना पसंद नहीं है। जब कोई उन्हें इसके लिए मजबूर करता है तो वे उस शख्स का हाथ पकड़कर उसे अपनी तरह खींच लेते हैं।

अपनी हालिया चुनावी भारत में ट्रंप ने कॉल सेंटर प्रतिनिधि के अंग्रेजी में बात करने की नकल उतारते हुए भारत का मजाक उड़ाया। हालांकि तुरंत ही भारत को एक महान देश बताया और कहा कि वह भारतीय नेताओं से नाराज नहीं हैं। इससे पहले एक साक्षात्कार में उन्होंने कहा था, भारत अच्छा प्रदर्शन कर रहा है, लेकिन कोई इस बारे में बात नहीं करता।

ट्रंप का मूल्यांकन

" लोग सोचते हैं मैं फटने के लिए तैयार एक बॉईलर हूँ, लेकिन हकीकत में मेरा ब्लड प्रेशर बहुत कम है, जो की कई लोगों के लिए हैरत की बात है।" - डोनाल्ड ट्रंप

ट्रंप के अनुसार वह विदेशों में मौजूद अमरीका की कम्पनियों को वापस लायेगा जिससे कि अमरीका में लोगों को नौकरी मिल सके और वहाँ विकास हो। ट्रंप के अनुसार उन देशों को जिनका अमरीका के साथ ट्रेड डे. फिसिट है वे अमरीका के कर्जदार हैं इसलिए इन देशों से आयात किये गये माल पर भारी कर लगाने होंगे। सरकार के निवेश को कम करने के साथ ट्रंप ने तमात करों को कम करने की बात कही है। ट्रंप अमरीका की सैन्य ताकत बढ़ायेगा जिससे अमरीका किसी भी विदेशी ताकत और प्रवासियों से न डरे हालाँकि सैन्य निवेश में अमरीका सैन्य बजट के देशों की सूची में अपने से पीछे मौजूद 25 देशों के बराबर निवेश करता है! दरअसल राष्ट्रवाद और नफ़रत की चाशनी में डुबोकर पेश किये गये ये मध्यम वर्ग के लिए उपयोगी और मजदूर वर्ग के लिए खतरनाक है। बड़ी पूँजी के पक्ष वाले लोग बड़े उत्साहित हो रहे हैं। रिपब्लिकन पार्टी का धड़ा हमेशा से ही वाल स्ट्रीट, बड़े कॉपीरेट घरानों और मिलिट्री-इण्डस्ट्री ढाँचे की सेवा में लगा रहता है और डोनाल्ड ट्रंप की नीतियाँ भी मूलत: यही हैं। ट्रंप की नीतियाँ मज़दूर विरोधी, पर्यावरण विरोधी और नस्लीय रही हैं। लोगों के जनवादी अधिकार भी इनके निशाने पर होते हैं। ट्रंप इन नीतियों को नंगे तौर पर मुसलमान विरोध, प्रवासी विरोध करते हुए अमरीका से मैन्युफैक्चरिंग कम्पनियों के विदेश चले जाने को मुद्दा बना रहा है। अगर इन बातों को जोड़ कर देखे तो ट्रंप एक फ़ासीवादी हैं। हमें लगता है कि इस निष्कर्ष पर पहुँचना गलत होगा। अमरीका में निश्चित तौर पर आज निम्न मध्य वर्ग उद्वेलित हो रहा है। ऐसी स्थिति जल्द ही आ सकती है। ट्रंप का

उभार यह बात साफ़ कर रहा है कि अमरीका की राजनीतिक ज़मीन फ़ासीवाद के लिए उपजाऊ हो रही है। ट्रंप का आना शुभ संकेत नहीं है।

ट्रंप की इस राजनीति को समझना है तो हमें ट्रंप के विचारों और व्यवहार को ध्यान में रखकर समझना होगा। वैसे मुसोलिनी का फ़ासीवाद भी व्यवहारवादी दर्शन से ही प्रेरणा लेता था। व्यवहारवाद के अनुसार सत्य इस्तेमाल से ही पैदा होता है। किसी भी वस्तु के पीछे नियम होने का खण्डन करते हुए व्यवहारवाद किसी भी किस्म की ज़रूरत के अनुसार पद्धति को लागू करना सही समझता है। यह मूलत: सिद्धान्त की जगह कार्यवाही को बुनियादी मानता है। ट्रंप भी व्यवहारवादी है। अपने को आम नेताओं से अलग व "जो चल जाये", किसी भी बात से 180 डिग्री पैंतरा बदलने वाले व्यक्तित्व के रूप में स्थापित कर रहा है। ट्रंप की राजनीति धुर दक्षिणपन्थी व्यवहारवादी राजनीति है जो आज विश्व भर में वित्तीय पूँजी की ज़रूरत है। साथ ही यह अमरीका की राजनीतिक ज़मीन में फ़ासीवाद के लिए उपजाऊ हो रही ज़मीन का संकेतक है। दरअसल फ़ासीवाद और दक्षिणपन्थी उभार आर्थिक संकट के कारण पैदा होता है। 1970 के दशक से पूरा विश्व एक मन्द-मन्द मन्दी का शिकार है बल्कि जो 2008 के बाद से और अधिक गहरा गयी है। आज साम्राज्यवाद ढाँचागत संकट का शिकार है और इसके गर्भ से पैदा होने वाला फ़ासीवाद पहले सरीखा नहीं होगा बल्कि ढाँचागत ही होगा। आज यदि अमरीका के पूँजीपति वर्ग को आकस्मिक तौर पर भयंकर संकट का सामना नहीं करना पड़ रहा है परन्तु 2015 की आख़िरी तिमाही में आर्थिक वृद्धि दर मात्र 0.7 प्रतिशत ही रही थी और लगातार पूँजीपतियों के सामने मुनाफ़े की दर के घटने का संकट मौजूद है। इस संकट से उबरने के लिए वे ऐसे किसी भी शासक को चुन सकते हैं जो उन्हीं की बिरादरी का हो और नंगे तौर पर पूँजीपरस्त नीतियों को लागू कर सके। यह बात नहीं है कि केवल निम्नमध्यमवर्ग में ही बरबादी के कारण छटपटाहट है बल्कि पूँजीपति वर्ग भी मन्दी के चलते बन्द गली में आकर खड़ा हो गया है। अपने-अपने कारणों से ये दोनों ही ट्रंप का समर्थन कर रहे हैं। 2008 के अमरीकी सबप्राईम संकट की वजह से लाखों लोग बेरोज़गार हुए। ओबामा के द्वारा तमाम ढोल पीटने के बाद भी इस महामन्दी के कारण जनता का बड़ा हिस्सा गरीबी, बेरोज़गारी और भुखमरी में समा गया और यही कारण है कि इस हिस्से में भी ज़बरदस्त गुस्सा है। फिलहाल अमरीका में ज़मीनी स्तर पर कोई गम्भीर फ़ासीवादी संगठन सक्रिय नहीं हैं। हालाँकि ओथ कीपेर्स संगठन ऐसा ही संगठन है जो सेना, पुलिस और नौकरशाही के बीच काम कर

रहा है और इसके द्वारा चलाये जा रहे पैट्रियोटिक मूवमेण्ट में आम आबादी का छोटा हिस्सा भी सक्रिय है। ट्रंप जैसे नेता और ओथ कीपेर्स सरीखे संगठनों में आज भले ही उस तरह का सम्पर्क न हो परन्तु ये दोनों धाराएँ आपस में मिल गई है और डोनाल्ड ट्रंप चुनाव जीतकर अमरीका में दक्षिणपन्थी उभार पुख्ता कर दिया है।

अमरीका के आर्थिक संकट ने बर्नी सैण्डर्स की राजनीति को भी फलने-फूलने का मौका दिया है। यह दरअसल डोनाल्ड ट्रंप का राजनीति के आईने में विपरीत प्रतीत होता है परन्तु यह क्लासिकीय उदारवादी पूँजीपति वर्ग का प्रतिनिधि है। जहाँ डोनाल्ड ट्रंप समस्याओं को मिथ्या शत्रु पर थोप रहा है वहीं बनी सैन्डर्स बताता है कि पूँजीवाद के कारण पैदा हुई बीमारियों को पूँजीवाद ही खत्म करेगा और यह इलाज चुनाव के रास्ते से हमें करना होगा! दुनिया में जगह-जगह सामाजिक जनवादियों और सुधारवादियों का उभार हो रहा है जो जनता को धोखा देकर सत्ता में पहुँच रहे हैं। ग्रीस में सीरिजा और स्पेन में पौदेमास के उभार के बाद इंग्लैंड में कोर्बिन का उभार हुआ है। यह विश्व स्तरीय परिघटना ही है जिस कारण अमरीका में तमाम जन उभारों जैसे 'ऑक्युपाई वॉल स्ट्रीट' आन्दोलन और 'ब्लैक लाइव्स मैटर' आन्दोलन को बनी सैण्डर्स सोख लेना चाहता है। और यह जनता के अन्दर की व्यवस्था विरोधी भावना को अपने सुधारवादी वायदों के ज़रिये इस्तेमाल कर रहा है। वास्तव में ये आन्दोलन अंततः दक्षिणपन्थी ताकतों को ही मजबूत करते हैं क्योंकि मन्दी के दौर में पूँजीपति वर्ग इनके द्वारा सुझाये कीन्सीय नुस्खे लागू करने में भी असमर्थ होता है। बनी सैण्डर्स के चुनावी मुद्दे मुख्यतः हैं- सभी को जीविकोपार्जन हेतु वेतन, एकीकृत-कर स्वास्थ्य योजना, सरकारी निवेश व बैंकों के ढाँचे को विकेन्द्रित करना। अगर ये माँगें कोई सरकार लागू करे तो शैल, एक्सन सरीखी पेट्रो कम्पनियों और सिलिकॉन वैली में बैठे धन कुबेरों को वह कत्तई रास नहीं आयेगी हालाँकि सभी सामाजिक जनवादी जानते हैं कि वायदा करने का मतलब उन्हें पूरा करना नहीं होता। अर्थशास्त्री भी सैण्डर्स से नाराज़ हैं क्योंकि उन्हें लगता है वे अव्यावहारिक हैं। पॉल क्रूगमेन के अनुसार, और यहाँ वे सही हैं कि 'संस्थानों का क्रान्तिकारीकरण', जो बर्नी के प्रचार का एक बड़ा जुमला है, एक शेखचिल्ली का सपना है व अव्यावहारिक है। यह बात सही है क्योंकि संस्थानों का क्रान्तिकारीकरण बिना क्रान्ति के सम्भव ही नहीं है! हिलेरी भी बर्नी की आलोचना यह कह कर करती हैं कि बर्नी की नीतियाँ अव्यावहारिक हैं और हमें फिलहाल वही माँग करनी चाहिए जो व्यावहारिक

तौर पर मिल सके। वित्तीय पूँजी के मौजूदा मन्दी के दौर में कीन्सीय माँग चुनाव में पेश करना भी अखबारों में उसे क्रान्तिकारी घोषित करवाने के लिए काफ़ी है। अमरीका में सरकार का जनसुविधाओं में निवेश कम करना, जनता के आन्दोलनों को कुचल देना, गन लॉबी का समर्थन करना और इज़रायल के साथ खूनी षडयंत्र बनाना और सीरिया, ईराक, अफ़गानिस्तान, फ़िलिस्तीन, उक्रेन से लेकर अफ्रीका के देशों में मासूमों का खून बहाकर अपने पूँजीपति आकाओं के लिए सिक्के ढालना, यही हैं अमरीकी सरकार के व्यावहारिक काम। इस व्यावहारिकता के मूल में पूँजीपतियों के मुनाफ़े की दर को बरकरार रखना है जो वैश्विक आर्थिक संकट के कारण सिकुड़ती जा रही है। अमेरिकी जनता को लिए आने वाले समय के लिए अब तैयार रहना है और नये विकल्पों पर काम करना भी जरूरी है।

ट्रंप 'पर्सन ऑफ द ईयर'

"ये एक बड़ी बात है, जब आप दिखा सकें कि आप सफल रहे हैं और आपने बहुत से पैसे बनाए हैं एवं आपने बहुत लोगों को नौकरियां दी हैं।" - डोनाल्ड ट्रंप

हमेशा विवादों में रहने वाले अमेरिका के वर्तमान राष्ट्रपति ट्रंप को दुनिया की चर्चित पत्रिका 'टाइम' ने 'पर्सन ऑफ द ईयर' चुन लिया गया है। सबसे पहले पत्रिका ने रीडर्स पोल (ऑनलाइन वोटिंग) में लोगों से पूछा गया था कि उनके मुताबिक 'पर्सन ऑफ द ईयर' कौन है? इस वोटिंग में भारत के प्रधानमंत्री नरेन्द्र मोदी का नाम सबसे ऊपर रहा और उन्होंने डोनाल्ड ट्रंप, हिलेरी क्लिंटन, बराक ओबामा, जुलयिन असांज और मार्क जुकरबर्ग जैसी हस्तियों को भी बहुत पीछे छोड़ दिया था। लेकिन इस पोल के उलट ट्रंप को 'टाइम पर्सन ऑफ द ईयर' चुन लिया गया है। यह पहली बार नहीं हुआ है जब परिणाम उल्ट आये हैं। इससे पहले भी कई परिणाम को बदला जा चूका है। टाइम 1998 से यह ऑनलाइन पोल करवा रहा है जिसमें वह पाठकों से जानना चाहता है कि 'उनके हिसाब' से 'पर्सन ऑफ द ईयर' कौन है? मैगज़ीन के लिए यह जरूरी नहीं कि पाठक जिसे इस टाइटल के लिए चुनें, उसे मैगज़ीन द्वारा भी 'पर्सन ऑफ द ईयर' चुना जाए। टाइम पत्रिका के संपादकों ने कई पाठकों की पसंद को दरकिनार करते हुए पोल के परिणाम को पलट दिया था। 1998 में पहलवान मिक फोली को पाठकों ने 50 प्रतिशत से ज्यादा वोट दिया था लेकिन पत्रिका ने उस साल बिल क्लिंटन और केन स्टार को पर्सन

पत्रिका के मुताबिक 'पर्सन ऑफ द ईयर' उस व्यक्ति, घटना या वस्तु से है जिसने उस पूरे साल की गतिविधियों पर बहुत ज्यादा असर डाला हो। असर अॅच्छा या बुरा भी हो सकता है। एडोल्फ हिटलर, जोसेफ स्टैलिन और अयातुल्लाह ख़ोमेनी जैसे विवादित नाम भी पर्सन ऑफ द ईयर बने हैं।

जहां तक पीएम मोदी की बात है तो यह दूसरी बार है जब उन्होंने

इस मैगज़ीन के ऑनलाइन पोल 2014 में भी उन्होंने यह पोल जीता था जब उन्हें 16 प्रतिशत वोट मिले थे। यह लगातार चौथा साल है, जब इस पोल में पत्रिका ने पीएम मोदी को उन लोगों में से एक माना है जिसने 'खबरों और दुनिया को अच्छे या बुरे किसी भी लहज़े में प्रभावित किया है' लेकिन वे अभी तक पत्रिका के संपादको को प्रभावित करने में सफल नहीं हो पाए है।

'टाइम पर्सन ऑफ ईयर' नामित होने बाद ट्रंप ने कहा था कि यह बड़े सम्मान की बात है। यह बहुत मायने रखता है। मैं टाइम पत्रिका पढ़ते हुए बड़ा हुआ हूं। यह बहुत महत्वपूर्ण पत्रिका है। यह बड़ा सम्मान है। मैं खुशनसीब हूं कि मुझे अतीत में भी टाइम पत्रिका के मुख्य पृष्ठ पर स्थान मिला है।

पत्रिका ने कहा ने भी आपना ब्यान जारी करते हुए कहा कि व्यवस्था विरोधी व लोकलुभावनवादी के तौर पर प्रचार करने के बाद 70 साल के ट्रंप अमेरिका के 45वें राष्ट्रपति चुने गए और उनके निर्वाचन के साथ उस प्रचार अभियान का अंत हुआ, जिसमें बार-बार राजनीतिक परिपाटी भंग हुई।

टाइम मैगजीन की शुरूआत साल 1927 से मैन ऑफ द ईयर पुरस्कार शुरू किया था। भारत की ओर से राष्ट्रपिता महात्मा गांधी को साल 1930 में 'मैन ऑफ द ईयर' के पुरस्कार से सम्मानित किया जा चुका है। साल 1999 में इसका नाम 'मैन ऑफ द ईयर' से बदलकर 'पर्सन ऑफ द ईयर' कर दिया गया। साल 2006 में वेनेजुएला के प्रजीडेंट ह्यूगो शावेज ऑनलाइन पोल में सबसे आगे थे लेकिन जब अंतिम परिणाम आए तो एडिटर्स ने उनकी जगह किसी और को पुरस्कार दे दिया। इससे पहले 1998 में रेसलर मिक फॉली के जब जीतने की संभावना सबसे ज्यादा थी तब उन्हें पोल लिस्ट से ही हटा दिया गया। तमाम विवादों के बाद भी ट्रंप 'पर्सन ऑफ द ईयर' चुना जा चूका है।

ट्रंप के खिलाफ बनी फ़िल्म

" मुझे हारने वाले पंसद नहीं है।"- डोनाल्ड ट्रंप

अमरीका में राष्ट्रपति चुनाव के दौरान एक अद्भूत कारनामा भी हुआ। तमाम विवादों के बीच ट्रंप के खिलाफ एक फिल्म रिपब्लिकन पार्टी के उम्मीदवार डोनाल्ड ट्रंप पर बनाई गई एक फ़िल्म का भी प्रदर्शन बड़े पैमाने पर हुआ। लेकिन इसका भी कोई असर नहीं हुआ। प्रीमियर न्यूयॉर्क में हुआ। 'गॉड वर्सेज़ ट्रंप ओनली लव विंस' यानी भगवान बनाम ट्रंप-सिर्फ़ प्यार जीतता है।

एक वृतचित्र के तौर पर बनाई गई इस फ़िल्म में ट्रंप की नीतियों को आधार बनाकर इंसानियत और पर्यावरण को होने वाले संभावित नुकसान पर ज़ोर दिया गया है। इस फ़िल्म के ब्रिटिश डायरेक्टर ने 2 महीने पहले ही शूटिंग शुरू की और इसका प्रीमियर न्यूयॉर्क में आयोजित किया गया। फ़िल्म के प्रोड्यूसर सुनील सदरंगानी फ़िल्म के बारे में कहते हैं, 'यह फ़िल्म दुनिया को संदेश देना चाहती है कि अगर ट्रंप अमरीकी राष्ट्रपति बन जाते हैं तो दुनिया पर क्या असर पड़ सकता है। दुनिया के लिए वह काफ़ी ख़तरनाक होगा। आप कह सकते हैं कि डोनाल्ड ट्रंप के खिलाफ़ यह फ़िल्म है।'

सुनील सदरंगानी कहते हैं कि फ़िल्म निर्देशक का यह अनूठा आईडिया उन्हे पसंद आया कि वह इस सिलसिले में बजाए बड़े-बड़े बुद्धजीवियों और आध्यात्मिक लोगों से बात करने के, आम लोगों से बात करें और ख़ासकर मनोविज्ञान से जुड़े लोगों से उनकी राय लें। फ़िल्म में दिखाया गया है कि खुद फ़िल्म निर्देशक दुनिया भर के विभिन्न देशों जैसे कनाडा, ऑस्ट्रेलिया, अमरीका और ब्रिटेन के, मनोविज्ञान से जुड़े लोगों से डोनाल्ड ट्रंप के अमरीकी राष्ट्रपति बनने की संभावना के बारे में सवाल पूछ रहे हैं। फ़िल्म के नाम के बारे में मार्टिन डंकर्टन कहते हैं कि डोनाल्ड ट्रंप अंत में एक ऐसे पात्र के समान हैं जो उसी दिव्य का ही एक हिस्सा है और वह दुनिया भर के लोगों को एक आईना भी दिखाता है।

आखिरी बाधा

ट्रंप राष्ट्रपति चुनाव में जीत हासिल कर चुके हैं लेकिन अभी अंतिम बाधा बची हुई है। आइए समझे- प्रेसिडेंट इलेक्शन के साथ ही 34 सीनेटर और 438 हाउस ऑफ रिप्रेजेंटेटिव्स के मेंबर भी चुने गए हैं। 538 इलेक्टर्स भी चुने गए हैं। ये डैमोक्रेट और रिपब्लिकन दोनों पार्टियों से हैं। इलेक्टर्स के ग्रुप को इलेक्टोरल कॉलेज कहा जाता है।

19 दिसंबर को इलेक्टोरल कॉलेज अगले प्रेसिडेंट के लिए वोट करेगा। इलेक्टोरल कॉलेज यानी 538 वोट। ये वोट हाउस ऑफ रिप्रेजेंटेटिव्स की 438 और सीनेट की 100 सीटों के बराबर होते हैं।

हाउस ऑफ रिप्रेजेंटेटिव्स हमारी लोकसभा की तरह है। इसकी सभी 438 सीटों के लिए वोटिंग हुई है। सीनेट वहां का अपर हाउस है। यानी राज्यसभा की तरह है। सीनेट की 34 सीटों के लिए वोटिंग हुई है। ठीक उसी तरह जैसे हमारे यहां हर दो साल में राज्यसभा के चुनाव होते हैं।

हालांकि, नए सांसद 19 दिसंबर को वोट नहीं करेंगे। उनकी जगह जनता की तरफ से इलेक्टोरल वोट के तौर पर चुने गए 538 नेता अगले प्रेसिडेंट के लिए वोट करेंगे। मुमकिन है। बुधवार को आए नतीजे पॉपुलर वोट यानी जनता की पसंद के मुताबिक हैं। मीडिया रिपोर्ट्स में ये कहा गया था कि कई रिपब्लिकन भी ट्रंप के खिलाफ हैं।

19 दिसंबर को ही इलेक्टोरल कॉलेज वाइस प्रेसिडेंट के लिए भी वोट डालेंगे। क्या कभी पॉपुलर वोटिंग में जीत के बाद इलेक्टोरल कॉलेज की वोटिंग में हार हुई? 2000 में जॉर्ज डब्ल्यू बुश पॉपुलर वोटिंग में हार गए थे। बाद में वे इलेक्टोरल कॉलेज वोटिंग में जीत गए।

ऐसा 1888 में भी हुआ था जब बेंजमिन हेरिसन इलेक्टोरल वोट में जीत गए थे, जबकि उन्हें ग्रोवर क्लीवलैंड से कम पॉपुलर वोट मिले थे। यानी अमेरिका में आखिरी अहमियत इलेक्टोरल कॉलेज के वोट को ही दी जाती है।

6 जनवरी को कांग्रेस का ज्वाइंट सेशन बुलाया जाएगा। यहां इलेक्टोरल कॉलेज के वोटों की गिनती होगी। इसी दिन प्रेसिडेंट और वाइस प्रेसिडेंट की जीत का ऑफिशियल अनाउंसमेंट होगा। 20 जनवरी को नया प्रेसिडेंट शपथ लेगा।

अमेरिका के भूतपूर्व राष्ट्रपति

1- जॉर्ज वाशिंगटन अप्रैल 30, 1789 से मार्च 4, 1797

2-जॉन एडम्स मार्च 4, 1797 से मार्च4, 1801 फेड्रालिस्ट

3-थॉमस जेफरसन मार्च 4, 1801 मार्च से 4, 1809 डेमोक्रैटिक रिपब्लिकन

4-जेम्स मेंडिसन मार्च 4, 1809 से मार्च 4, 1817 डेमोक्रैटिक रिपब्लिकन

5-जेम्स मनरो मार्च 4, 1817 से मार्च 4, 1825 डेमोक्रैटिक रिपब्लिकन

6-जॉन क्विन्सी एडम्स मार्च 4, 1825 से मार्च4, 1829 डेमोक्रैटिक रिपब्लिकन

7-एण्ड्रऊ जैक्सन मार्च 4, 1829 से मार्च 4, 1837 डेमोक्रैटिक रिपब्लिकन

8-मार्टन वान ब्यूरेन मार्च 4, 1837 से मार्च 4, 1841 डेमोक्रैटिक रिपब्लिकन

9-विलियम हेनरी हैरिसन मार्च 4, 1841 से अप्रैल 4, 1841 विग

10-जॉन टेलर अप्रैल 4, 1841 से मार्च 4, 1845 विग

11-जेम्स के पोल्क मार्च 4, 1845 से मार्च 4, 1849 डेमोक्रैटिक रिपब्लिकन

12-ज़ेकरी टेलर मार्च 4, 1849 से जुलाई 9, 1850 विग

13-मिलरड फिलमोर जुलाई 9, 1850 से मार्च 4, 1853 विग

14-फ्रेंकलिन पियर्स मार्च 4, 1853 से मार्च 4, 1857 डेमोक्रैटिक रिपब्लिकन

15-जेम्स ब्यूकेनन मार्च 4, 1857 से मार्च 4, 1861 डेमोक्रैटिक रिपब्लिकन

16-अब्राहम लिंकन मार्च 4, 1861 से अप्रैल 15,1865रिपब्लिकन

17-एंड्रू जाह्नसन अप्रैल 15, 1865 से मार्च 4, 1869 डेमोक्रैटिक रिपब्लिकन

18-यूलिसिस ग्राण्ट मार्च 4, 1869 से मार्च 4, 1877 रिपब्लिकन

19-रदरफोर्ड हेस मार्च 4, 1877 से मार्च 4, 1881 रिपब्लिकन

20-जेम्स गाफील्ड मार्च 4, 1881 से मार्च 19, 1881 रिपब्लिकन

21-चेस्टर आर्थर सितंबर 19, 1881 से मार्च 4, 1885 रिपब्लिकन

22-ग्रोवर क्लीवलाण्ड मार्च 4, 1885 से मार्च 4, 1889 डेमोक्रैटिक रिपब्लिकन

23-बेंजामिन हैरिसन मार्च 4, 1889 से मार्च 4, 1893 रिपब्लिकन

24-ग्रोवर क्लीवलाण्ड मार्च 4, 1893 से मार्च 4, 1897 डेमोक्रैटिक रिपब्लिकन

25-विलियम मकिन्ली मार्च 4, 1897 से सितंबर 14, 1901रिपब्लिकन

26-थियोडोर रोज़वेल्ट सितंबर 14, 1901 से मार्च 4, 1909 रिपब्लिकन
27-विलियम टाफ्ट मार्च 4, 1909 से मार्च 4, 1913 रिपब्लिकन
28-वूड्रो विल्सन मार्च 4, 1913 से मार्च 4, 1921 डेमोक्रैटिक रिपब्लिकन
29-वारेन हार्डिंग मार्च 4, 1921 से अगस्त 2, 1923 रिपब्लिकन
30-कालविन कूलिज अगस्त 2, 1923 से मार्च 4, 1929 रिपब्लिकन
31-हर्बर्ट हूवर मार्च 4, 1929 से मार्च 4, 1933 रिपब्लिकन
32-फ्रेंकलिन रोज़वेल्ट मार्च 4, 1933 से अप्रैल 12, 1945 डेमोक्रैटिक रिपब्लिकन
33-हैरी ट्रूमन अप्रैल 12, 1945 से जनवरी 20, 1953 डेमोक्रैटिक रिपब्लिकन
34-ड्वैट ऐज़नहौवर जनवरी 20, 1953 से जनवरी 20, 1961 रिपब्लिकन
35-जॉन एफ केनेडी जनवरी 20, 1961 से नवंबर 22, 1963 डेमोक्रैटिक रिपब्लिकन
36-लिंडन जॉनसन नवंबर 22, 1963 से जनवरी20, 1969 डेमोक्रैटिक रिपब्लिकन
37-रिचर्ड निक्सन जनवरी 20, 1969 से अगस्त 9, 1974 रिपब्लिकन
38-जेरल्ड फोर्ड अगस्त 9, 1974 से जनवरी 20, 1977 रिपब्लिकन
39-जिमि कार्टर जनवरी 20, 1977 से जनवरी 20, 1981 डेमोक्रैटिक रिपब्लिकन
40-रोनाल्ड रीगन जनवरी 20, 1981 से जनवरी 20, 1989 रिपब्लिकन
41-जार्ज हर्बर्ट वाकर बुश जनवरी 20, 1989 से जनवरी 20, 1993 रिपब्लिकन
42-विलियम क्लिंटन जनवरी 20, 1993 से जनवरी 20, 2001 डेमोक्रैटिक रिपब्लिकन
43-जार्ज डब्ल्यू बुश जनवरी 20, 2001 से जनवरी 20, 2009 रिपब्लिकन
44-बराक ओबामा जनवरी 20, 2009 से अभी तक डेमोक्रैटिक रिपब्लिकन